Die amerikanische Originalausgabe *Open to Oneness – A Practical and Philosophical Guide to the Zen Precepts* ist erschienen bei Shambhala Publications, Inc., Boulder, USA, www.shambhala.com

Nancy Mujo Baker: Einssein

info@kamphausen.media
Überarbeitung der Rohübersetzung, Lektorat und Projektbetreuung:
Susanne Klein, Hamburg, www.kleinebrise.net
Umschlaggestaltung: Carine Wiebe / KleiDesign, Bielefeld
Umschlagmotiv: © „Leaping Carp" von Ohara Koson / National Museum of Asian Art,
Smithonian Institution, Arthur M. Sackler Collection, Robert O. Muller Collection, S2003.8.1817
Satz: KleiDesign, Bielefeld
Druck & Verarbeitung: CPI books GmbH, Leck

1. Auflage 2023

Bibliografische Information der Deutschen Nationalbibliothek
Die Deutsche Nationalbibliothek verzeichnet diese
Publikation in der Deutschen Nationalbibliografie;
detaillierte bibliografische Daten sind im Internet
über **http://dnb.de** abrufbar.

ISBN Printausgabe: 978-3-95883-628-0
ISBN E-Book: 978-3-95883-629-7

EINS SEIN

Buddhistische Gebote als Ausdruck der Liebe

Leitfaden für Selbsterforschung und Zen-Praxis

NANCY MUJO BAKER

Theseus Verlag

In Erinnerung an
Bernard Tetsugen Glassman Roshi,
„Bernie“,
meinen ersten und einzigen Zen-Lehrer

Weggefährten, der Dharma des Geistes hat keine Form und durchdringt die zehn Richtungen. Im Auge wird er Sehen genannt, im Ohr Hören, in der Nase Riechen, in den Füßen Gehen …

Wenn ihr frei werden wollt von Geburt und Tod, von Kommen und Gehen, von Ankleiden und Ausziehen, erkennt und ergreift den, der jetzt dem Dharma lauscht. Er hat weder Form noch Gestalt, weder Wurzel noch Stamm, noch hat er einen Wohnsitz; er ist so lebendig wie ein springender Fisch im Wasser und erfüllt seinen Zweck in Erwiderung auf die jeweiligen Gegebenheiten. Nur ist der Ort seines Wirkens nicht festgelegt.

Meister Rinzai (chines. Linji)

Vorwort 11

Danksagung 15

Liste der Zen-Gebote 18

Einführung in die Zen-Gebote 19

ERSTER TEIL: Arbeitsbuch zu den Zen-Geboten

Einleitung: Mit den Geboten arbeiten, indem wir den Mörder in uns anerkennen 40

1. Kein Töten 47
2. Kein Stehlen 57
3. Kein missbräuchlicher Sex 67
4. Kein Lügen 75
5. Kein Missbrauch von Rauschmitteln 84
6. Kein Sprechen über Irrtümer und Fehler anderer 92
7. Keine Überheblichkeit und kein Beschuldigen anderer 101
8. Kein Geizig-Sein 114
9. Kein Wütend-Sein 122
10. Keinen Missbrauch der Drei Kostbarkeiten 132

ZWEITER TEIL: Erforschung der Gebote durch Dogens Nondualität

Einleitung: Die Nondualität der Dualität – von „Nicht“ zu „Kein“ 146

11. Verschiedene Arten des Einsseins 148
12. Soheit, Einzigartigkeit und das Nicht-Konzeptuelle 162
13. Eine Verteidigung von Konzepten und Sprache 169
14. Soheit erfahren 173
15. Die Soheit des Subjekts 183
16. Samadhi der sich selbst erfüllenden Aktivität 188

17. Einssein von Selbst und anderem 191

18. Einssein und der Weg des Bodhisattva 195

19. Öffnung 199

20. Einssein und Mitgefühl 204

21. Einssein und die Gebote 209

22. Von „Nicht“ zu „Kein“ 215

23. Die Jukai-Zeremonie 220

24. Ein Buddha sein 224

Anhang 1: Bodhidharmas und Dogens Kommentare zu den Zen-Geboten 229

Anhang 2: „Bodhidharma und die drei Reinen Gebote“ von Bernie Glassman 233

Anmerkungen 245

Über die Autorin 256

Vorwort

„Unsere Rede erhält durch unsere übrigen Handlungen ihren Sinn.“[1]

Ludwig Wittgenstein

„Es ist Erwachen, wenn die zehntausend Dinge uns selbst auf natürliche Weise üben und erfahren.“[2]

Dogen

Seit die zen-buddhistische Tradition im letzten Jahrhundert den Weg in den westlichen Kulturraum fand, kamen viele Bücher dazu auf den Markt. Der Höhepunkt des Interesses an der fremden Kultur, ihrer mystischen Tradition, den Anweisungen für die spirituelle Praxis und deren Umsetzung in den konkreten Alltag ist längst überschritten. Es scheint bereits alles gesagt, was zu sagen ist, alles geschrieben über den großen WEG und seine Realisierung im Alltag. Und doch habe ich angeregt, das Buch von Nancy Baker in die deutsche Sprache zu übersetzen – und dies hat seinen guten Grund. Noch sind kaum Bücher zum Thema der buddhistischen Gebote in Deutsch erschienen. Die meisten sind aus dem Englischen übersetzt und mit wenigen Ausnahmen wurden die Texte von Männern verfasst. Hier liegt nun ein besonderes Buch vor. Es trägt die Handschrift einer Frau, die durch und durch Philosophin und genauso Zen-Lehrerin und Zen-Meisterin ist. Wie das geht, zeigt Nancy Baker in ihrem Buch.

Der erste Teil ist ein Arbeitsbuch, geprägt von einem differenzierten Umgang mit Sprache. Hier wird die Philosophin lebendig. Der Schwerpunkt ihrer Forschung und Lehre ist die Sprachphilosophie des österreichischen Philosophen Ludwig Wittgenstein. Durch ihre philosophischen Studien ist sie sensitiv geworden für den weiten wie komplexen Bedeutungsraum der Worte. Diese machen aus der Sicht von Wittgenstein erst durch bestimmtes Handeln Sinn. Die Autorin nimmt uns beispielsweise mit in die Untersuchung des Unterschieds von „not" und „non" in der englischen Sprache. So minimal der eine unterschiedliche Buchstabe ist, hat er doch große Auswirkungen in der Interpretation der Gebote und ihrer Umsetzung in den Lebensvollzug. „Not – nicht" unterscheidet sich wesentlich vom „non – kein". Das eine Wort „nicht" weist auf ein Verbot hin, dessen Missachtung folgerichtig in eine Strafe bzw. in Scham und Schuldgefühle mündet. Im „non" jedoch ist die Einladung enthalten, tief in das Gebot einzutauchen, es zu durchdringen, bis wir selbst zum Gebot werden, unmittelbar und ungetrennt. So ist es eine wahre Freude, Nancy Bakers Kommentaren zu folgen. Sie sind auch für jene einfach nachvollziehbar, die nicht Philosophie studiert haben, jedoch an der Verkümmerung der Sprache durch Twitter und Co. leiden. In diesem Teil des Buches spricht auch die Lehrerin zu uns. Inspiriert von A. H. Almaas Ansatz der liebevollen und zugleich auch radikalen Selbsterforschung lädt sie die Leser*innen ein, in die Schattenseiten menschlicher Existenz einzutauchen, sie anzunehmen und zu integrieren. Nicht nur werden wir dadurch von innen her transformiert, sondern befreien auch unser wahres Wesen. In jedem Gebot sind wir eingeladen mithilfe verschiedener Übungen, mit einem teilnehmenden Gewahrsein alle Aspekte auszuloten – ausgehend von Wahrnehmungen, Gefühlen, Gedanken und entsprechendem Handeln.

Nancy Baker macht es uns leicht, indem sie viele Beispiele aus dem konkreten Alltag beschreibt, wobei sie immer wieder betont, wie wichtig die innere Haltung in dieser Selbsterforschung ist. Wenn es uns gelingt, ohne Vorurteile, mitfühlend und aus einer Freiheit heraus menschliches Fehlverhalten in unserem eigenen Leben zu ergründen, bezeichnen die Gebote nicht mehr länger moralische Konzepte und Prinzipien. Sie werden zu spirituellen Wegweisern, die in jene Tiefe führen, wo jede dualistische Trennung aufgehoben ist und wir selbstverständlich in Einheit mit dem Gebot leben.

Als roter Faden zieht sich durch alle Kapitel eine zentrale Frage, die nicht nur in der Zen-Tradition wesentlich ist. Sie ist die große Menschheitsfrage: „Wer bin ich?", „Wer ist dieses ‚Ich'?". Und im Zusammenhang der Gebote: „Für wen halte ich mich?" Damit sind wir beim zweiten Teil des Buches angekommen. In diesen Kapiteln leuchtet nun die Zen-Meisterin auf.

Es gelingt Nancy Baker auf außergewöhnliche Weise, buddhistische Grundbegriffe wie Nondualität, Einheit, Soheit und Mitgefühl im Kontext der Gebote darzulegen. In der unmit telbaren Erfahrung der Einheit verkörpern wir die Gebote im Alltag von Augenblick zu Augenblick. Ja, wir sind in der Essenz selbst die Gebote. In der Aktualisierung von Soheit, die sich im gegenseitigen Durchdringen von Ich und Du, Subjekt und Objekt, manifestiert, reagieren wir unmittelbar, in Übereinstimmung mit der konkreten Situation und den jeweiligen Umständen. Unser Tun ist stimmig im Hier und Jetzt. Diese Inspiration und Verheißung des großen WEGES beschrieb Dogen wie folgt: „Die Spuren des Erwachens ruhen im Verborgenen, und die im Verborgenen ruhenden Spuren des Erwachens entfalten sich über einen langen Zeitraum."[3]

So steht Nancy Bakers Interpretation der buddhistischen Gebote für die heutige Zeit in der großen Tradition, die zurückreicht bis Bodhidharma und Dogen, den Urvätern des Zen in China und Japan.

Anna Gamma, Luzern im Winter 2023

Wir bedanken uns ganz herzlich bei Dr. Anna Gamma für ihre Empfehlung, dieses Werk herauszugeben, für ihre vielfältigen Inspirationen sowie für ihre sachkundige Beratung und Begleitung bei der Erarbeitung der Übersetzung.

Der Verlag

Danksagung

Der erste Dank gilt Roshi Bernie Glassman, der über vierzig Jahre hinweg mein Zen-Lehrer war, mein ursprünglicher Lehrer. Ich bin ihm in so vieler Hinsicht für die Tiefe seiner Lehre zu Dank verpflichtet, aber auch dafür, dass er mich als Laien-Lehrerin befähigt hat, Unterweisungen zu geben. Das bedeutete, die Gebote in der Jukai-Zeremonie zu übergeben, was mich mehr gelehrt hat, als ich über die Zen-Gebote sagen kann. Ich danke ihm auch dafür, dass er mich vor vielen Jahren dazu ermutigt hat, in Gruppen zu arbeiten und den Wert dessen zu schätzen, was wir damals „sich mit dem Selbst anfreunden" nannten, als Vorbereitung auf die Entdeckung, dass es nicht das ist, wofür wir es halten. Wie viele Zen-Praktizierende wissen, lag der Schwerpunkt von Bernies Arbeit im Bereich des sozialen Handelns, wo Nicht-Wissen, Zeugnis ablegen[1] und liebevolles Handeln – die drei Grundsätze, die er für den Zen-Peacemaker-Orden entwickelt hat – als Leitfaden für die Praxis in dieser „äußeren Welt" dienen. Obwohl ich mit ihm in Yonkers war, als er seine bemerkenswerte soziale Arbeit begann, bin ich ihm dabei nicht gefolgt. Stattdessen habe ich mich mehr dem Weisheitsaspekt des Zen zugewandt, dessen Grundlagen ich ganz und gar ihm verdanke, und bin eine in Vollzeit an der Universität tätige Philosophin mit einem großen Interesse an der Transformation des Individuums geblieben. Es ist bemerkenswert, wie sehr ich doch seine Schülerin geblieben bin. Wir haben beide ein starkes Interesse an dem entwickelt, was man als „abgelehnte oder abgespaltene Teile" bezeichnen könnte. Er interessierte sich für die abgespaltenen Teile der sozialen Welt, während ich an dem interessiert war und bin, was in der persönlichen und philosophischen Welt abgespalten wurde. Ich könnte sagen, dass in meinem Fall die drei Grundsätze als so etwas wie ein Leitfaden für die Praxis in der inneren Welt und überraschenderweise sogar für das Lesen und Verstehen von Wittgensteins Sprachphilosophie, meinem akademischen Spezialgebiet, verwendet wurden. Letztlich gibt es natürlich keinen Unterschied zwischen dem Inneren und dem Äußeren. Bernies Tod ist ein großer Verlust für uns alle.

Zweitens gilt mein Dank Hameed Ali (A. H. Almaas), dessen Diamond Approach® mich über einen Zeitraum von zwanzig Jahren gelehrt hat, dass wahre Befreiung eine tiefe und sorgfältige Transformation *aller* Aspekte des Menschseins erfordert. Darüber hinaus bin ich ihm zutiefst dankbar, dass er mich als Privatschülerin aufgenommen hat, ein wahrhaft unbezahlbares Geschenk, das es mir ermöglicht hat, die Tiefe meiner eigenen Erfahrung zu artikulieren und zu verstehen, etwas, zu dem man im Zen oft nicht ermutigt wird. Drittens gilt mein Dank all jenen Schüler*innen der No Traces Sangha, die in den einjährigen Vorbereitungen auf die Jukai-Zeremonie so intensiv an den Geboten gearbeitet haben und von denen ich sehr viel gelernt habe. Besonderer Dank geht an Adam Feder, dessen praktische Hilfe und enthusiastische Unterstützung, als mein eigener Enthusiasmus nachließ, von unschätzbarem Wert waren. Mein Dank geht auch an Roshi Ray Cicetti, Lehrer des Empty Bowl Zendo und Dharma-Erbe von Roshi Robert Kennedy. Er und ich haben zusammen die Gebote studiert, zunächst zur Vorbereitung auf seine eigene Jukai-Zeremonie und dann noch einmal zur Vorbereitung auf jene Zeremonie, die ihn ermächtigt hat, die Gebote an andere zu übertragen. Es war ein

Privileg, diesen Weg mit einem Lehrerkollegen aus der White-Plum-Linie von Hakuyu Taizen Maezumi Roshi zu gehen.

Viertens, und vielleicht am wichtigsten, möchte ich der Zeitschrift *Tricycle* dafür danken, dass sie die Veröffentlichung dieser Essays über die Gebote, die ursprünglich Dharma-Vorträge waren, einen nach dem anderen initiiert hat. Das Schreiben dieses Buches wäre nicht möglich gewesen ohne die Deadlines und die kleinen monatlichen Korrekturen, die zu der schriftlichen Version der ursprünglichen Vorträge über jedes der Gebote führten.

Zu guter Letzt möchte ich Hee-Jin Kim für seine drei großartigen Bücher über Eihei Dogen danken. Deren philosophische und spirituelle Subtilität und ihr Scharfsinn hat mein Verständnis des Zen im Allgemeinen und der Gebote im Besonderen tiefgreifend beeinflusst – und mein Verständnis von Dogen erheblich vertieft. Diese Bücher haben auch vielen meiner Zen-Erfahrungen eine klare und neue Bedeutung gegeben. Besonderer Dank gebührt natürlich Matt Zepelin, nicht nur für sein redaktionelles Geschick, sondern auch dafür, dass er mich mit fester, aber sanfter Hand im Schreibprozess unterstützt hat. Und an Sami Ripley und alle anderen bei Shambhala, die diese lehrerhaften Überlegungen über Zen und Philosophie in ein Buch verwandelt haben.

Liste der Zen-Gebote

Die Drei Kostbarkeiten

Buddha

Dharma

Sangha

Die Drei Reinen Gebote

Vermeide Böses.

Tue Gutes.

Tue Gutes für andere.

Die zehn Grossen Gebote

1. Kein Töten
2. Kein Stehlen
3. Kein missbräuchlicher Sex
4. Kein Lügen
5. Kein Missbrauch von Rauschmitteln
6. Kein Sprechen über Irrtümer und Fehler anderer
7. Keine Überheblichkeit und kein Beschuldigen anderer
8. Kein Geizig-Sein
9. Kein Wütend-Sein
10. Keinen Missbrauch der Drei Kostbarkeiten

Einführung in die Zen-Gebote

Der Zen-Buddhismus hat seine ethischen Lehren auf eine ganz bestimmte Weise verstanden. Es ist eine Weise, die jede*r, unabhängig von der Tradition oder deren Fehlen, nachvollziehen kann. Diese Lehren, insbesondere in der Soto-Schule, nehmen die Form der sogenannten Sechzehn Bodhisattva-Gelübde an – Sie können sie in der Liste im vorderen Teil des Buches einsehen. Ich habe mich entschieden, sie, wie es übrigens oft gemacht wird, mit „kein" anstelle von „nicht" vor jedem einzelnen Gebot vorzulegen.

Bernie Glassman, mein erster und einziger Zen-Lehrer, sagte einmal zu mir: „Es gibt Gebote ohne Buddhismus, aber keinen Buddhismus ohne Gebote." Beim Jukai, der Zeremonie, die in den USA zu einem Übergangsritual geworden ist, um Zen-Buddhist*in zu werden, geht es eigentlich vor allem um die Gebote. Tatsächlich bedeutet *Jukai* „die Gebote empfangen". Da diese Zeremonie im Westen so oft als so etwas wie die „Bekehrung" zum Zen-Buddhismus verstanden wurde, zeigt sie deutlich, dass es keinen Buddhismus ohne Gebote gibt. Das hat leider dazu geführt, dass manche Menschen, die Zen lehren, sich selbst aber nicht als Buddhist*innen betrachten, davon ausgehen, dass auch das Gegenteil der Fall sei, nämlich, dass es keine Gebote ohne Buddhismus gebe. Deshalb werden die Gebote in manchen Kreisen nicht gelehrt oder nicht einmal anerkannt. Ich möchte, dass sich das ändert, damit die wahre Bedeutung der Zen-Gebote nicht nur denjenigen zugänglich wird, die Zen praktizieren wollen, ohne Buddhist*innen zu werden, sondern auch allen anderen.

Die Gebote werden oft so behandelt, als seien sie moralische Grundsätze oder Handlungsanweisungen, die von den Zen-Praktizierenden oder denjenigen, die sich als Buddhist*innen verstehen, befolgt werden müssen – also als Prinzipien oder Regeln, die von wichtigen Zen-Lehren wie Leerheit, Soheit, Durchdringung, Ungehindertheit oder dem Samadhi der sich selbst erfüllenden Aktivität getrennt behandelt werden können. Auch dies würde ich gerne ändern, und ich hoffe, dass die hier vorgestellte Praxis und Untersuchung zumindest einen kleinen Beitrag dazu leisten kann.

Dieses Buch ist zufällig entstanden. Nachdem ich als Laien-Lehrerin dazu ermächtigt worden war, die Gebote in der Jukai-Zeremonie zu übergeben, und eine Methode entwickelt hatte, die Gebote mit einer ersten Gruppe von fünfzehn Schüler*innen zu studieren, wurde einer der Vorträge transkribiert. Dann wurde eine Redakteurin der Zeitschrift *Tricycle* darauf aufmerksam. Sie fragte, ob *Tricycle* den Text veröffentlichen könne. Ich sagte Ja. Dann fragte sie, ob ich davon noch mehr hätte. Und auch dazu sagte ich Ja. Das bedeutete, dass ich die zehn Vorträge transkribieren und etwas überarbeiten musste, um sie lesbarer zu machen. Dann brachte mich Lorraine Kisly, eine Freundin, die Schriftstellerin und Herausgeberin ist, auf die Idee, ein Buch daraus zu machen. Gleichzeitig machte sie mich mit Dave O'Neal von Shambhala Publications bekannt. Da ich wusste, dass die ungewöhnliche Art und Weise, wie wir dieses Studium durchgeführt hatten, nützlich war, dachte ich: Warum nicht? Diese zehn Vorträge – mit neu hinzugefügten praktischen Übungen – bilden nun den ersten Teil dieses Buches.

Der erste Teil ist eine Art Arbeitsbuch, das von denjenigen genutzt werden kann, die die Zen-Gebote zur Vorbereitung auf die Jukai-Zeremonie studieren, aber auch für alle, die die Gebote studieren, um einfach nach ihnen zu leben. Es kann auch als Arbeitsbuch von jedem und jeder verwendet werden, der oder die in irgendeiner Tradition oder sogar in gar keiner Tradition praktiziert. In den Vorträgen und den am Ende jedes Vortrags vorgeschlagenen Übungen geht es nicht darum, wie man „gut" sein und nach den Geboten leben kann. Vielmehr fordern sie uns heraus, in der Tiefe zu prüfen, wer wir sind als Menschen, die morden, stehlen, Sexualität missbrauchen, lügen, Rauschmittel missbrauchen, als Schwätzer, Selbstgefällige, Geizhälse, als zornige Menschen und solche, die die Drei Kostbarkeiten missbrauchen.

Wie Dave erklärte, hätten die *Tricycle*-Artikel allein nicht für ein ganzes Buch gereicht, also musste ich mir eine Einleitung zu den Vorträgen ausdenken, die sie einführen und weiter interpretieren könnte. Ich fand dies eine gute Herangehensweise und begann zu schreiben. In der Zwischenzeit beschäftigte ich mich eingehend mit der Tiefe und Beschaffenheit meiner eigenen Erfahrung und der Bedeutung von *Soheit* für den großen japanischen Zen-Meister Eihei Dogen aus dem dreizehnten Jahrhundert, der meiner Meinung nach neben Plotin, Ibn' Arabi und Meister Eckhart einer der vier größten Philosophen-Mystiker ist, die je gelebt haben. Die Arbeit an diesem Buch dauerte viel länger, als ich erwartet hatte, weil die Beschäftigung mit Dogen vieles für mich völlig verändert hat – meine eigene Erfahrung, meine Zen-Vorträge und meine Art, die Gebote zu verstehen. Ich begann zu verstehen, weshalb der bekannte Dogen-Gelehrte Hee-Jin Kim Dogen einen „mystischen Realisten" nennt.[1] Wie wir alle wissen, ist Dogen extrem schwer zu verstehen, aber dank bestimmter Arten von Zen-Erfahrungen, meiner akademischen Konzentration auf die spätere Philosophie des großen Philosophen Ludwig Wittgenstein und Kims großartiger Arbeit über Dogen glaube ich, ein wenig weitergekommen zu sein. Außerdem habe ich nach all den Jahren erkannt, wie tiefgreifend Bernie Glassman Dogens Sicht des Zen verkörpert hat.

Der Schwerpunkt dieses Buches liegt auf der Praxis, nicht auf der Philosophie, obgleich die beiden nicht unvereinbar sein müssen. Kim zum Beispiel, selbst wenn er sich mehr und mehr in Dogens philosophische Seite vertieft, ist immer bemüht, uns daran zu erinnern, dass Dogens Philosophieren einen soteriologischen Zweck hat. Interessanterweise gilt dies auch für Wittgensteins Denken. *Soteriologisch* ist ein Wort, das von Religionswissenschaftler*innen und Theolog*innen verwendet wird, um sich auf den Aspekt eines Werkes oder einer Tradition zu beziehen, der mit „Erlösung" zu tun hat – wobei die buddhistische Version davon natürlich die Erleuchtung ist. Für Wittgenstein, der die Philosophie für eine Krankheit hielt, die einer Therapie und nicht noch mehr Theorie bedurfte, war es Frieden. Dogen drängt uns dazu, dass unsere Praxis vollständig, allumfassend, ungeteilt, aufrichtig und authentisch sein soll, von Augenblick zu Augenblick. Er dringt darauf, dass unser ganzes Leben Praxis ist, und das schließt, für manche überraschend, Sprache, Denken, Vernunft und Handeln ein. Wir werden aufgefordert, jeden Moment, jede Aktivität vollständig zu machen und nichts auszulassen. Gleichzeitig werden wir aufgefordert, niemals zu vergessen, dass „die Dunkelheit der Unwissenheit und Nirvana untrennbar sind"[2]. Er bittet uns auch, die Natur der Wirklichkeit ständig zu erkunden, sie „zu klären", „zu studieren", „zu untersuchen" und „ihr volles Ausmaß auszuloten". Dies sind keine intellektuellen Übungen. Vielmehr erfordern sie die Bereitschaft, offen und neugierig auf jeden Aspekt unserer Erfahrung zu sein, ob es nun eine Täuschung ist oder nicht. Das bedeutet, nicht *darüber* nachzudenken, was auch immer es ist, sondern in einem Zustand des Nicht-Wissens und des totalen Willkommenheißens tiefer in jede Erfahrung hineinzusinken. Dies ermöglicht Einsicht und echtes Verständnis. Das Ergebnis ist ein Wissen durch Sein.

Der zweite Teil dieses Buches besteht aus einer Untersuchung der Verbindungen zwischen einer Reihe wichtiger von

Dogen formulierter Zen-Konzepte, die normalerweise nicht zusammengebracht werden und die das verdeutlichen, was die Soto-Schule des japanischen Zen „das Einsseins des Zen mit den Geboten“ nennt. Dies wird zum großen Teil erreicht durch die Erforschung der Bedeutung des Ausdrucks „Öffnung zum Einssein“ (dem Titel der Originalausgabe *Opening to Oneness*; Anm. d. Verlags).

Von den verschiedenen Arten des *Einsseins*, die in den spirituellen Traditionen zu finden sind, steht Dogens Betrachtung der *Soheit* und der *Nondualität der Dualität* im Zentrum dessen, wie im Zen die Gebote verstanden werden. Bei der Erforschung dieses Themas habe ich mich hauptsächlich auf sein Meisterwerk *Shōbōgenzō* gestützt, das oft als „Schatzkammer des wahren Dharma-Auges“ übersetzt wird und aus Dutzenden von Vorträgen und Essays besteht. Auch wenn diese Themen zu Beginn abschreckend klingen mögen, ist alles, was von Leser*innen verlangt wird, sorgfältiges Lesen und Offenheit. Wie es einige Zen-Buddhist*innen tun würden, könnten wir sagen: „Es ist (nur) ein Finger, der auf den Mond zeigt.“ Aber wie Dogen uns erinnern würde, *ist* der Finger der Mond. Das gilt für alle buddhistischen Lehren bzw. für alle Lehren, die aus der Erfahrung kommen.

Die auf Erfahrung gründende Erkundung kann uns helfen zu verstehen, warum das Wörtchen „kein“ vor jedem Gebot verwendet wird und nicht die Worte „nicht“ oder „Du sollst nicht“. Dies wird uns auch zeigen, warum die scheinbar negative Art, die Gebote im ersten Teil zu behandeln – indem wir dabei jeweils nach unserem Versagen fragen –, entscheidend ist, um die Nondualität der Dualität zu verstehen und zu leben. Im zweiten Teil werden wir auch die überraschende Bedeutung der Jukai-Zeremonie betrachten und was sie uns darüber lehrt, wie wir mit den Geboten leben können.

Nach der Durchführung aller Übungen zu den Geboten im ersten Teil und der Erkundung im zweiten Teil werden wir dann hoffentlich näher daran sein, die Gebote auf natürliche und spontane Weise in unserem Leben zu verkörpern. Das bedeutet, *eins mit ihnen zu sein*, und natürlich auch eins mit den Menschen, mit denen wir zu tun haben.

Wenn Sie beabsichtigen, dieses Buch als Arbeitsbuch zu verwenden, d. h. als Unterstützung für das Üben mit den Geboten, empfehle ich, es mit einem Partner/einer Partnerin oder in einer Gruppe zu benutzen. Die Übungen am Ende jedes Gebots sind eine spirituelle Methode, die auf einer strukturierten Erkundung (Inquiry) beruht und am besten mit einem Partner/einer Partnerin durchgeführt wird. Sie sind davon inspiriert, was ich im Diamond Approach von A. H. Almaas gelernt und praktiziert habe.

Natürlich kann man das Buch auch einfach von Anfang bis Ende lesen, ohne die Übungen zu machen, oder man kann den zweiten Teil überspringen und nur die Ausführungen zu den einzelnen Geboten lesen, wie es die Leser*innen von *Tricycle* getan haben. Unabhängig davon, wie Sie sich entscheiden, das Buch anzugehen, sollten Sie unbedingt die Kommentare von Bodhidharma und Dogen lesen, die im Anhang zu finden sind, da sie wichtige Bezugspunkte in meinen Darlegungen sind.

Die Kommentare von Bodhidharma, die „Ein-Geist-Gebote", stammen aus einer unveröffentlichten Übersetzung des Lehrers meines Lehrers, Taizen Maezumi Roshi, die in der White Plum Sangha weitergegeben wird; diese Version wird im Buch aufgenommen. Sie können auch eine Version in Robert Aitkens Buch *Ethik des Zen* (im Original: *The Mind of Clover – Essays in Zen Buddhist Ethics*) finden. Diese werden dort nicht zitiert und sind vielleicht Aitkens eigene Übersetzungen (als Anhang 1 beigefügt). Die hier verwendete Version der Dogen-Kommentare, *Kyōjukaimon*, ist vermutlich ebenfalls eine Übersetzung von Maezumi Roshi, obwohl ich einige Anpassungen vorgenommen habe, die auf John Daido Loori

Roshis Übersetzung in *Invoking Reality – Moral and Ethical Teachings of Zen*[3] basieren.[4]

Da sich *Einssein – Buddhistische Gebote als Ausdruck der Liebe* nur mit den sogenannten zehn Großen Geboten befasst, habe ich im Anhang außerdem einen alten Dharma-Vortrag von Bernie Glassman über die drei Reinen Gebote hinzugefügt.

Meine Herangehensweise bei der Vermittlung der Gebote

Es gibt verschiedene Möglichkeiten, mit den Geboten zu üben. Die hier vorgestellte Methode, die ich und die Zen-Gruppe, mit der ich zusammenarbeite, für wertvoll erachtet haben, ist eine Einladung, uns genau anzuschauen, auf welche Weise wir es nicht schaffen, dem gerecht zu werden, was jedes Gebot von uns verlangt. Sie besteht aus drei Teilen: Im ersten Teil geht es darum, mithilfe der eigenen Vorstellungskraft die engere, eher wörtliche oder konventionelle Bedeutung des betreffenden Gebots auf weit mehr auszudehnen als das, woran wir normalerweise dabei denken. Wir stehlen zum Beispiel viel mehr als nur Geld und materielle Güter, die einem anderen gehören. Das Bedürfnis, im Mittelpunkt zu stehen, könnte als eine Form des Stehlens betrachtet werden, ebenso wie Konkurrenzdenken oder die Vorstellung, dass Erleuchtung etwas ist, das „mir" gehören könnte. Indem wir die Bedeutung auf diese Weise erweitern, kann das betreffende Gebot für jede*n von uns in unserem individuellen Leben genau so lebendig werden, wie es sollte.

Sobald ich weiß, wie ich das betreffende Gebot am besten verstehen kann, kann ich mich selbst in Bezug auf dieses Gebot kennenlernen – insbesondere, wie ich ihm nicht gerecht werde. Dies ist der zweite Teil. Es ist eine Praxis ohne Vorlieben, ohne Urteile, ohne „man sollte" bzw. „man sollte nicht", ohne Vorstellungen von Versagen. Es ist eine Praxis, einfach zuzulassen, was ist. Das Ergebnis davon ist, dass ich immer tiefer da hineingehe, zu sehen und mitfühlend zuzulassen, was ich bin – als eine*r, der oder die mordet, lügt, stiehlt, geizig ist und so weiter –, und dass sich die Gebote ganz natürlich und spontan in meinem Leben zu manifestieren beginnen. Dies ist der dritte Teil dieser Vorgehensweise, der in Wahrheit nicht so sehr ein separater Teil als vielmehr das natürliche Ergebnis der ersten beiden ist. Warum das so ist, werde ich im zweiten Teil des Buches untersuchen. Für den Moment sollten wir uns daran erinnern, dass im Buddhismus der einzige Weg, uns von unseren allgemeinen Verblendungen, unseren persönlichen Konditionierungen und den Leiden, die wir uns selbst und anderen zufügen, zu befreien, darin besteht, durch sie hindurchzugehen, und nicht darin, sie zu umgehen oder abzulehnen. Wie es in der Zen-Tradition heißt:

> Wenn du wegen des Bodens hinfällst, musst du
> den Boden benutzen, um wieder aufzustehen.[5]

Dogen war dafür besonders sensibel, und wir werden uns auf ihn stützen, um die Gebote tiefer zu verstehen. Drei Gegebenheiten haben mich dabei beeinflusst, die Gebote auf diese Art zu studieren. Erstens bin ich eine pensionierte Philosophieprofessorin mit einem großen Interesse an Sprache und ihrer Komplexität.

Aufgrund meiner früheren Erfahrungen, insbesondere mit dem Werk von Wittgenstein, ist es für mich selbstverständlich, die Rolle des Kontextes beim Verständnis der vielfältigen Verwendungsmöglichkeiten eines bestimmten Wortes zu berücksichtigen. Im Falle des zweiten Gebots, kein Stehlen, neigen wir zum Beispiel dazu, es sofort auf eine einzige Bedeutung zu reduzieren – etwa „nicht nehmen, was mir nicht gehört“ –, obwohl wir fragen könnten: „Was stehlen? Geld? Zeit? Aufmerksamkeit? Den letzten Keks auf dem Teller, der noch niemandem gehört?“ Dieses Ausweiten auf mehrere Bedeutungen kann auf jedes der Gebote angewendet werden. In den folgenden Kapiteln habe ich versucht, die vielen Bedeutungen der einzelnen Gebote so fantasievoll wie möglich zu betrachten, aber ich möchte Sie auch ermutigen, das zu entdecken, was ich noch nicht bedacht habe und was für Sie vielleicht nützlicher ist.

Das Zweite, was mich beeinflusst hat, ist, dass ich viele Jahre an einer Hochschule gelehrt habe, die großen Wert auf das Individuum legt, sogar auf die individuelle Form der Wahrnehmung, um das Tiefste und Beste in diesen Studierenden hervorzuholen – *auszubilden*. Was die Gebote betrifft, so sind wir alle unterschiedlich: Was ich für gewöhnlich stehle, ist vielleicht etwas anderes als das, was Sie womöglich stehlen. Außerdem könnte Stehlen für mich das schwierigste Gebot sein, während es für Sie eher das Lügen ist. Zusätzlich zu diesen Unterschieden ist jede*r von uns mit unterschiedlichen Lebenssituationen konfrontiert. Jede*r, der oder die eine Weile Zen praktiziert hat, weiß, dass es einige Zeit dauert, bis man entdeckt, dass es in der Praxis um „mich“ geht. Es ist etwas Individuelles und keine Angelegenheit, bei der es darum geht, zu meditieren, sich zu verbeugen oder auf eine bestimmte Art und Weise zu gehen, und es arbeitet auch nicht mit einem unspezifischen Ding namens „Ego“. Das gilt auch für die Arbeit mit den Geboten. „Aber ich dachte, im Zen geht es darum, das Ich loszulassen“, werden Sie vielleicht sagen. Das ist richtig, aber wir können erst dann etwas loslassen, wenn wir wissen, woran wir festhalten. Wenn wir wissen, woran wir hängen, und in der Lage sind, es willkommen zu heißen – ja, es zu *sein* –, wird es uns loslassen und nicht umgekehrt. Es ist wichtig zu erforschen, wer ich bin – zum Beispiel im Fall des Stehlens –, damit die Praxis dort hinkommt, wo sie gebraucht wird. Was ist es, das ich für gewöhnlich stehle? Stehle ich Aufmerksamkeit, Zeit, Ideen oder eine Reputation? Es ist wichtig, uns selbst zu kennen, wenn sich diese Praxis weiter vertiefen und es dabei wirklich um „mich“ gehen soll; es ist eine Voraussetzung dafür, dass das „Ich“ sich zu entgrenzen beginnt. Wie Dogen bekanntlich sagte: „Das Selbst zu studieren heißt, das Selbst zu vergessen.“[6]

Die dritte Quelle des Einflusses sind meine etwa zwanzig Jahre als Schülerin des Diamond Approach von A. H. Almaas. Zwei Aspekte dieser Lehre haben den Zen-Menschen in mir tief beeinflusst. Der erste ist, unsere Konditionierung wirklich anzuerkennen und mit ihr zu arbeiten – insbesondere mit den Aspekten von uns selbst, mit denen wir uns lieber nicht beschäftigen wollen. Bei den Geboten besteht die Gefahr, dass wir sie dazu benutzen, den Mörder, den Lügner, den Dieb usw. in uns nicht anzuerkennen, wenn wir versuchen, „gut“ zu sein. Auf diese Weise verpassen wir nicht nur die Gelegenheit, eine Art innere Transformation zu vollziehen, die letztlich dazu führen kann, dass sich die Gebote auf natürliche und spontane Weise manifestieren; wir wissen dann auch nicht darum, dass wir für gewöhnlich das, was wir in uns selbst unterdrücken, auch in anderen unterdrücken. Das führt dazu, dass wir andere wegen derselben Verhaltensweisen verurteilen, die wir bei uns selbst nicht anerkennen und willkommen heißen wollen oder können, vor allem wenn es sich dabei um Neigungen handelt, die uns nicht voll bewusst sind.

Der zweite Aspekt des Diamond Approachs, der mich sehr beeindruckt hat, ist der Wert, und vielleicht die Notwendigkeit, mit anderen zusammenzuarbeiten, um herauszufinden, wer wir wirklich sind. Dazu gehört, dass wir offenlegen, was wir verbergen. Dies erweist sich als eine sehr befreiende Praxis. Ich erinnere mich, dass Bernie Glassman vor Jahren, als er das Greyston-Mandala, ein Netzwerk gemeinnütziger Organisationen u. a. für Obdachlose, in Yonkers aufbaute, von einem Besuch in einer Einrichtung der Franziskaner zurückkam, die mit drogenabhängigen Männern arbeitete. Er war sehr beeindruckt von einer Übung, bei der ein Einzelner von der Gruppe herausgefordert, ja bloßgestellt wurde. Für uns Zen-Schüler*innen klang das beängstigend, da wir es gewohnt waren, in unserer Privatsphäre – außer mit dem Lehrer – geschützt zu sein. Der Diamond Approach hat mich gelehrt, dass sich freiwillig gegenüber anderen zu öffnen, ein sehr effektiver Weg ist, um die eigene Version der Unterscheidung zwischen Innen und Außen, ganz zu schweigen von sich selbst und anderen, zu beenden und so einen wichtigen Aspekt von Einheit und wahrer Freiheit zu erfahren. Obwohl ich durch den Diamond Approach viel Erfahrung mit dieser Art von Übungen gesammelt habe, war es eigentlich Bernie, der mich auf diesen Weg der Praxis gebracht hat. Vor vielen Jahren haben er und ich zusammen mit seiner Frau Sandra Jishu Holmes eine Zen-Version der 12 Schritte der Anonymen Alkoholiker entwickelt, die uns helfen soll, mit unseren eigenen inneren Erfahrungen, die manchmal negativ oder schmerzhaft sind, besser in Kontakt zu kommen; dies versetzt uns aber auch in die Lage, sie mit anderen zu teilen.

Es gibt mehrere sehr gute Bücher über die Zen-Gebote und wie man mit ihnen praktiziert. Warum also noch eines? Diese Art, mit den Geboten zu arbeiten, unterscheidet sich von dem, wie wir es gewohnt sind, damit umzugehen. Sie scheint für alle Aspekte der Zen-Praxis fruchtbar zu sein. Sie ersetzt dabei nicht die übliche Weise, die Gebote zu studieren und zu praktizieren, die wir im nächsten Abschnitt betrachten werden. Sie kann aber sowohl eine Vorstufe sein als auch zur Nachbereitung dienen. Sie kann auch die Bedeutung und den Zweck der Gebote in unserem Leben vertiefen und bereichern, ebenso wie andere Aspekte unserer Praxis. Der Hauptunterschied besteht darin, dass wir nicht danach streben, die Gebote einzuhalten, sondern dass wir uns mit unserem Versagen bei der Einhaltung der Gebote auseinandersetzen. Diese Praxis erlaubt, all das zuzulassen und sogar willkommen zu heißen, was wir in uns selbst und in anderen abzulehnen versuchen. Sie öffnet uns für das Einssein und die Möglichkeit, dass sich die Gebote natürlich und spontan in unserem Leben entfalten.

Die drei Ebenen der Gebote

Wir alle sind in der einen oder anderen Form mit ethischen Grundsätzen konfrontiert, angefangen in der Kindheit mit Geschichten wie jenen von Pinocchio, Aschenputtel, Rotkäppchen und sogar George Washington. Zunächst lernen wir die Begriffe „gut" und „schlecht" für verschiedene Verhaltensweisen. Später kommen anspruchsvollere Begriffe wie „richtig" und „falsch" hinzu, und schließlich machen wir die Unterscheidung zwischen Rechten und Pflichten. Diejenigen von uns, die in der jüdischen oder christlichen Tradition aufgewachsen sind oder auch nur in einem westlichen Land leben, kennen die Zehn Gebote oder wissen zumindest davon. Einige von uns haben vielleicht sogar einen Philosophie-Kurs über Ethik an der Universität belegt. In jüngster Zeit haben sich auch verschiedene akademische und andere Organisationen entwickelt, die sich mit Wirtschaftsethik, Medizinethik und Ethik in der Politik befassen.

Es lohnt sich für jede*n von uns zu fragen, inwieweit wir die ethische Dimension der Wirklichkeit in unser tägliches Leben einbeziehen. Ich habe zwei Freunde, die sich in ihrem Leben bewusst darum bemühen, im ethischen Sinne bessere Menschen zu sein. Jedes Mal, wenn ich mich mit einem von ihnen zum Mittag- oder Abendessen treffe, bin ich danach auf irgendeine Weise inspiriert. Diese Art von Aufmerksamkeit und Bemühung ist wahrscheinlich nicht typisch für die meisten von uns, bis wir eine spirituelle Praxis mit expliziten ethischen Prinzipien aufnehmen. In meinem Fall war es so, dass ich erst durch die Begegnung mit Zen ein ethisches Bewusstsein entwickelte, obwohl ich schon während meines Studiums Kurse über Ethik belegt hatte. Vorschriften jeglicher Art werden in der Regel als etwas behandelt, das befolgt oder eingehalten werden muss, was darauf hindeutet, dass sie irgendwie „da draußen" sind, getrennt von uns, und ein gewisses Maß an Engagement und Anstrengung unsererseits erfordern. Hier tauchen die Begriffe „man sollte" bzw. „man sollte nicht" auf. Dies ist eine dualistische und wichtige Art, die Gebote zu behandeln, und sie findet sich auch im Zen. Aber Zen zielt auch auf etwas anderes ab.

Als Bernie zu mir sagte, dass es keinen Buddhismus ohne Gebote gebe, meinte er damit etwas viel Tiefgründigeres, als es den Anschein hatte. Man geht davon aus, dass die Zen-Gebote nicht von Menschen entwickelt wurden, um unser soziales und moralisches Handeln zu regeln, sondern dass sie Shakyamuni Buddha als Teil der erleuchteten Wirklichkeit offenbart wurden, zu der er erwacht ist. Etwas Ähnliches lässt sich in verschiedenen Antworten des Westens auf die große Frage „Woher kommen unsere grundlegenden ethischen Normen?" erkennen. Zu den Antworten gehören „Gott" und „Naturgesetz". Der Unterschied besteht darin, dass sowohl im Zen als auch in den mystischen Traditionen des Westens und des Ostens die Antwort nicht nur in der Theorie oder Theologie zu finden ist, sondern in Bezug auf die Praxis und Erfahrung verstanden wird. Wie Dogen es ausdrückte: „Wenn wir Zazen sitzen, welches Gebot wird nicht befolgt, welcher Verdienst nicht erlangt?"[7] Dies ist die nonduale Art, die Gebote zu behandeln. Natürlich ist Zazen für Dogen nicht nur eine Praxis, die wir auf einem Kissen sitzend ausführen, sondern es ist die Erleuchtung selbst. Wir werden diesen überraschenden Standpunkt im zweiten Teil noch viel detaillierter untersuchen.

Das Verständnis, dass die Gebote nicht nur ethische Normen sind, sondern vielmehr Ausdruck der erleuchteten Wirklichkeit, verändert unsere Beziehung zu ihnen, sodass wir, wenn wir in Zazen sitzen, eins mit ihnen geworden sind, anstatt sie zu „befolgen“ oder zu „beobachten“. Natürlich werden wir nicht nur mit den Geboten eins. Es sind auch die anderen Menschen – oder Tiere oder Pflanzen –, zu denen wir in verschiedenen Situationen mit den Geboten eine Beziehung haben. Und nochmals, das ist Nondualität, und wo das „Nicht“ – wie in „nicht lügen, nicht stehlen, nicht töten“ und so weiter – zum „Kein“ wird. Man könnte sagen, dass es uns in bestimmten erleuchteten Zuständen nicht einmal in den Sinn kommt, zu stehlen oder zu lügen. Aber was ist, wenn wir uns nicht in diesem Zustand befinden? Werden wir dann einfach auf das „man sollte“ bzw. „man sollte nicht“ zurückgeworfen?

Im Laufe meiner Zen-Praxis musste ich für mich persönlich über die kurze und abstrakte Art und Weise, in der ich vor vier Jahrzehnten in die Gebote eingeführt wurde, hinausgehen. Es ging um etwas, das ich vorläufig als drei „Ebenen“ bezeichnen möchte. Die erste Ebene ist eine Art absolute Version – absolut im Sinne von „niemals, unter keinen Umständen“ töten, lügen, stehlen und so weiter. Das Tragen eines Mundschutzes bei den Jains, um das Einatmen und damit das Töten von unsichtbaren Mikroorganismen in der Atemluft zu vermeiden, wäre ein Beispiel für diese „Niemals-Version“ des Nicht-Tötens.[8]

Die zweite Ebene, die unserem alltäglichen Verständnis von Moral am nächsten kommt, berücksichtigt immer den Kontext, sodass je nach den Umständen so etwas wie Töten manchmal sogar das Richtige sein kann. Die Legende von Robin Hood wäre ein Beispiel dafür, wie der Kontext das Stehlen zum richtigen Handeln machen kann. Sobald man jedoch die Umstände einbezieht, gibt es viel Raum für Entscheidungsfindung, Argumente und Meinungsverschiedenheiten. Dies ist der Bereich des Relativen oder der notwendigen Dualität des täglichen Lebens.

Die dritte Ebene ist der Bereich des Absoluten. Hier bedeutet *absolut* nicht „nie und nimmer“, wie im ersten Fall, sondern dies ist der Bereich des Einsseins oder der Nondualität und unterscheidet sich in diesem Sinne vom Bereich des Relativen. Hier sind die Gebote nicht mehr etwas von uns Getrenntes – eine Trennung, die sich normalerweise in Worten wie „befolgen, einhalten, halten“ oder „beachten“ zeigt. Stattdessen sind sie – wie in Dogens Ausspruch „In Zazen, welches Gebot wird nicht beachtet?“ – untrennbar mit der Erleuchtung und dem Erleuchteten verbunden, als „kein Stehlen, kein Lügen“ und so weiter. Es gibt viele Beispiele dafür, dass große Weise und Heilige sich so sehr mit der letztendlichen Wirklichkeit – oder wie auch immer sie in ihrer Tradition genannt wird – identifiziert haben, dass die Gebote aufhören, etwas Getrenntes zu sein, also etwas, das „befolgt“, „eingehalten“ oder „beachtet“ werden muss. Einige berühmte Beispiele finden wir hier:

> Konfuzius: „Mit siebzig konnte ich dem folgen, was mein Herz begehrte, ohne gegen das Recht zu verstoßen.“[9]
>
> Der heilige Augustinus: „Ein für allemal also wird dir ein kurzes Gebot gegeben: Liebe Gott und tu, was du willst.“[10]
>
> Angelus Silesius, christlicher Dichter und Mystiker: „Ich sterb' und lebe Gott: will ich Ihm ewig leben, so muss ich ewig auch vor Ihm den Geist aufgeben.“[11]
>
> Meister Eckhart, der große christliche Philosoph und Mystiker: „Man muss alle Tugenden durchdringen und transzendieren und die Tugend nur auf dem Grund empfangen, wo sie eins mit der göttlichen Natur ist.“[12]

Auch wenn wir uns dessen damals nicht bewusst waren, vermute ich, dass wir alle schon einmal die Erfahrung gemacht haben, auf natürliche und spontane Weise den Kern eines der

Gebote zum Ausdruck zu bringen, ohne die Trennung eines „Soll ich oder soll ich nicht?“ und ohne ein „Warum“. Die Frage nach dem Warum macht nur Sinn, wenn es eine Trennung zwischen dem oder der Handelnden und dem Gebot gibt. In solchen Fällen heißt die Antwort etwa: „Weil es das Richtige war.“ Aber wenn ein Gebot Ausdruck des Einsseins ist, gibt es kein „Warum“ und kein „Weil ...“.

Auffallend an Dogens Umgang mit den Geboten – und in der Tat an seinem Umgang mit allem – ist die Zusammenführung von dem, was ich die Ebenen zwei und drei genannt habe, das Relative und das Absolute, in die Nondualität der Dualität. Auf diese Weise sind die Gebote durch Dogen und die Soto-Schule zu uns gekommen und werden daher oft als „kein Töten, kein Stehlen“ und so weiter bezeichnet, anstatt als „Nicht-Töten“ oder „Du sollst nicht töten“. Dogens kurze Kommentare, oder eigentlich Anmerkungen, *Kyōjukaimon*, zusammen mit Bodhidharmas Kommentaren, „Ein-Geist-Gebot“, gehören zu dieser dritten nondualen Ebene des „Kein“. Wir könnten die zweite Ebene als den Bereich der alltäglichen Moral und der Einhaltung ethischer Prinzipien bezeichnen und die dritte Ebene als die nonduale spirituelle Ebene. Das, was uns in Versuchung führt, etwas zu stehlen, sei es Aufmerksamkeit oder einen reifen Pfirsich auf dem Markt, ist offensichtlich verbunden mit der Trennung von anderen Menschen und von etwas, von dem wir meinen, dass es uns fehlt. Unsere Bemühungen, diese Versuchung durch die innere Verpflichtung und Anstrengung, ein Gebot zu befolgen, zu überwinden, beinhaltet ebenfalls eine Trennung von dem betreffenden Gebot. Moralische Stärke gehört zu dieser zweiten Ebene, der Ebene des „Sollens“, während eine Art nondualer moralischer Freiheit im Bereich der Dualität zur dritten Ebene gehört.

Von meinem jetzigen Blickwinkel aus, all die vielen Jahre später, kann ich erkennen, wie unbefriedigend die Abstraktheit der kurzen Belehrung über die Gebote war, insbesondere in

Bezug auf diese dritte Ebene. Sie wurden uns Anfänger*innen vom Standpunkt des Absoluten aus präsentiert und erforderte von daher die große „Erleuchtungs-Erfahrung“. Alles, was wir tun konnten, war, sie als Mysterium einzuordnen und zu einer gewinnbringenden Vorstellung werden zu lassen, die uns aber davon abhielt, uns zu 100 Prozent auf die Zen-Praktiken einzulassen und sie nicht nur als Mittel zum Zweck zu betrachten. Darüber hinaus herrschte Verwirrung darüber, wie einige bekannte Zen-Lehrer, die angeblich diese bedeutende Erfahrung gemacht hatten, danach ein Verhalten an den Tag legen konnten, das nach jedem Standard als unethisch bezeichnet werden musste. Dogen hätte ein solches Verhalten als ein Zeichen dafür gesehen, dass eine tiefere Verwirklichung notwendig ist, eine, die uns über die Freiheit und das Selbstvertrauen, die sich anfangs daraus ergeben können, hinausführt.

Was für Zen wichtig ist, ist die Erkenntnis oder das Anerkennen einer Wahrheit über die Natur der Wirklichkeit, ganz gleich, wie sie zu einem kommt, und die Integration dieser Erkenntnis in das Leben des Körper-Geists. Die Erkenntnis einer Wahrheit geschieht per definitionem plötzlich, wie „ein plötzliches und unerwartetes Niesen“, wie Dogen es ausdrückt, während die tiefgehende Integration, Verkörperung oder Verwirklichung dieser Erkenntnis ein allmählicher, nie endender Prozess ist.[13] Eine typische Zen-Beschreibung für die Offenbarung oder Verwirklichung ist, dass sie „aus der Erfahrung“ kommen muss und nicht nur aus dem Intellekt. Leider können die Wörter „Erfahrung“ und „erfahrungsbasiert“ Zen-Schüler*innen zu der Annahme verleiten, dass es bei Verwirklichung einfach darum geht, eine bestimmte Art von Erfahrung zu machen. Erfahrungen haben einen Anfang, eine Mitte und ein Ende, während Offenbarungen oder die Verwirklichung der Wahrheit zu einer ganz anderen Kategorie gehören. Die Offenbarung, Erkenntnis oder Verwirklichung einer Wahrheit hat keinen Erfahrungsgehalt. Es ist vielmehr so, dass die Erfahrungen eine Wahrheit „offenbart". Wir erkennen oder realisieren sie. Man könnte sagen, dass ein mystisches „Sehen" ein „Sehen, dass" dies und jenes wahr ist, auslösen kann. Es bestätigt uns die Wahrheiten der Lehren. Manchmal wird es als radikale Veränderung der Perspektive bezeichnet, die in einem kurzen Einblick außerhalb der Zeit erkannt – und hoffentlich durch einen nie endenden allmählichen Prozess der Verwirklichung in unser Leben zurückgebracht wird. Obwohl Dogen es nicht genau so ausdrücken würde, sagt der große Rinzai-Meister Hakuin aus dem achtzehnten Jahrhundert das Folgende über den Prozess der Verwirklichung:

> Aber auch wenn man das Stadium des Erwachens [der Verwirklichung] erreicht, ohne Schritte und Stufenfolgen zu durchlaufen [es kommt plötzlich], wird es unmöglich sein, Allwissenheit, unabhängige Kenntnis und die letztendliche große Erleuchtung zu erreichen, wenn man die Praxis nicht allmählich kultiviert.
>
> Auch wenn ein erleuchtetes Wesen das Auge hat, die Wirklichkeit zu sehen, ist es doch unmöglich, Hindernisse, die durch emotionales und intellektuelles Gepäck verursacht werden, aus dem Weg zu räumen, ohne durch dieses Tor der Kultivierung zu treten, und ohne dies ist es unmöglich, den Zustand der Befreiung und Freiheit zu erreichen.
>
> Auch wenn man den WEG eines Tages klar sieht [man Verwirklichung erlangt hat], ist man, solange die Kraft der leuchtenden Einsicht nicht stark und stabil ist, anfällig für Störungen durch instinktive und gewohnheitsmäßige psychische Leiden und ist noch immer nicht frei und unabhängig, weder in angenehmen noch in ungünstigen Umständen.[14]

Die Art und Weise, wie ich empfehle, mit den Geboten zu arbeiten, ist analog zu dem, was Hakuin über „leuchtende Einsicht“ sagt: Im Fall der Gebote müssen wir das Licht des Willkommenheißens auf den Killer, den Lügner – auf denjenigen, der gegen die Gebote verstößt – in uns leuchten lassen.

Eine solches Beleuchten, im Zen „strahlendes Licht“ *(komyo)* genannt, ist zwar zunächst unangenehm, hilft uns aber zu sehen, woran wir hängen. Es enthüllt und lockert die Anhaftung an Aspekte unserer Konditionierung, sodass die Konditionierung uns loslassen kann. Sodass der Körper-Geist abfällt, wie Dogen es ausdrückt.

Ich fragte einmal Cynthia Bourgeault, Priesterin der episkopalen anglikanischen Kirche und Lehrerin der christlichen Kontemplation, warum es im Neuen Testament keine „Erfahrungen“ gibt – außer natürlich die Verklärung Christi. Sie sagte einfach: „Der Mystiker ‚sieht‘, aber das ist etwas anderes, als ‚da heraus zu leben‘.“ Diese Antwort ist mir noch lange im Gedächtnis geblieben.

Worauf es bei den Geboten ankommt, ist natürlich, „da heraus zu leben“. Aber das gilt für die gesamte Zen-Praxis oder für jede andere Praxis, wenn man so will. Was Dogen so tief erkannte, war das Dynamische der Wirklichkeit, das sich im ständigen Werden und Vergehen eines jeden Augenblicks zeigt. Somit ist die Unbeständigkeit selbst Buddha-Natur. Zusammengenommen mit dem, was er unser „riesiges und schwindelerregendes karmisches Bewusstsein“ nannte, bedeutet dies, dass die Gebote für uns immer lebendig sind, sowohl in der Trennung als auch in der Einheit, sowohl im „Nicht“ als auch im „Kein“.[15] Für Dogen ist die Praxis Leben aus der Erleuchtung heraus. Das Praktizieren der in diesem Buch empfohlenen Gebote öffnet uns weiter und weiter für das Verstehen und Leben dessen, was Dogen mit dem Einssein von Praxis und Erleuchtung meinte.

Es gibt viele Wahrheiten, die es zu erkennen gilt, und wie aus bekannten Zen-Geschichten hervorgeht, können viele verschiedene Dinge eine plötzliche Erkenntnis auslösen. Bernie Glassman ging in Bezug darauf an die Grenzen der Möglichkeiten, indem er seine Schüler*innen auf Straßen-Retreats mitnahm, um herauszufinden, wie es ist, obdachlos zu sein, und einmal im Jahr sogar auf ein Retreat in Auschwitz. Als ich im zweiten Jahr des Retreats mit ihm nach Auschwitz ging, sagte er zu mir: „Ich habe hier mehr Öffnung gesehen als in einem Zendo." Er nannte die Situationen, die dies auslösten, „*plunges*" – „Sturzflüge". Wir werden in Situationen getaucht, die Geist und Herz für gewöhnlich nicht erfassen können. Die Arbeit mit den Geboten, wie sie in diesem Buch empfohlen wird, und zwar in Gegenwart anderer, ist eine Art Sturzflug.

Erster Teil:
Arbeitsbuch für die Zen-Gebote

Einleitung

Mit den Geboten arbeiten, indem wir den Mörder in uns anerkennen

Es scheint ein Gesetz der menschlichen Natur zu sein, dass die Verdrängung verschiedener Neigungen und Ängste in uns selbst oft zur Unterdrückung anderer führt. Rassismus, Sexismus und Homophobie sind offensichtliche Beispiele dafür. Aber wir müssen gar nicht so weit gehen, um zu sehen, dass wir alles, was wir in uns selbst ablehnen, auch in anderen ablehnen. Diese zwei Formen der Ablehnung führen zu zwei Arten der Trennung. Vor anderen zu verbergen, was ich an mir selbst nicht mag – oder jede Art von defensivem Selbstschutz, selbst verbale Korrekturen der Wahrnehmung anderer von uns – bedeutet automatisch Trennung. Deshalb ist es so gut, mit anderen zu arbeiten. Sich selbst als Mörder, Lügner, Dieb usw. zu entlarven ist sehr befreiend. Es ist interessant, was passiert, wenn wir stattdessen mit Selbstschutz oder Selbstdarstellung beschäftigt sind, indem wir den Dieb oder Lügner in uns zurückweisen. Wir isolieren uns tatsächlich. Wir verschließen uns und schneiden uns von der gesamten Wirklichkeit ab. Wir verlieren eine Art mitfühlender Offenheit und Unbeschwertheit in Bezug auf unsere eigene Situation und damit auch auf die der anderen. Wir fühlen und verhalten uns, als ob wir die große Verbundenheit, in der wir unser Leben führen, verloren hätten.

Wie bereits erwähnt, heißt es im Buddhismus, dass wir, um uns von unseren Verblendungen und Konditionierungen zu befreien, durch sie hindurchgehen müssen und sie nicht unterdrücken, leugnen oder irgendwie umgehen dürfen. Andernfalls werden wir niemals wahre Freiheit und Mitgefühl erfahren. Und dies wird, wie schon gesagt, in der Zen-Tradition unter anderem folgendermaßen ausgedrückt:

> Wenn du wegen des Bodens hinfällst,
> musst du den Boden benutzen, um wieder
> aufzustehen.
> Zu versuchen, ohne den Boden aufzustehen,
> macht keinen Sinn.[1]

Wenn ich wegen meiner Lügen zu Boden falle, muss ich meine Lügen nutzen, um wieder aufzustehen. Vielleicht können wir das Aufstehen als eine Form der Sühne betrachten. Ich kann nicht von der Lüge frei werden, indem ich sie ignoriere oder verstecke. Wie das englische Wort für „Sühne" – *atonement* – andeutet, muss ich mit ihr „eins" werden – *to be „at one"*. Dogen drückt dies folgendermaßen aus:

> Wenn ein Dämon ein Buddha wird, nimmt er seine Dämonengestalt an, bricht sie und verwirklicht Buddhaschaft. Wenn ein Buddha ein Buddha wird, übt er/sie seine/ihre Buddhaschaft aus, strebt nach ihr und verwirklicht Buddhaschaft. Wenn ein Mensch ein Buddha wird, übt er/sie seine/ihre menschliche Natur aus, bildet sie aus und verwirklicht Buddhaschaft.
> Ihr solltet die Wahrheit gründlich verstehen, dass die Möglichkeiten [zur Verwirklichung der Buddhaschaft] genau in der Art und Weise liegen, wie [verschiedene Wesen] ihre jeweilige Natur ausleben.[2]

Wir könnten sagen, dass wir unsere Natur – zum Beispiel den Lügner in uns – durchbrechen und ein Buddha werden, indem wir eben dies ausleben. Ich werde im zweiten Teil darauf zurückkommen, was es bedeutet, eine bestimmte Veranlagung zu „brechen“ und ein Buddha zu werden.

*Zeugnis ablegen – Wie man mit Partner*in oder in einer Gruppe arbeitet*

Der Zen-Peacemaker-Orden nennt in seinem Leitbild und seiner Verpflichtung zur Praxis drei Grundsätze, die ursprünglich vom Gründer der Gruppe, Bernie Glassman, formuliert wurden: Nicht-Wissen, Zeugnis ablegen und liebevolles Handeln.[3] Sich dem Einssein mit den Zen-Geboten zu öffnen erfordert, Zeugnis abzulegen, was nur in einem Zustand des Nicht-Wissens möglich ist. Aber was bedeutet es, Zeugnis abzulegen oder sich in einem Zustand des Nicht-Wissens zu befinden? Eine Möglichkeit, dies zu verstehen, ist, frei von Projektion zu sein. Nehmen wir die schlimmste Form der Projektion – Bigotterie. Bigotterie, die sich gegen eine Person oder eine Gruppe richtet, wird oft als Intoleranz gegenüber anderen definiert. In Wirklichkeit handelt es sich um eine Verallgemeinerung, die auf bestimmte Menschen oder Gruppen projiziert wird. Wir haben auch unsere individuellen, familiären psychischen Muster und Überzeugungen, die wir verallgemeinern und auf andere und uns selbst projizieren. Das stellt uns in wichtigen Beziehungen manchmal vor große Herausforderungen. So etwas kann am Arbeitsplatz, mit Freunden oder sogar im Bus oder auf der Straße passieren. Die Beurteilung anderer und unser selbst sind eine andere Variante. Berücksichtigen wir aber auch das Zuhören und beachten wir die Zuschreibungen, Urteile, Meinungen und Deutungen, die in der Regel beim Zuhören auftauchen, während unsere Gedanken zwischen Vergangenheit und Zukunft hin- und hergehen. Können wir einfach zuhören, einfach präsent sein für das, was ein anderer sagt, in einem Zustand des Nicht-Wissens? Kann unser Geist ruhig und offen sein? Das ist es, was beim Arbeiten mit anderen an den Geboten erforderlich ist. Je mehr wir auf diese Weise praktizieren, desto mehr sind wir in der Lage, es zu tun.

In einem Zustand des Nicht-Wissens lernen wir, nicht nur anderen, sondern auch uns selbst gegenüber Zeugnis abzulegen. Das bedeutet, nicht zu urteilen, keinen Selbstschutz und keine Selbst-Vermarktung zu betreiben. Es bedeutet, dass wir lernen, alles, was in uns auftaucht, zuzulassen, ja sogar zu begrüßen. Wie ich Hameed Ali (A. H. Almaas) habe sagen hören: „Bring deine Erfahrung nicht durcheinander." Wenn unser Verstand still ist und offen für unsere Erfahrung, anstatt sie durch Analysen, Urteile, Entschuldigungen usw. zu stören, können wir Dinge über uns selbst entdecken. Aber noch wichtiger ist, dass diese Stille und Offenheit es unserer Erfahrung ermöglichen, sich zu entfalten und sich als etwas anderes zu offenbaren, als wir dachten, dass es sei.

Eine gute Möglichkeit im Zweiergespräch ist, mit zwei sich wiederholenden Fragen oder Aufforderungen zu arbeiten, etwas, das ich in der Beschäftigung mit dem Diamond Approach gelernt habe. Um beim Beispiel des Stehlens zu bleiben, könnten wir die Übung folgendermaßen durchführen: Eine Person fordert für die Dauer von zehn Minuten immer wieder dazu auf: „Erzähle mir von etwas, das du gestohlen hast", wobei sie die Antworten einfach zur Kenntnis nimmt und vielleicht nach jeder Antwort „Danke" sagt. Kein Nachdenken, kein Analysieren, keine Gegenrede. Dann wechselt man die Seite und das Gleiche wird noch einmal gemacht. Und so verfährt man auch mit der zweiten Frage oder Aufforderung.

Für jede der zehn Übungen, die den zehn Kapiteln in diesem Teil des Buches folgen, schlage ich eine von zwei Varianten dieser Frageübung vor. Die erste Version könnte darin bestehen, wiederholt auf die Aufforderung „Sag mir, was du stiehlst“ zu antworten. Geld, Aufmerksamkeit, Ansehen oder was immer einem in den Sinn kommt. Nachdem die Seiten gewechselt wurden und beide Partner*innen die erste Frage beantwortet haben, könnte die zweite Frage oder Aufforderung lauten: „Wie stiehlst du?“ Offen, selbstbewusst, schuldbewusst, heimlich oder auf irgendeine andere Art und Weise. Die Antworten sind ganz persönlich. Sie können schnell oder sehr langsam kommen – das spielt keine Rolle. Wenn wir präsent und offen sind für alles, was auftaucht, kann diese Art von Übung uns aus der Bahn werfen und Möglichkeiten aufzeigen, an die wir vorher nicht gedacht haben. Die zweite Variante ist, beide Fragen zusammen zu stellen. Ein Beispiel wäre: „Erzähle mir von etwas, das du stiehlst“, im Wechsel mit „Welchen Mangel behebst du damit?“, und dann die Seiten wieder zu wechseln. Sowohl die erste als auch die zweite Variante werden jeweils fünfzehn Minuten lang durchgeführt. In der Anleitung am Ende jedes Kapitels zu den Geboten heißt es entweder: „Stellen Sie beide Fragen getrennt für jeweils 10 Minuten“ oder „Stellen Sie die Fragen abwechselnd zusammen für 15 Minuten“.

Für jedes Gebot schlage ich auch eine zweite Übung vor – einen Monolog, der in Anwesenheit von einer, zwei oder mehreren Personen gehalten wird. Hier spricht jede Person fünfzehn Minuten lang und erforscht ihre Beziehung – in diesem Fall – zum Stehlen. Die Frage könnte darin bestehen zu erforschen, wie man Unzufriedenheit oder Mangel erlebt, und zu bemerken, wie das Stehlen passiert in der Annahme, dass es den Mangel beheben könnte. Auch hier kann es zu überraschenden Einsichten kommen. Die Zuhörenden hören einfach zu, ohne zu analysieren, zu vergleichen oder zu beurteilen. Diese Übungen stellen sowohl für den/die Sprechende*n als auch für die Zuhörenden eine intensive Praxis dar. *Nach* den Übungen kann ein Gespräch, d. h. der Austausch untereinander, so lange fortgesetzt werden, wie die Teilnehmenden es wünschen.

Eine dritte Übung, die man zunächst alleine durchführt und dann vielleicht ein oder zwei Tage später mit seinem Partner/seiner Partnerin fortsetzt, ist ein weiterer fünfzehnminütiger Monolog, in dem jede Person erkundet, was ihr an dem betreffenden Gebot auffällt. Die Untersuchung, die ich dabei im Sinn habe, ist nicht intellektuell, sondern wiederum in Form wahren und vollständigen Hinhörens auf das, was da ist, eine völlige Offenheit, Nicht-Wissen und Zeugnisablegen der eigenen Erfahrung und des Sprechens des anderen. In all diesen Fällen kann der dritte Grundsatz, das liebevolle Handeln, als Mitgefühl uns selbst oder anderen gegenüber zum Ausdruck kommen.

In meiner Sangha, der No Traces Sangha, haben wir die Gebote auf diese Weise studiert, indem wir uns mit einem Partner/einer Partnerin zwei oder drei Wochen lang mit einem Gebot beschäftigt haben. Das bedeutet, dass man jede Woche alleine übt und sich einmal pro Woche mit seinem Partner/seiner Partnerin und einer Gruppe trifft, wobei die Gruppe aus der ganzen Sangha oder auch nur aus vier oder sogar nur zwei Leuten bestehen kann. In der Zeit zwischen den Treffen, wenn man allein ist, kann man eine Erkundung darüber durchführen, was für einen in Bezug auf das betreffende Gebot am präsentesten ist.

Die folgenden Kapitel waren ursprünglich Dharma-Vorträge, die während der Retreats im ersten Jahr, in dem meine Sangha wirklich mit den Geboten praktizierte, nacheinander gehalten wurden. Sie wurden transkribiert, für die Lesbarkeit ein wenig überarbeitet und alle drei Monate von der Zeitschrift *Tricycle* veröffentlicht. Daher haben die *Tricycle*-Leser*innen die Wiederholungen gar nicht als solche empfunden, und auch die Zen-Schüler*innen nicht, die sie während der Retreats hörten. Ich habe beschlossen, sie mehr oder weniger so zu belassen, wie sie ursprünglich veröffentlicht wurden. Als langjährige

Hochschullehrerin und als Zen-Lehrerin kenne ich den Nutzen der Wiederholung sehr gut. Sie ermöglicht es uns, verschiedene Aspekte ein und derselben Sache zu sehen, und, was am wichtigsten ist, sie vertieft unser Verständnis. Eine meiner liebsten Zen-Geschichten handelt von dem Schüler, der den Lehrer jahrelang sagen hört, dass der Buddha „mit einer verborgenen Bedeutung sprach, die Kasyapa aber nicht verborgen blieb".[4] Als der Schüler den Lehrer dies zum hundertsten Mal sagen hörte, verstand er plötzlich die verborgene Bedeutung hinter seinen Worten und erlangte Erleuchtung. Er weinte und „äußerte unvermittelt: ‚Warum habe ich das nicht schon früher gehört?'"[5]

Wie bereits erwähnt, haben Bodhidharma, der erste Zen-Patriarch (chinesisch: Ch'an), und Eihei Dogen, der einundfünfzigste Patriarch, beide kurze Kommentare über die Einheits- oder „Kein"-Ebene in unserer Beziehung zu den Geboten hinterlassen. Bodhidharmas Kommentar ist bekannt als „Ein-Geist-Gebot" und Dogens Kommentar als „*Kyōjukaimon* – Unterweisungen über die Gebote". In jedem Essay über die Gebote zitiere ich die entsprechenden Hinweise aus diesen beiden Kommentaren, wobei ich die unveröffentlichten Übersetzungen von Maezumi Roshi, dem Lehrer meines Lehrers, verwendet habe. Die vollständige Auflistung der Gebote sind in Anhang 1 zu finden. Wo es nötig war, um die Kommentare klarer zu machen, habe ich auch die Korrekturen von John Daido Loori Roshi an den Übersetzungen von Maezumi Roshi zitiert, der auch Looris Lehrer war. Die vollständige Erforschung dieser wichtigen Kommentare wird im zweiten Teil erfolgen.

1

Kein Töten

Zen-Gebot Nr. 1

Die meisten von uns sind in ihrem täglichen Leben nicht mit Entscheidungen konfrontiert, bei denen es um das Töten anderer Menschen geht. Andererseits werden diejenigen, die beim Militär sind, nicht nur zum Töten ausgebildet, sondern müssen auch, sobald sie im Einsatz sind, schreckliche Entscheidungen treffen. Heutzutage müssen Soldat*innen dem „Feind“ nicht mehr physisch gegenüberstehen, um vor solche Entscheidungen gestellt zu werden. Sie müssen sich nicht einmal mehr auf demselben Kontinent befinden, wie der fesselnde Film *Eye in the Sky* – eine fiktive Darstellung der Komplexität der Drohnenkriegsführung – aus dem Jahr 2015 zeigt. Durch den Einsatz von Drohnen in der modernen Kriegsführung steht die Person, die diese Technik steuert, praktisch in Echtzeit Auge in Auge mit Menschen, die Tausende und Abertausende von Kilometern entfernt sind. Das eigene Leben steht nicht auf dem Spiel.

Nur wenige von uns sind im Rahmen ihrer Arbeit mit einer so schrecklichen Uneindeutigkeit in Bezug auf die Moral des Tötens konfrontiert, und so fragen wir uns vielleicht, was das erste Gebot – kein Töten – mit uns zu tun hat. Dennoch können wir uns alle in der Fantasie mit dieser Möglichkeit auseinandersetzen. Ich erinnere mich, dass in einem meiner

Philosophiekurse eine junge Frau in einer Diskussion über das Töten sagte, sie würde dies unter keinen Umständen tun. Ich habe mir das folgende Szenario ausgedacht: An der Kreuzung 5th Avenue und 42. Straße in New York City klettert ein Verrückter zur Hauptverkehrszeit mit einem Schnellfeuergewehr an einem Laternenpfahl hoch und beginnt, in die Menge zu schießen und alle Menschen in Sichtweite zu töten. Ich schlug der Studentin vor, dass sie in diesem Szenario neben einem erschossenen Polizisten stehen würde. Würde sie nicht nach seiner Waffe greifen und den Verrückten töten? Zu meiner Überraschung sagte sie: „Nein." Das ist das, was wir im Zen als die absolute Auslegung des Gebots bezeichnen würden – nämlich niemals zu töten, unabhängig vom Kontext oder den Umständen. Andererseits wird die Vorgehensweise des Militärs in *Eye in the Sky* durch veränderte Umstände plötzlich infrage gestellt. Ein kleines Mädchen taucht immer wieder unerwartet auf, um Besorgungen zu machen oder mit ihrem Reifen zu spielen, und zwar genau dort, wo sie die Selbstmordattentäter bombardieren wollen, die sich auf einen Anschlag vorbereiten.

Diskussionen darüber, was richtig oder falsch ist, sind wichtig und notwendig, aber das ist nicht unsere Aufgabe bei dieser Betrachtungsweise der Gebote. Vielmehr wollen wir die Gebote als Instrument nutzen, um die verschiedenen Arten der Trennung zu betrachten, die auftreten. Ich sah einmal einen Vater auf einem Fahrrad hinter seiner zehnjährigen Tochter auf ihrem Fahrrad, wie er sie ermutigte, eine Taube zu überfahren. Als Tierliebhaberin war ich entsetzt und ließ es ihn wissen. In der Rückschau wird mir klar, dass es nicht der richtige Weg war, ihn zurechtzuweisen. Wie Dogen über das erste Gebot sagt: „Leben ist ‚kein Töten'." Es wäre besser gewesen, einen Weg zu finden, die angeborene Achtung vor dem Leben und die Liebe zum Leben in seiner Tochter und sogar in ihm selbst zu nutzen. Nicht nur, dass mein eigenes Verhalten dem natürlichen Ausdruck eines Gebots näher gekommen wäre als einem

„Sollte-nicht-Prinzip", sondern es hätte auch den Vater und die Tochter einem natürlichen Ausdruck des Gebots nähergebracht, wenn ich die Liebe zum Leben in ihnen angesprochen hätte. Stattdessen ist es eher so, als hätte ich beschlossen, sie zu töten oder zumindest ihr Verhalten. Denken wir nur an all die Verhaltensweisen anderer, die wir töten wollen, anstatt uns selbst darin zu sehen, eine Version desselben Verhaltens zu zeigen.

Unsere Aufgabe beim Praktizieren mit den Geboten ist es, auf mitfühlende und erlaubende Weise herauszufinden, wer wir als Mörder sind. Was heißt das in unserem gewöhnlichen Alltag? Wie zeigt sich das Töten? In Fortführung seiner Unterweisung „Leben ist ‚kein Töten'" sagt Dogen: „Die Buddha-Saat geht auf. Bewahre die lebendige Weisheit des Buddha und töte das Leben nicht." Bodhidharmas „Ein-Geist"-Version lautet wie folgt: „Die Natur des Selbst ist unfassbar wundersam. Im immerwährenden Dharma wird es als ‚Nicht-Töten' bezeichnet, wenn das Auslöschen nicht in Betracht gezogen wird." Nach Dogen ist das Töten also das Versagen oder die Weigerung, das Leben zu erhalten. Bodhidharma fügt hinzu, dass sogar der Gedanke, das Leben auszulöschen, Töten bedeutet.

Was ist Leben? Das Leben ist alles – Steine, Blumen, heruntergefallene Blätter, Menschen, Zähne, Mäuse, verrottendes Fleisch, Arien, Bücher, Emotionen, Gedanken, Kitzeln, Schmerzen, schmutzige Windeln, Depression, Gehen, Lachen, sogar der Mörder in uns. Nichts ist ausgeschlossen. Sobald wir die Erfahrung machen, eins zu sein mit einer bestimmten Sache, Person oder Emotion, oder sobald wir die Erfahrung der Einheit all dessen, was wir Wirklichkeit nennen, machen, sehen wir, dass alles – geistig oder körperlich, empfindungsfähig oder nicht – lebendig ist. Und wir erkennen, dass die Vernetzung im Gesamten lebendig ist, als ob das Leben von diesem Vernetztsein abhinge. Hier können wir sehen, warum dieses Gebot oft in Begriffen der Trennung gedacht wird, als ob es um das Töten der Einheit und damit des Lebens ginge. Auf einer sehr grundlegenden Ebene, der Ebene des Einsseins, der Ebene des Absoluten, bedeutet „kein Töten“ also wirklich „keine Trennung“.

Beachten Sie den Wortlaut dieser Gebote, die uns von Dogen überliefert wurden. Es heißt nicht „Töte nicht“ oder „Nicht töten“, sondern „kein Töten“. Kann ich mich in diesem letzteren Sinne im Zustand des Nicht-Tötens befinden? Töten oder sogar Gedanken ans Töten; Trennung oder sogar Gedanken an Trennung – all das kommt in diesem Zustand des Einsseins nicht vor. Gedanken daran, nicht zu töten, kommen in diesem Daseinsbereich ebenfalls nicht vor, was Bodhidharma durchblicken lässt, aber nicht benennt. „Sieh mich an, ich bin gut, ich töte nicht“ oder „Ich sollte nicht töten“ führen uns genauso wie das Töten in die Trennung.

Was ist dieses Einssein, von der Zen spricht? Der Begriff mag einem wie Zen-Jargon vorkommen, aber was bedeutet er wirklich? Solange wir Einssein nicht direkt erfahren haben, bleibt sie laut Zen nur eine Idee. Aber ich denke, dass es Momente gibt, in denen wir sie in unserem gewöhnlichen Leben erfahren, sie aber nicht bemerken. Oder wenn wir sie wahrnehmen, bringen wir sie nicht mit Einheit in Verbindung, die im Zen so wichtig ist. Plötzlich, ohne bewusste Absicht, ein Kind oder einen unaufmerksamen Erwachsenen zu packen, der gerade auf die Straße laufen will, während ein Auto kommt, ist ein solcher Moment. Ein anderes Beispiel ist, jemandem wirklich zuzuhören, ohne dass wir dabei irgendwelche Vorstellungen über diese Person haben. In ein Buch oder irgendetwas anderes *vertieft zu sein*, ist ein weiteres Beispiel. Andererseits sind wir manchmal nicht in der Lage, uns auf ein Buch *einzulassen*. Unsere Sprache zeigt uns hier etwas. Ein interessanter Fall sind diejenigen, die als „Held*innen“ bezeichnet werden, weil sie ihr Leben riskiert haben, um das Leben anderer zu retten. Das Wort „Held*in“ macht für sie keinen Sinn in Bezug auf das, was sie getan haben, denn sie waren so sehr eins mit den Geretteten und mit ihrer Rettungstätigkeit. In Notsituationen sehen wir, wie weit Menschen gehen, um Leben zu retten.

Wenn wir lernen, auf unser Gefühl der Trennung zu achten, können wir hier eine Menge lernen. Wie sieht das aus? In seinem Gedicht „Vertrauen in den Geist" sagte Jianzhi Sengcan (japanisch: Konchi Sosan), der dritte Zen-Patriarch, bekanntlich: „Der höchste Weg ist nicht schwer für diejenigen, die keine Vorlieben haben." Vorlieben müssen nicht zwangsläufig mit Anhaftung und Ablehnung verbunden sein, aber meistens sind sie es. Was passiert, wenn wir uns den ganzen Tag auf ein wirklich gutes chinesisches Essen in einem neuen, hoch gepriesenen Restaurant gefreut haben und wir dort ankommen, aber feststellen, dass es geschlossen ist? Was fühlen wir dann? Enttäuschung? Verärgerung? Spüre ich meine Verbundenheit mit diesem Restaurant oder will ich es plötzlich „killen"? Es mag von hier wie ein weiter Weg erscheinen bis zum buchstäblichen Töten, ist es aber nicht. Wenn wir uns selbst in diesen scheinbar alltäglichen Situationen wirklich kennenlernen, kann uns das viel lehren über das, was Dogen „die lebendige Weisheit des Buddha bewahren" nennt.

Was bedeutet es, nicht von sich selbst getrennt zu sein? Denken Sie an die ermutigenden Worte „Sei einfach du selbst" oder die lobende Aussage „Sie ist wirklich sie selbst". Was bedeuten diese Sätze? Zum einen bedeuten sie: Sei nicht eine Vorstellung von dir selbst, studiere nicht ein, was du zu jemandem sagen wirst. Sei einfach du selbst, wann immer dieses „Jetzt" ist. Eine meiner Lieblings-Zen-Geschichten handelt von dem chinesischen Meister Yunmen aus dem zehnten Jahrhundert, der seine Mönche anbrüllte: „Wenn ihr sitzt, dann sitzt ihr mit einer Sitz-Sicht! Wenn ihr geht, dann geht ihr mit einer Geh-Sicht! Wenn ihr esst, esst ihr mit der Schalen-Sicht", dann nahm er seinen Stab und vertrieb sie alle. Die Sicht, wegen derer Meister Yunmen seine Mönche anschreit, ist die des

Sich-Selbst-Bewusst-Seins. Wenn ich auf Skiern einen Berg hinunterfahre und mir gleichzeitig bewusst bin, wie ich dabei aussehe, breche ich mir wahrscheinlich ein Bein. Was bringe ich da um? Das Leben! Das hundertprozentige Leben, einfach nur zu sitzen, zu gehen, zu essen, Ski zu fahren, zu lieben oder einfach nur ich selbst zu sein. Wann immer wir uns unserer selbst bewusst sind, haben wir uns in zwei Hälften gespalten und das Leben aus dem, was wir gerade tun, herausgenommen. In unseren narzisstischen Momenten erliegen wir der Illusion, dass wir der Sicht auf uns selbst dieses Leben geben können. Neben unserem Narzissmus gibt es natürlich noch viele andere Gründe, uns in zwei Teile zu spalten. Ich denke da immer an eine Szene in Woody Allens Film *Der Stadtneurotiker*, in der Annie Hall und Allens Figur, Alvy Singer, im Bett liegen und sich lieben und es ein Doppelbild von Annie Hall gibt. Sie ist nicht nur im Bett und macht Liebe, sondern sitzt auch auf einem Stuhl und schaut zu.

Denken Sie nur daran, wie oft wir versucht sind, unsere eigene Erfahrung abzutöten, oder es tatsächlich tun. Wenn wir beginnen zu praktizieren und lernen, uns in unseren Körper und Geist zu entspannen, manchmal bis hin zu tiefer Stille, können alle möglichen Gedanken, Emotionen und Empfindungen zum Vorschein kommen, manche davon zum ersten Mal. Wenn wir etwas davon verstecken oder nicht wahrhaben wollen, nicht einmal vor uns selbst, töten wir Teile von uns. Die einzige Möglichkeit, ganz zu werden und „die lebendige Weisheit des Buddha zu bewahren", besteht darin, all jene Aspekte von uns selbst willkommen zu heißen, die wir bewusst oder unbewusst zu unterdrücken versuchen. Unsere Bemühungen, sie zu unterdrücken, können nicht erfolgreich sein. Wir töten die lebendige Weisheit, wenn wir nicht alles willkommen heißen. Wenn wir Angst, Wut, Gier, Hass und alle möglichen negativen Emotionen, Empfindungen und Gedanken, die in uns an die Oberfläche drängen, mit Neugier und Mitgefühl willkommen heißen, werden wir von Freiheit, Raum, Liebe, Transformation und Leben überrascht!

Apropos Vorlieben: Denken Sie nur an den Unterschied zwischen unserer Reaktion auf einen verlassenen, wimmernden Welpen am Straßenrand und auf eine Kakerlake, die über den Küchentisch krabbelt.

Ein Beispiel für das Wissen um die ausgleichende Kraft der „lebendigen Weisheit des Buddha" ist Muriel Rukeysers schönes Gedicht „St. Roach":

> Da ich euch nie gekannt habe, lernte ich nur, euch zu fürchten,
> da ich euch nie berührt habe, sagte man mir, ihr seid Dreck,
> man brachte mir durch jede Handlung bei, euresgleichen zu verachten;
> da ich sah, wie meine Leute gegen euch Krieg führten,
> konnte ich euch nicht voneinander unterscheiden,
> da ich in meiner Kindheit an Orten lebte, die frei von euch waren,
> da alle Menschen, die ich kannte, euch zerquetschten,
> zu Tode trampelten, mit kochendem Wasser übergossen, euch hinuntergespült haben,
> konnte ich keinen vom anderen unterscheiden,
> nur, dass ihr dunkel, schnell auf den Beinen und schlank wart.
> Nicht wie ich.
> Da ich eure Gedichte nicht kannte
> Und da ich keine eurer Redensarten kenne
> Und da ich eure Sprache weder sprechen noch lesen kann
> Und da ich eure Lieder nicht singe
> Und da ich unsere Kinder nicht lehre,

euer Essen zu essen
oder eure Gedichte zu verstehen
oder eure Lieder zu singen
Aber da wir sagen, ihr verderbt unser Essen
Aber da wir euch gar nicht kennen.

Gestern habe ich mir zum ersten Mal einen von euch angeschaut.
Du warst heller als die anderen, das war weder gut noch schlecht.
Ich habe zum ersten Mal wirklich geschaut.
Du schienst beunruhigt und geistreich.

Heute habe ich zum ersten Mal einen von euch berührt.
Du warst erschrocken, du bist weggelaufen, du bist geflohen
Schnell wie ein Tänzer, leicht, fremd und schön anzufassen.
Ich greife, ich berühre, ich beginne, dich kennenzulernen.[1]

Wie bereits erwähnt, verrät unsere Alltagssprache eine Menge über die verschiedenen Arten des Tötens. Eine interessante Variante ist „Zeit totschlagen". Wir könnten sagen: „Um die Zeit am Bahnhof totzuschlagen, habe ich mir etwas angeschaut, was dort gerade im Fernseher lief." Wenn wir die Zeit totschlagen müssen, zeigen wir, in welchem Maße wir nicht in der Lage sind, im Jetzt präsent zu sein und einfach nur zu warten. Ich habe den Eindruck, dass es bei der Meditation darum geht, die Zeit gerade nicht totzuschlagen. „Diese Spannung bringt mich um" könnte eine andere Version der Unfähigkeit sein, präsent zu bleiben. Man sagt: „Ich hätte dich umbringen können, als du das vor ihr gesagt hast." Und dann gibt es eine

Reihe von Dingen, von denen wir „umgebracht" werden: „Es hat mich zu Tode gelangweilt", „Wir sind fast erfroren", „Es hat mich zu Tode erschreckt" und so weiter.

Noch interessanter sind all die Umkehrungen, also all die Arten, wie wir sagen, dass uns etwas umbringt, und damit etwas Positives meinen, wie z. B.: „Wir haben uns totgelacht!" Meine Mutter war eine lustige Frau, ein echter Knaller. Es gab bestimmte lustige Dinge, die sie sagte, auf die mein Vater immer mit „Du machst mich fertig" antwortete. Roberta Flacks „Killing Me Softly With His Song" ist auch ein wunderbares Beispiel dafür. Zu sagen, dass etwas „ein echter Killer" sei, bedeutet oft ein Lob. Dabei wird das Selbst des Sich-Selbst-Bewusst-Seins getötet, um Platz zu machen für die lebendige Weisheit des Buddha.

Der markanteste Spruch von allen ist Meister Rinzais „Wenn du den Buddha triffst, töte ihn!" Nagarjuna sagt etwas Ähnliches in einem kurzen Vers:

> Wenn keine Buddhas vorkommen
> und ihre Anhänger verschwunden sind,
> bricht die Weisheit des Erwachens.

Jeder Buddha, dem ich begegne, ist von mir getrennt und, wie wir sagen könnten, bereits tot, weil ich ihn von mir getrennt vorgestellt habe. Diese Art von Buddha kann nur ein Objekt und somit ein Konzept von etwas sein, das nicht konzeptualisiert werden kann. Lassen wir es fallen. Töten wir es. Vergessen wir es. Wir können es nur *sein*. Wir können es nicht in irgendeinem konventionellen Sinne kennen, was per Definition eine Trennung erfordert. Nur wenn wir Berge, Felsen, Präsident*innen, Blumen oder schmutzige Windeln wirklich von innen her kennen, indem wir eins mit ihnen sind, erstrahlt die lebendige Weisheit des Buddha.

Dies ist das erste Gebot – kein Töten.

Kein Töten: Partner- oder Gruppenübungen

Wiederkehrende Fragen: Stellen Sie die Fragen (1) und (2) getrennt für jeweils 10 Minuten, ohne Nachfragen oder Gegenrede.

1. Nenn mir eine Art, wie du tötest.
2. Erzähle mir, wie du es erlebst, die lebendige Weisheit des Buddha zu bewahren.

Monolog:
Jeweils 15 Minuten, ohne Nachfragen oder Gegenrede.
Was lernen Sie über sich selbst, wenn Sie an diesem Gebot arbeiten?

Diskutieren Sie gemeinsam, so lange Sie möchten.

2

Kein Stehlen

Zen-Gebot Nr. 2

Wir neigen dazu, das Phänomen des Stehlens zu stark zu vereinfachen. Vielleicht sind Sie keine*r, der/die schon einmal eine Bank ausgeraubt hat oder bei jemandem eingebrochen ist und etwas gestohlen hat. Und vielleicht passen Worte wie *Betrug, Schwindel, Unterschlagung, Plagiat, Schummelei* oder *Plünderung* nicht mit Ihren Erfahrungen zusammen. Trotzdem hat Stehlen viel mit jedem von uns zu tun.

Stehlen bedeutet, etwas zu nehmen, das einem nicht gehört, und dies heimlich zu tun, um nicht erwischt zu werden. Es ist keine Überraschung, dass *steal* – stehlen und *stealth* – Täuschung im Englischen denselben Ursprung haben. Normalerweise verstehen wir unter Diebstahl das Entwenden von Geld oder wertvollen Gegenständen wie Fernseher, Fahrräder, Autos oder Schmuck. Aber wir wissen, dass auch Ideen gestohlen werden, was zu komplizierten Gerichtsprozessen führt. Und heutzutage können sogar Identitäten gestohlen werden. Leider werden im Internet nicht nur Ego-Identitäten gestohlen, und der Diebstahl geschieht sicher nicht zum Vorteil des Opfers. Dafür brauchen wir große Zen- Meister, von denen man sagt, sie seien Diebe, weil sie unsere Wahnvorstellungen stehlen. Im Gegensatz zu den meisten anderen Aspekten, die in den Geboten thematisiert werden – wie Wut, Schuldzuweisung oder Geiz –, kann es so scheinen, als ob das Stehlen von unserem Alltag weit entfernt sei, besonders wenn wir es nur mit dem in Verbindung bringen, was illegal oder kriminell ist. Das kann dazu führen, dass wir meinen, wir seien aus dem Schneider. Schließlich stehlen die meisten von uns nicht – zumindest denken wir das. Aber beachten Sie, wie sehr der Begriff des Stehlens in unserer Sprache verankert ist. Wir nennen ein gutes Geschäft „ein echtes Schnäppchen". Wir stehlen einen Kuss, einen Blick, das Herz von jemandem oder eine Base beim Baseball. Wir stehlen einen Auftritt oder sogar die ganze Show. Das ist alles noch völlig harmlos, aber es gibt auch Formen des Stehlens, die sowohl für andere als auch für uns selbst schädlich sind. Und um diese Formen wird es hier gehen.

Bei der Arbeit mit diesem Gebot, kein Stehlen, wäre es gut, zwei Dinge zu betrachten: die große Vielfalt an Arten des Stehlens, die nicht kriminell sind, und wie sich in unserem Erleben „mein" oder „nicht mein" zeigt. Um Letzteres zu erkennen, ist es nützlich, uns nicht nur zu fragen, wann und wie wir stehlen, sondern auch, wann und wie wir uns bestohlen fühlen – zum Beispiel, wenn wir einen anderen beschuldigen, alles „in Beschlag zu nehmen", von dem wir glauben, dass uns etwas davon oder alles zusteht. Es ist auch nützlich, darüber nachzudenken, wie schwer es für kleine Kinder ist, das Teilen zu lernen, und sich zu fragen, wie viel von dem Widerstand gegen das Teilen noch in uns ist.

Eines der Kennzeichen eines erleuchteten Menschen ist, dass er zufrieden ist. Wenn wir mit dem zufrieden sind, was wir haben, gibt es keine Neigung zu stehlen. Mit dem zufrieden zu sein, was wir haben – Geld, Status, Besitz, Aussehen, Gesundheit, Freunde –, mag auf den ersten Blick einfach erscheinen. Tatsächlich beschreibt die Unzufriedenheit mit einem oder all diesen Dingen den heutigen Menschen ziemlich genau. Aber selbst im mittelalterlichen China gab es erkennbare Versionen davon, wie im folgenden Gedicht zu sehen ist:

Weißes Haar

Färbe es nicht, reiß es nicht aus
Lass es überall auf deinem Kopf wachsen.
Kein Mittel kann das Weiße aufhalten.
Die Schwärze wird den Herbst nicht überdauern.
Lass deinen Kopf auf einem Kissen ruhen.
Höre die Zikaden – neige dich leicht, um das Wasser
fließen zu sehen.
Der Grund dafür, dass wir uns nicht zu dieser
umfassenderen Sichtweise auf das Lebens
durchringen können, ist,
dass weißes Haar uns so traurig macht.[1]

Dies ist sicher ein Beispiel dafür, dass jemand nicht zufrieden ist, aber wo ist der Diebstahl? Beachten Sie, dass der Angesprochene sich in gewisser Weise etwas nimmt, was ihm nicht gehört, und wenn es mit dem Färben der Haare im mittelalterlichen China so war, wie es heute oft ist, dann geschah dies meist „verstohlen". Hinzu kommt das Gefühl, dass wir *bestohlen werden*, wenn wir die Haarfarbe verlieren, mit der wir geboren wurden. Können wir mit jeder Veränderung unseres Geistes und Körpers zufrieden sein, wenn wir älter werden?

Es gibt viele andere offensichtliche Beispiele für Diebstahl. Denken Sie ans Aufräumen, wenn Sie oder auch andere Unordnung hinterlassen haben, – Krümel auf dem Boden, nasse Handtücher und so weiter und so fort. Wenn wir uns davon abwenden, stehlen wir. Wir stehlen wahrscheinlich von vielen Dingen, aber zumindest bestehlen wir in diesem Fall die nächste Person, die vorbeikommt.

Wenn wir in einer schönen Landschaft unseren Müll aus dem Autofenster werfen, bestehlen wir alle. Wir stehlen nicht nur von der Schönheit der Landschaft, sondern stehlen auch etwas von der Freude derer, die nach uns kommen. Oder noch schlimmer: Wenn wir während einer Dürre zu viel Wasser verbrauchen. Das ist, als würden wir sagen: „Die Welt gehört mir und ich kann damit machen, was ich will." Wenn wir das Licht nicht ausschalten, stehlen wir natürlich auch Strom. Aber von wem stehlen wir? Von allen anderen. Dann ist da noch unsere Nutzung fossiler Brennstoffe, die zu den schlimmsten aller Diebstähle gehört: Wir bestehlen die Zukunft des Planeten und allen Lebens, einschließlich unseres eigenen. Die meiste Zeit verbergen wir es – und wissen, dass wir es verbergen. Das ist Täuschung. Und manchmal wissen wir es nicht, und wir sehen Menschen, die es nicht zu wissen scheinen. Dennoch gibt es irgendwo in uns allen einen Moment der Scham, wenn wir uns von einem weggeworfenen Papier auf der Straße oder einer Flasche oder einer Dose abwenden, die wir leicht hätten aufheben können.

Eines der Dinge, die wir in solchen Situationen tun, vor allem in unseren eigenen vier Wänden, ist das Aufschieben. Wir sagen: „Ach, das mache ich später", was auch immer es ist, obwohl wir genau dort sind, direkt davor. Wie kann man in diesem Fall sagen, dass wir stehlen? Unter anderem stehlen wir Zeit und bestehlen damit uns selbst. All dieses Aufschieben häuft sich an. In gewisser Weise stehlen wir also von der Zukunft – davon, dass sie sauber und frei von Vergangenem ist. Wir könnten es aber auch so sehen, dass wir die Gegenwart bestehlen, von dem stehlen, was hier und jetzt zu tun ist, was die Wirklichkeit von uns verlangt.

Es gibt sicher viele Arten, wie wir Zeit stehlen, aber eine davon ist, Zeit zu verschwenden. Wir verschwenden auch die Zeit anderer Menschen. Damit verbunden ist, dass wir nicht nur die Aufmerksamkeit derjenigen stehlen, von denen wir sie haben wollen, sondern auch die derjenigen, die ein Recht auf sie haben. Vielleicht stehle ich sogar anderen die Befriedigung. Ich erinnere mich an meine Zeit in der Schule, als meine Mutter einen Ausdruck verwendete, den ich noch nie zuvor gehört hatte. Ich habe Zwillingsschwestern, die sechs Jahre jünger sind, und beide waren hervorragende Schülerinnen. Bei einer Preisverleihung erhielt die ehrgeizigere von ihnen einmal die meisten Preise, aber in einem anderen Jahr gewann die andere alle Preise. Ich erinnere mich, dass meine Mutter zu der ehrgeizigeren Schwester sagte, dass ihr das wohl „den Wind aus den Segeln genommen" habe. Das war das erste Mal, dass ich diesen Ausdruck hörte. Jetzt fällt mir auf, dass er von derjenigen, der der Wind aus den Segeln genommen wird, als eine Form des Bestohlenwerdens verstanden werden kann. Aber bei dieser Vorstellung, dass wir bestohlen werden, anstatt selbst zu stehlen, ist eine Art Besitzdenken im Spiel, während da auch Nichtanhaftung oder sogar Großzügigkeit sein könnte.

Wenn wir eifersüchtig, neidisch, vergleichend, konkurrierend, besitzergreifend, dominierend sind – selbst wenn wir als Fußabtreter benutzt werden –, findet eine Art Diebstahl statt. Eines der schlimmsten Dinge, die wir stehlen können, ist die Wahrheit eines anderen. Und das tun wir oft, wenn wir nicht ertragen können, was in einer anderen Person vor sich geht, besonders wenn sich in psychologischen oder spirituellen Zusammenhängen etwas für sie entfaltet. Wir erleben dieses Phänomen heutzutage in großem Ausmaß bei vielen weißen Menschen, die Schwierigkeiten damit haben, einfach nur dabei zu bleiben, wenn People of Color von ihren Rassismuserfahrungen erzählen. Was die andere Person fühlt, kann Schmerz, Wut oder Angst sein, und wenn wir aufgrund einer Art von Unbehagen unsererseits nicht da sein können – einfach nur da sein und Zeugnis davon ablegen, wie sich diese Wahrheit in der Person entfaltet –, haben wir das Bedürfnis, es zu „reparieren". In diesem Fall stehlen wir dem oder der anderen tatsächlich etwas sehr Wertvolles. Bei jemandem zu sein, der im Sterben liegt, und einfach nur Zeugnis ablegen zu können, ist eine so außergewöhnliche Praxis, weil sie uns so viel über dieses Gebot lehren kann.

Manchmal ist es sogar etwas Positives, was sich in einer anderen Person entfaltet und das wir nur schwer ertragen können. Dann unterbrechen wir vielleicht mit „Oh, das habe ich auch schon erlebt!“ oder wir wechseln das Thema auf irgendeine erzwungene Weise.

Jemanden beim Sprechen zu unterbrechen, ist vielleicht weniger schlimm, aber auch hier kann man einen Prozess unterbrechen. In meiner Zeit als Hochschullehrerin wusste ich, wie wichtig es war, den Schüler*innen zu helfen, selbst zu denken, Nicht-Wissen zuzulassen und Zeugnis abzulegen für ihre eigene intellektuelle Entfaltung. Die Aufgabe bestand für mich darin, mich nicht einzumischen, nur um eine treffende intellektuelle Anregung mitzuteilen. Selbst das wäre Diebstahl gewesen.

Wir können auch uns selbst bestehlen. Ich kann einen Teil von mir aus dem Rest von mir stehlen. Ich kann an einem Teil von mir hängen. Ich kann einen Teil von mir selbst bevorzugen. Eigentlich ist es eher so, dass ich an einem Selbstbild hänge oder an dem, was ich gerne als Teil von mir haben möchte. In jedem Fall stehle ich vom Ganzen, wenn ich Teile von mir ablehne und an den Teilen hänge, die ich mag. Ich beraube mich der Vollständigkeit und der Möglichkeit, ganz da zu sein. Das passiert, wenn wir die Gebote benutzen, um Teile von uns selbst zu unterdrücken – in diesem Fall die Tendenz oder auch nur die Versuchung zu stehlen. Dann beraube ich mich meines Bewusstseins, meines Willkommenseins und damit meiner Ganzheit.

Dogens Kommentar zu diesem Gebot: „Der Geist und die Äußerlichkeiten sind genau so. Das Tor der Befreiung hat sich geöffnet.“ Wir fügen dem, was ist, weder etwas hinzu, noch nehmen wir etwas davon weg, indem wir etwas davon festhalten, es zurückweisen oder Geschichten darüber erzählen. Die Dinge sind so, wie sie sind. Es ist einfach so, wie es ist, ob es die Dinge in der Welt sind oder das, was sich in uns entfaltet.

Wenn wir das vollkommen akzeptieren können, sind wir zufrieden. Das ist das zweite Gebot – kein Stehlen. Ich habe den ganzen Morgen in der Schlange gewartet, bis ich an der Reihe war, aber als ich drankam, gab es keine Freikarten mehr für Shakespeare im Park. Kann ich das einfach so hinnehmen und zum nächsten Punkt meines Tages übergehen? Kann ich es von ganzem Herzen akzeptieren? Kann ich den Dieb, den Lügner, den Tadelnden in mir von ganzem Herzen akzeptieren?

Als ich ursprünglich den Vortrag über dieses Gebot – kein Stehlen – hielt, der die Grundlage für dieses Kapitel bildete, hatte ich einen lustigen Gedanken zu dem Wort „rauben". Ich denke an Räuber als eine Art Kinderwort für einen Dieb. Räuber und Gendarm. Aber auch Erwachsene benutzen es – „Wir wurden ausgeraubt!" Aber es gibt eine Verwendung des Wortes, die besonders schrecklich ist, und das ist der Grabraub. Vielleicht erscheint uns die Vorstellung, ein Grab auszurauben, als ein Tabubruch. In einigen sehr merkwürdigen Situationen werden aus Gräbern sogar menschliche Überreste geraubt. Aber Gräber werden auch wegen anderer Dinge ausgeraubt. Sicherlich wurden aus vielen antiken Gräbern die darin befindlichen Wertgegenstände geraubt. Das scheint uns irgendwie als die schlimmste Art von Raub und sehr weit weg von uns. Aber wir alle begehen so etwas wie Grabräuberei in Bezug auf die Vergangenheit. Schließlich ist die Vergangenheit tot. Wir rauben aus dem Grab der Vergangenheit jedes Mal, wenn wir nicht anwesend sein können. Da die Vergangenheit tot ist, sollte man die Vergangenheit in Ruhe lassen. Aber wir rauben. Wir bestehlen sie jede Minute.

Wir stehlen auch aus der Zukunft. Unsere Erwartungen, Hoffnungen, Bestrebungen, Absichten, etwas zu erreichen, unsere Sorgen und so weiter – all das bringt uns weg von der Gegenwart. Interessant ist, dass wir, wenn wir aus der Vergangenheit oder der Zukunft stehlen, in Wirklichkeit aus der Gegenwart stehlen – aus ihrer Fülle, ihrem Hiersein, ihrem

Reichtum. Kürzlich dachte ich an einen guten Spruch für einen Autoaufkleber: „Habe eine Vergangenheit, aber lass sie nicht dich haben." Das Gleiche könnte man auch über die Zukunft sagen.

Wir können die Sitzmeditation als Praxis des zweiten Gebots betrachten – kein Stehlen. Es ist die Praxis, nichts zu bekommen. Dass es nichts zu bekommen gibt, ist wirklich eines der schwierigsten Dinge, die es zu begreifen – und zu praktizieren gilt. Wir leiden unter dem Irrglauben, dass uns etwas fehlt, und deshalb sind wir nicht zufrieden. Also wollen wir schließlich von irgendwoher etwas stehlen. Wir wollen etwas bekommen, von dem wir glauben, dass wir es nicht haben. Wir stellen uns vor, dass es noch nicht „mein" ist und wir wollen, dass es „mein" wird. Ein Teil der Täuschung ist zu meinen, es gehe darum, etwas zu haben, was wir nicht haben, während die Entdeckung dabei ist, dass ich es *bin*, nicht dass ich es *habe*. In Meister Keizans *Denkōroku* gibt es einen Fall, in dem es darum geht:

> Der einunddreißigste Patriarch [der vierte Patriarch in China], der Zen-Meister Dayi [Daoxin], verneigte sich vor dem Großen Meister Jianzhi [Sengcan] und sagte: „Ich bitte den Meister in seinem großen Mitgefühl, mir die Unterweisung der Befreiung zu geben." Der Patriarch erwiderte: „Wer bindet dich?" Der Meister sagte: „Es gibt niemanden, der mich bindet." Der Patriarch antwortete: „Wozu suchst du dann nach Befreiung?" Mit diesen Worten kam der Meister zu seiner großen Erleuchtung.[2]

Dayi stellt sich vor, dass Jianzhi etwas hat, was er selbst nicht hat, und Dayi will es haben. Bodhidharmas Version dieses Gebots ist treffend: „Die Natur des Selbst ist unfassbar wundersam. Im ungreifbaren Dharma wird es als ‚Nicht-Stehlen' bezeichnet, wenn kein Gedanke an Gewinn sich geltend macht." Beachten Sie, dass im Fall dieses Gebots Bodhidharma den Dharma „ungreifbar" nennt. Es macht keinen Sinn, das Ungreifbare gewinnen oder erlangen zu wollen. Deshalb nennen wir die Überzeugung, auf der dieser Gedanke oder Wunsch beruht, „Verblendung".

Wir müssen nicht nur erkennen, dass der Dharma unerreichbar ist und daher nichts, was wir stehlen könnten, sondern auch, dass der trügerische Gedanke an Gewinn immer aus einem Gefühl des Mangels heraus entsteht. In diesem speziellen Fall bringt uns das Gefühl des Mangels nicht nur dazu, etwas zu wollen, von dem wir glauben, dass wir es nicht haben, sondern auch dazu, dass wir es *für uns selbst* wollen. Dieses egozentrische Greifen nach dem, was wir uns unter dem Erwachen vorstellen, ist eine Art Verblendung, unter der wahrscheinlich jede*r zu Beginn der Praxis leidet. Dass wir uns vorstellen, dass es eines Tages „meins" sein wird, kann als eine Form des Stehlens angesehen werden. Ich erinnere mich, als ich zum ersten Mal jemanden sagen hörte, dass wir um des Dharma willen praktizieren sollten, nicht um unserer selbst willen. Das kam unerwartet und hat mich zutiefst berührt. Natürlich hören wir auch, dass wir um anderer willen praktizieren sollen, sogar um alle fühlenden Wesen zu retten. Dann haben wir außerdem die Worte des Buddha, als er erwachte: „Shakyamuni sah den Morgenstern und wurde erleuchtet, und er sagte: ‚Ich erkannte zusammen mit der großen Erde und allen Wesen den Weg.'" Er hat nicht gesagt, dass er allein den Weg erkannt hat.

Dies ist das zweite Gebot – kein Stehlen.

Kein Stehlen: Partner- oder Gruppenübungen

Wiederkehrende Fragen: Stellen Sie die Fragen (1) und (2) zusammen jeweils abwechselnd für 15 Minuten, ohne Nachfragen oder Gegenrede.

1. Sag mir, was du stiehlst.
2. Welche Art von Mangel erlebst du?

Monolog:
Jeweils 15 Minuten, ohne Nachfragen oder Gegenrede.
Was lernen Sie über sich selbst, wenn Sie an diesem Gebot arbeiten?

Diskutieren Sie gemeinsam, so lange Sie möchten.

3

Kein missbräuchlicher Sex

Zen-Gebot Nr. 3

Dies ist eine Zeit großer sexueller Freiheit, was die meisten Menschen für eine gute Sache halten. Außerdem ist zu diesem Zeitpunkt unserer Menschheitsgeschichte diese für gut gehaltene Sache allgegenwärtig – im Fernsehen, im Internet und in Zeitungen, in der Werbung, in der Literatur, in Filmen, in Klassenzimmern, in Witzen und in unseren Gesprächen. Man kann sich dem Thema nicht entziehen – und es will wohl auch niemand. Auch sexuelles Fehlverhalten ist an den genannten Orten zu finden – in letzter Zeit dank der #MeToo-Bewegung sogar noch um einiges mehr. Dazu gehören sowohl gewöhnliche als auch skandalöse Untreue und auch ausgesprochen kriminelles Verhalten. Wir Menschen scheinen von den Verfehlungen anderer fasziniert zu sein, insbesondere wenn sie sexueller Natur sind.

Das dritte Gebot, kein Missbrauch der Sexualität, entstand wahrscheinlich in einem klösterlichen Umfeld, in dem das Zölibat praktiziert werden sollte. Unter den verschiedenen Traditionen des Buddhismus sind die tibetische Nyingma-Schule und das japanische Zen dafür bekannt, dass sie verheiratete Mönche und Meister haben. Natürlich gibt es in beiden Schulen des Buddhismus, im Westen wie im Osten, Praktizierende, die das Zölibat praktizieren, aber sie sind die Ausnahme und nicht die

Regel. In der Zen-Tradition gibt es mehrere Meister*innen, die zufällig auch römisch-katholische Nonnen oder Priester sind und somit zölibatär leben. Was Zen-Lehrer*innen und -Praktizierende angeht, so sind auch sie die Ausnahme und nicht die Regel, aber wir können viel von ihnen lernen. Das Wichtigste an diesem Gebot ist, dass es sich um den Missbrauch der Sexualität handelt. Das Zölibat kann auch als Versuch missbraucht werden, die eigene Sexualität völlig zu unterdrücken oder zu verleugnen, und die christlichen Mönchsorden sind heutzutage darauf bedacht, niemanden aufzunehmen, der diese Motivation hat.

Wenn wir uns nicht in einer Position befinden, das Zölibat zu missbrauchen, oder versucht sind, physisch sexuelle Gewalt anzuwenden, durch Vergewaltigung oder durch psychologisch bedingtes sexuelles Fehlverhalten, etwa durch den Missbrauch von kleinen Kindern, könnten wir uns fragen, was dieses Gebot denn mit uns zu tun hat. Tatsächlich erweist sich dieses Gebot als subtiler und viel interessanter, als diese Beispiele vermuten lassen. Es gibt verschiedene Umschreibungen oder Formulierungen des Themas, darunter „Ehebruch“, „unreine Sexualität“, „sexuelles Fehlverhalten“, „unkeusches Verhalten“ und „Missbrauch von Sex“. Das, was dieses Fehlverhalten und die Unreinheit verursacht, wurde mit „Anhaftung“, „Gier“, „Verlangen“ und „Begierde“ übersetzt. Wenn wir einige der Unterschiede zwischen diesen Formulierungen betrachten, können wir die Reichhaltigkeit des Gebots erkennen. Ich werde mir hier zwei Arten ansehen, wie dieses Gebot verstanden werden kann: sexuelles Fehlverhalten und Missbrauch von Sex.

Betrachten wir zunächst den Begriff des sexuellen Fehlverhaltens. Fehlverhalten zieht Verurteilung nach sich, sei es rechtlich, moralisch oder sozial. Wenn es dabei um Gewalt geht, ist die Vergewaltigung nur das äußerste Ende eines Spektrums. Eher in der Mitte dieses Spektrums liegt das, was Robert Aitken Roshi in seinem Buch über die Gebote, *The*

Mind of Clover, „Grobheit" nennt.[1] Als ich dies zum ersten Mal las, musste ich lachen, weil es so ein Wort aus den 1950er-Jahren zu sein schien. Heutzutage gibt es das Wort *Groping* – „Begrapschen", das meines Erachtens inzwischen sogar ein juristischer Begriff ist. Ich erinnere mich an einige Blind-Dates im College, bei denen ich mitten im Winter in einem ungeheizten Auto, das von einem Grapscher gefahren wurde, zu meinem Wohnheim zurückkehrte. Die Fahrt dauerte immer dreißig Minuten. Und es war nicht angenehm! Ich weiß nicht, ob junge Männer noch so grob sind. Heutzutage sprechen wir von Date Rape (Rendezvous-Vergewaltigung). In der Berichterstattung über einen aktuellen Skandal wurde eine Frau gefragt, ob es wahr sei, dass sie eine sexuelle Begegnung mit so und so gehabt habe. Sie sagte: „Ja, es war einvernehmlich – und brutal." Wir mögen in eine sexuelle Begegnung eingewilligt haben, aber das, was dabei herauskommt, ist vielleicht nicht das, was wir erwartet haben. „Einvernehmlich" bedeutet nicht immer gemeinsam, auf Gegenseitigkeit basierend oder für beide Seiten großzügig. Auch das, was einvernehmlich zu sein scheint, muss es nicht unbedingt so sein. Was ist mit sexuellen Beziehungen zwischen Lehrer*innen und Schüler*innen? Oder zwischen Therapeut*innen und Klient*innen? Oder zwischen zweien, die fremdgehen? Sind diese einvernehmlich? Hier müssen wir vielleicht – auf beiden Seiten – Selbsttäuschung und Motiv, insbesondere unbewusste Motive, untersuchen. Dann können wir sehen, was die ungewollten Konsequenzen sein könnten, bevor es zu spät ist.

Wenn es um Kinder geht, müssen wir bei der Betrachtung des Spektrums nicht bis zum Verbrechen der Pädophilie gehen. Wir müssen uns nur die Menschen in unserem Umfeld ansehen, die Opfer von sexuellem Missbrauch in der Familie geworden sind, sei es durch ein älteres Geschwister oder sogar einen Elternteil. Die Statistiken sind ziemlich überraschend. All dies zeigt, dass es Formen sexueller Gewalt gibt, die uns viel näher sind, als wir denken. In all diesen Fällen nicht das Wort zu ergreifen, egal ob wir oder andere die Opfer sind, ist eine schwere Verletzung des dritten Gebots.

Einerseits geht es bei sexuellem Fehlverhalten um unseren Umgang mit anderen Menschen, insbesondere um das bewusste und unbewusste Ausnutzen der Empfänglichkeit des anderen zu unserer eigenen Befriedigung. Andere in dieser Weise zum Objekt zu machen und die Befriedigung daran kann sowohl emotional als auch körperlich sein, und sie kann vom Offensichtlichen – zum Beispiel Vergewaltigung – bis zum Subtilen – zum Beispiel Verführung – reichen. Beim Missbrauch der Sexualität geht es andererseits auch um mein Verhältnis zu meiner eigenen Sexualität. Wenn wir uns die Begriffe für die Ursachen von sexuellem Fehlverhalten ansehen – „Gier", „Anhaftung", „Verlangen", „Begierde" –, sehen wir einige interessante Unterschiede. *Klinische Sexsucht* ist unser heutiger Begriff für gesteigertes sexuelles Verlangen, ein „Das muss ich haben". Dann gibt es noch die Pornosucht, und Pornos sind dank des Internets heutzutage sehr leicht zugänglich. Eine meiner Studentinnen erzählte mir, dass viele ihrer Kommilitonen nicht nur süchtig nach Pornografie sind, sondern auch ihre Auffassung von sexueller Intimität größtenteils daraus ableiten. Sie sagt, das mache sie nicht gerade zu guten Liebhabern. Bei der Begierde, die weniger schädlich für den anderen ist als die Gier, kann es sich um die Begierde nach dem Ehepartner oder der Partnerin eines/einer anderen handeln. Oberflächlich betrachtet mag das Ausleben dieses Verlangens dem Objekt meiner Begierde nicht schaden, aber was ist mit dem Schaden, der dem Ehepartner oder der Partnerin des/der anderen oder meinem Partner/meiner Partnerin zugefügt wird?

Untreue und das Verschweigen des möglichen Missbrauchs anderer gehören interessanterweise auch zum nächsten Gebot – kein Lügen. Eine andere Art des Lügens ist die „Unaufrichtigkeit" in Jean-Paul Sartres Beispiel der Frau im Kino, die mit dem Mann, der bei ihr ist, Händchen halten will. Anstatt ihren Wunsch zuzugeben und die Verantwortung dafür zu übernehmen, legt sie ihren Arm auf die Lehne zwischen den beiden und behandelt ihn wie ein Objekt, in der Hoffnung, dass er ihre Hand nimmt. Es kommt sehr häufig vor, dass wir uns verführen lassen und uns so der Verantwortung des bewussten Begehrens entziehen. Anstatt unsere*n Partner*in zu belügen, wie im Falle des Ehebruchs, belügen wir uns dabei selbst.

Eine der besten Abhandlungen über Sexualität, die ich kenne, findet sich in Wendell Berrys großartigem Buch *The Unsettling of America*, in dem Kapitel mit dem Titel „The Body and the Earth". Zum Thema Treue weist er darauf hin, dass wir uns alle in gewisser Weise zu jedem Menschen hingezogen fühlen. Dies zu leugnen und unserem Partner/unserer Partnerin vorzuenthalten, ist keine Treue, sondern eher Besitzgier. Wir landen dann in einer, wie er es nennt, „sexuellen Sackgasse". Vor allem beschreibt er Sexualität als eine Form von Energie, einer erneuerbaren Energie, die mit großer Sorgfalt und Bewusstheit genutzt werden sollte. Und er weist darauf hin, dass die sogenannte sexuelle Revolution der 1960er-Jahre, die die Geburtenkontrolle so leicht verfügbar gemacht hat, es uns ermöglicht hat, die verschiedenen Formen dieser Energie auf eine Weise zu nutzen, bei der gerade vermieden wird, uns unserer Sexualität und ihrer wertvollen Energie bewusst zu sein.[2]

Man könnte sogar sagen, dass Sex eine heilige Energie ist. Sie sorgt dafür, dass sich das Leben in der Welt überall erneuert. Ohne sie wären wir nicht hier. Alle religiösen Traditionen sind sich dessen zutiefst bewusst, und einige verwenden tatsächlich sexuelle Symbole und sexuelle Praktiken mit dieser heiligen Energie. Diese Praktiken haben, wenn sie mit Integrität durchgeführt werden, kaum etwas mit unserer gewöhnlichen Erfahrung von Sexualität zu tun. Tatsächlich sind diese heilige Energie und ihre Transformation denjenigen wohlbekannt, die sich auf einer tiefen und reifen Ebene auf die Praxis des Zölibats einlassen. Es ist wichtig zu erkennen, dass unsere menschliche Sexualität nicht wie die tierische Sexualität ist. Sie ist hochgradig kognitiv und umfasst viele konzeptionelle Dimensionen. Der Psychoanalytiker Sigmund Freud schockierte alle, als er Anfang des zwanzigsten Jahrhunderts von der Sexualität des Kindes sprach. Er hatte natürlich diese Kraft im Sinn, diese erotische, leidenschaftliche, liebende, lebendige, bewegende, energetische Kraft. Er schrieb ausführlich über die ödipale Entwicklungsphase, in der das Kind seine Sexualität auf den Elternteil des anderen Geschlechts projiziert und in seiner Entwicklung eine sehr komplizierte Angelegenheit bewältigen muss. Soweit ich weiß, gelingt das niemandem perfekt, was zu den unbewussten Mustern in unserer Konditionierung beiträgt. Freud erinnert uns auch daran, dass nie nur zwei Menschen miteinander im Bett liegen, sondern eine ganze Familie auf der einen Seite und eine weitere Familie auf der anderen Seite. Und wir können ihn außerdem nun daran erinnern, dass es in der menschlichen Natur mehr geschlechtliche Komplexität gibt als in seinem sauberen binären Bild. Doch auch unabhängig von der eigenen sexuellen oder geschlechtlichen Identität gibt es noch weitere Konditionierungen, mit denen wir uns auseinandersetzen müssen, um uns davon zu befreien, Sexualität zu missbrauchen.

Wie wäre es, mit dieser heiligen Energie der Sexualität ganz und gar in Kontakt zu sein, sie voll umfänglich zu ehren? Vielleicht ist es einfacher zu fragen, wie es ist, nicht in Kontakt mit ihr zu sein. Eines, was man hier bedenken sollte, ist unsere Beziehung zur Lust. Wir sind ziemlich gut darin, mit Schmerz umzugehen. Wir wissen, dass wir ihn nur noch schlimmer machen, wenn wir ihn vermeiden und ihn einfach nur hinter uns bringen wollen. Durch verschiedene Formen unserer Praxis haben wir gelernt, dass wir etwas über den Schmerz herausfinden können, wenn wir ganz präsent sind und ihn wahrnehmen.

Sogar die moderne Medizin hat begonnen, diese Weisheit zu nutzen. Aber über Lust denken wir für gewöhnlich nicht in dieser Weise. Wenn sie auftritt, und sei es nur, wenn wir einen Keks essen, liegt unsere Aufmerksamkeit darauf, mehr davon zu bekommen, oder, im Fall von sexueller Lust, was dabei herauskommt. Die Praxis zu versuchen, von Augenblick zu Augenblick präsent zu sein, bedeutet, jedes Ziel aufzugeben. Es bedeutet, jegliche Kontrolle, Anstrengungen, Vorstellungen und Selbstbilder aufzugeben. Es bedeutet, voll und ganz in Kontakt mit dieser heiligen Energie zu sein und sie großzügig mit anderen zu teilen.

Noch tiefer gehend, gibt es keine Großzügigkeit und kein Teilen in irgendeinem Sinne, bei denen eine Trennung stattfindet. In Bodhidharmas „Ein-Geist-Regeln" heißt es: „Die Natur des Selbst ist unfassbar wundersam. Im Dharma des Nicht-Anhaftens wird es als das ‚Nicht-Gierig-Sein' bezeichnet, wenn keine Auffassung von Anhaftung erzeugt wird." John Daido Loori Roshi, einer der Nachfolger von Taizen Maezumi Roshi, hat dies folgendermaßen umformuliert: „Im Dharma, in dem es nichts zu greifen gibt, nichts, woran man sich festhalten kann, wird ‚keine Anhaftung entstehen lassen' als das Gebot der Unterlassung des Missbrauchs von Sexualität bezeichnet."[3] Die Übersetzung lässt es so klingen, als ob „keine Anhaftung entstehen lassen" und „Unterlassung" Dinge sind, die wir tun oder tun sollten. In Wirklichkeit ist dort, „wo es nichts zu greifen gibt", Einssein und daher kein Zurückhalten und kein Nicht-Zurückhalten. Greifen erfordert Trennung – ich bin hier, du bist dort drüben, und es gibt in mir ein „Das muss ich haben". Zen-Meister Dogens Version: „Die drei Räder – Körper, Mund und Bewusstsein (oder Körper, Sprache und Geist) – sind rein und sauber. Nichts wird begehrt; geht den gleichen Weg wie die Buddhas." Nämlich den Weg des Einsseins, der nicht dasselbe ist wie die Verschmelzung von sich selbst und anderen.

Es ist interessant, dass eine Menge Wörter im Zusammenhang mit Sexualität mit Feuer zu tun hat: „in der Hitze der Leidenschaft", „ein brennendes Verlangen", „sie hat eine neue Flamme". Und dann gibt es noch die Bezeichnung „warm", mit der bestimmte Menschen beschrieben werden. Dies ist das Feuer der Schöpfung. Es ist nicht nur *meine* heilige Energie, mit der ich in Kontakt sein muss, sondern mit dem Feuer der gesamten Schöpfung von einem Augenblick zum nächsten und zum nächsten. Es ist unaufhörliche Schöpfung. Wir sind ein Teil davon, werden von Moment zu Moment erschaffen, werden manifestiert. Es ist die Liebe, die die Welt ins Leben ruft, und unsere Sexualität bringt uns mit ihr in Berührung, wie auch immer wir sie erleben – als Bewegung, Leben, Macht, Charisma, im Zölibat, im Liebesspiel.

Dies ist das dritte Gebot – kein missbräuchlicher Sex.

Kein missbräuchlicher Sex: Partner- oder Gruppenübungen

Wiederkehrende Fragen: Stellen Sie die Fragen (1) und (2) getrennt für jeweils 10 Minuten, ohne Nachfragen oder Gegenrede.

1. Nenn mir eine Situation, bei der du Sexualität missbraucht hast.
2. Erzähle mir, wie du „das Feuer der Schöpfung" erlebst.

Monolog:
Jeweils 15 Minuten, ohne Nachfragen oder Gegenrede.

Was lernen Sie über sich selbst, wenn Sie an diesem Gebot arbeiten?

Diskutieren Sie gemeinsam, so lange Sie möchten.

4

Kein Lügen

Zen-Gebot Nr. 4

Übers Lügen lernen wir als kleine Kinder, dass es etwas ist, was wir nicht tun sollen. Zum Teil lernen wir dies durch die vielen Kinderbücher, die es übers Lügen und seine Folgen gibt. Ich erinnere mich gut daran, wie mir meine Mutter die Geschichte von Pinocchio vorlas, nicht nur als Geschichte, sondern als eine Art amüsante Warnung. Eine der berühmtesten Fabeln von Äsop ist „Der Hirtenjunge und der Wolf". Und später, wenn wir dann etwas älter sind, erfahren wir vielleicht etwas über George Washington und den Kirschbaum, den er gefällt hat. Die Worte, die dem jungen Washington zugeschrieben werden, lauten: „Ich kann nicht lügen", und sie waren eine starke Medizin für diejenigen von uns, die in seinem Alter waren, als wir diese Geschichte zum ersten Mal hörten. Das Wort „flunkern" wird eher für die Lügen verwendet, die wir als Kinder machen, und nicht für das, was wir als Erwachsene tun. *Fib*, das englische Wort für „flunkern", bedeutet eigentlich „triviale Lüge", und es stammt von derselben Wurzel wie Fabel. Pinocchio war wahrscheinlich in der Phase des Flunkerns, während George Washington sich eindeutig einer Art von moralischem Gebot bewusst war.

Die Lügen in der Welt der Erwachsenen sind noch um einiges vielfältiger. In Platons *Der Staat* gibt es das interessante

Konzept einer „edlen Lüge“: die Lüge, die den Mitgliedern verschiedener Klassen von Bürgern erzählt wurde, dass die Zugehörigkeit zu einer bestimmten Klasse irgendwie natürlich sei und nicht auf Konventionen basiere, es also nicht an ihnen sei, etwas daran zu ändern. Neben der edlen Lüge gibt es auch Notlügen, schamloses Lügen, Betrug, Schwindel, Bluffs und viele andere Wege, nicht die Wahrheit zu sagen. Glücklicherweise haben wir auch Whistleblower.

Für uns als Erwachsene, die sich mit dem vierten Gebot, kein Lügen, befassen, ist es wichtig, dass wir auf das Thema Lügen einen nicht zu eingeschränkten Blick haben. Wir sind von Lügen umgeben. Wir belügen uns gegenseitig und uns selbst. Unsere ganze Gesellschaft ist voll von Lügen: Unternehmen lügen, Politiker*innen lügen, Regierungen lügen, Lehrer*innen lügen, Schüler*innen lügen, Ärzt*innen lügen, Patient*innen lügen. Stellen Sie sich vor, uns Lügnern würde passieren, was Pinocchio passiert ist. Die langen Nasen würden wahrscheinlich zu Problemen im Personenverkehr führen und eine Neugestaltung unserer Wohn- und Arbeitsräume erfordern, ganz zu schweigen von unserer Kleidung.

Vielleicht besteht alles Lügen darin, Situationen zu unserem Vorteil zu manipulieren, ob dieser Vorteil nun darin besteht, das zu schützen, wofür ich mich halte, oder das zu fördern, wofür ich von anderen gehalten werden möchte. Da das Wort „Lüge“ für uns eine so harte Konnotation haben kann, ist es vielleicht für die Arbeit mit diesem Gebot besser, eher den Ausdruck „nicht die Wahrheit sagen“ zu verwenden. Wenn es um unsere persönlichen Versäumnisse geht, die Wahrheit zu sagen, gibt es viele Varianten. Wir müssen unsere Vorstellungskraft einsetzen, um die engere, wörtliche Bedeutung des fraglichen Gebots auf viel mehr auszudehnen als das, woran wir normalerweise denken. Wir tun dies, um die richtige Version für unsere eigene Praxis zu finden und um das Gebot für jede*n von uns lebendig werden zu lassen. Es gibt hier kein Patentrezept. Wie ich schon bei den anderen Geboten angedeutet habe, ist es auch hier wichtig, die Gebote nicht als moralische Prinzipien – man sollte bzw. sollte nicht – zu behandeln, die von uns unabhängig sind und somit Futter für unsere Superegos darstellen. Der nächste Schritt, nachdem wir die verschiedenen Arten, nicht die Wahrheit zu sagen, bei uns aufgedeckt haben, ist, dass wir diese willkommen heißen, sie zulassen und sie nicht unterdrücken oder zurückweisen. Nachfolgend einige Beispiele für die Arten, wie wir nicht die Wahrheit sagen: schmeicheln, übertreiben, beschuldigen, beschwichtigen, sich rechtfertigen, betrügen, sich entschuldigen, sich selbst täuschen, falsch, unecht oder überheblich sein, etwas Anvertrautes nicht für sich behalten, sich verstecken, plagiieren, unaufrichtig, untreu oder unauthentisch sein, nicht transparent sein. Ich bin sicher, uns allen fallen noch weitere Beispiele ein. In vielen Fällen ist es die Angst, die uns daran hindert, vollkommen ehrlich zu sein. Es ist die Angst, etwas oder jemanden zu verlieren oder Ärger zu verursachen und mit den Folgen nicht umgehen zu können, wenn wir die Wahrheit sagen.

Schauen wir uns zunächst ein bekanntes Verhaltensmuster an – eine Sache versprechen und dann nicht einhalten. Das könnte natürlich eine absichtliche Lüge sein, aber es könnte auch eine Form von Selbstbetrug sein, wenn wir das Versprechen nur geben, um in der Gunst des anderen zu bleiben. Es könnte auch sein, dass wir gewohnheitsmäßig nicht realistisch einschätzen, was wir erreichen können und was nicht. Mit diesen Beispielen verbunden ist das Phänomen, dass wir Hintergedanken haben, was auch eine Form ist, nicht die Wahrheit zu sagen, manchmal sogar uns selbst gegenüber, und das kann zu Unaufrichtigkeit und einem Mangel an Integrität und Authentizität führen. Außerdem sind wir oft versucht, uns zu entschuldigen, wenn wir nicht die gewünschten Leistungen erbringen. Manchmal kam ich zu spät zur Arbeit und hatte eine Klasse voller Schüler*innen, die auf mich warteten. Oft gab es eine echte Entschuldigung – ich stand zwanzig Minuten hinter einem Müllwagen in einer engen New Yorker Straße oder jemand hatte in zweiter Reihe geparkt, ohne eine Telefonnummer auf dem Armaturenbrett zu hinterlassen. Aber manchmal war ich einfach *nur zu spät* und es gab keine Entschuldigung dafür. Ich kann mich an Zeiten erinnern, in denen ich versucht war, eine Ausrede zu erfinden, und dies gelegentlich auch tat. Jetzt bin ich frei genug, um einfach zu spät zu kommen.

Eine andere Art, nicht die Wahrheit zu sagen, ist das, was Zen „leeres Gerede", „sinnloses Gerede" oder „wurzellose Worte" nennt. Dabei muss es sich nicht um Klatsch und Tratsch handeln, es kann auch einfach nur darum gehen, sich nur zu unterhalten, anstatt wirklich ein Gespräch zu führen. Oft ist das Motiv dahinter, mit jemandem Kontakt aufzunehmen oder diesen Kontakt zu halten. Diese Art des Redens ist Verschwendung – und wie wir sehen werden, hat es im Zen eine tiefe Bedeutung, nichts zu verschwenden. Außerdem bedenken wir bei dieser Art von leerem Gerede nicht, welche Auswirkungen das, was wir sagen, haben wird. Ich erinnere mich an einen Spruch aus Geheimdienstkreisen in Washington, D.C., während des Zweiten Weltkriegs: *„Loose lips sink ships"* – „Lose Lippen versenken Schiffe". Wir könnten uns fragen, was „lose Lippen" in unserem Leben versenken.

In seinem Buch über die Gebote, *Ethik des Zen*, sagt Robert Aitken Roshi, dass „kein Lügen" „keine Komplizenschaft mit Lügen" bedeutet. Dies bezieht sich auf eine sehr wichtige Art, die Wahrheit nicht zu sagen – nämlich das Versäumnis, das Wort zu ergreifen. Bei all den Diskussionen, die in letzter Zeit über sexuelles und anderes Fehlverhalten von Dharmalehrenden geführt wurden, ist es erstaunlich, wie wenig die Aufmerksamkeit auf die Schüler*innen gelenkt wird, die es nicht über sich bringen, sich zu äußern. Das hat mein Lehrer „Ermächtigung" genannt. Dies geschieht natürlich auch in vielen anderen Zusammenhängen – am Arbeitsplatz, in der Familie, in der

Schule – und ist mit allen möglichen Ängsten im Zusammenhang mit Dominanz- und Unterordnungsstrukturen und mit unserem Verhältnis zu Macht und Autorität verbunden. Es ist eine sehr gute Praxis, unser Versäumnis, das Wort zu ergreifen, und die damit verbundenen Ängste zu erkunden. Es ist auch wichtig zu erkennen, dass das Aussprechen der Wahrheit ohne Schuldzuweisung erfolgen kann. Das Versäumnis, uns selbst die Wahrheit zu sagen, ist eine der interessantesten Formen des Lügens. Außerdem hat dieser Aspekt des vierten Gebots sehr viel damit zu tun, wie man mit allen Geboten arbeitet. Denken Sie an den seltsamen Begriff der Selbsttäuschung. Wie können wir uns selbst täuschen? Hier könnten wir sagen, dass wir der Wahrheit nicht ins Auge schauen. Aus Scham oder Schuldgefühlen oder aus dem Wunsch heraus, etwas zu sein und als etwas gesehen zu werden, was wir nicht sind, schauen wir weg. Wenn wir uns den verschiedenen Arten von Lügen, die wir benutzen, voll und ganz stellen, sie kennenlernen und sie tatsächlich willkommen heißen, bekommen wir einen Vorgeschmack darauf, dass wir nichts ausschließen müssen, einen Vorgeschmack darauf, dass es kein Innen und kein Außen gibt. Je mehr wir dies tun können, ohne ein Ergebnis oder die Vorstellung eines Gewinns im Sinn zu haben, desto mehr können wir auf natürliche Weise die Wahrheit sagen und selbstlos sein. „Kein Lügen" entsteht spontan, wenn wir bereit sind, mit all dem zu leben, was wir in Bezug darauf, nicht die Wahrheit zu sagen, sind, wir uns dessen bewusst sind, es erforschen und es mitfühlend zulassen.

Eine solche Arbeit mit den Geboten ist selbst eine Praxis des vierten Gebots – kein Lügen. Sobald jede*r von uns den besten Weg gefunden hat, das betreffende Gebot zu verstehen, können wir uns selbst in Bezug auf unsere spezifische Version dieses Gebots kennenlernen. Dies ist der einladende Teil. Es ist eine Praxis ohne Vorlieben, ohne Urteile, ohne „man sollte" bzw. „man sollte nicht" und ohne die Vorstellung, dass man darin versagen könnte. Es ist eine Praxis des einfachen Zulassens dessen, was ist. Das Ergebnis davon, wenn wir tiefer schauen und immer mitfühlender zuzulassen, wer wir als Mörder, Lügner, Diebe oder Geizige sind, ist, dass die Gebote sich ganz natürlich in unserem Leben zu manifestieren beginnen. Wir geben unser Festhalten an der Selbsterhaltung und Selbstverherrlichung auf und auch unser Festhalten an der Trennung, die sie erzeugen. Das Ergebnis ist eine Entspannung, eine Öffnung; das Urteilen über uns selbst und andere nimmt ab.

Ein solches Praktizieren mit den Geboten schenkt uns einige Einsicht dazu, warum sie als die höchste Lehre des Zen gelten. Mit der Zeit könnten wir beginnen, den Standpunkt (der überhaupt kein Standpunkt ist!) des „Einen Geistes" und der Nicht-Trennung zu erahnen. Kein Lügen bedeutet nicht, nicht zu lügen, denn im Bereich des Absoluten oder des „Einen Geistes" gibt es weder Lügen noch Nicht-Lügen. Und hier kommen wir wieder zu den beiden großen Lehrern der Zen-Gebote, Bodhidharma und Dogen. Ihre Kommentare lenken unsere Aufmerksamkeit auf die Möglichkeit des Einsseins, sowohl mit einem anderen Menschen als auch mit dem betreffenden Gebot. Zunächst Bodhidharmas Version: „Die Natur des Selbst ist unfassbar wundersam. Im unerklärlichen Dharma wird es als ‚Nicht-Lügen' bezeichnet, wenn kein einziges Wort gelehrt wird." Wenn wir versuchen zu beschreiben, was nicht beschrieben werden kann, was „unerklärlich" ist, lügen wir laut Bodhidharma genau genommen!

Aber wir müssen hier vorsichtig sein. Es ist natürlich wahr, dass Zen uns ständig vor dieser Art von Lügen warnt. Zum Beispiel:

> Öffne den Mund – sofort falsch;
> Bewege die Zunge – wider die Wahrheit.[1]
>
> Wer „Feuer" sagt, verbrennt sich nicht den Mund;
> Wer „Wasser" sagt, ertrinkt nicht.

> Wer an Worten hängt, verliert die Wirklichkeit,
> Wer in Phrasen stecken bleibt, wird getäuscht.[2]

Aber gleichzeitig dürfen wir nicht denken, dass Zen der Sprache gegenüber feindlich eingestellt sei. Es ist schließlich eine sehr verbale Tradition. Beachten Sie, dass im letzten Zitat das Problem darin besteht, „an den Worten zu hängen“ und „in Phrasen stecken zu bleiben“. Das Problem sind nicht die Worte oder Phrasen, sondern unser Verhältnis zu ihnen:

> Goso sagte: „Begegnet ihr unterwegs einem Mann, der auf dem WEG Vollendung erlangt hat, grüßt ihn weder mit Worten noch mit Schweigen. Sagt mir: Wie wollt ihr ihn grüßen?“[3]
>
> Ihr sollt weder Worte noch Nicht-Worte gebrauchen.
>
> Sagt es sofort! Los, raus mit der Sprache![4]

Meister Joshu (chinesisch: Zhaozhou) sagte, er höre das Wort „Buddha“ nicht gerne. Auf die Frage, wie er dann lehren könne, sagte er: „Buddha! Buddha!“ Das bedeutet, es „sofort zu sagen“, spontan, ohne in die Vergangenheit einzutauchen, ohne zu planen oder auf die Zukunft zu hoffen, ohne Selbst-Bewusstsein – also ohne einen Sprecher. Das ist damit gemeint, nicht „an Worten zu hängen“ und so „die Wirklichkeit nicht zu verlieren“. Die Wirklichkeit lügt nicht. Wir sind es, die über sie lügen, wenn wir an den Worten hängen. Das ist die Art zu sprechen, auf die sich Bodhidharma bezieht, eine begriffliche, abgrenzende, einschränkende, selbstbezogene Art des Sprechens und nicht auf eine Weise, die reiner Ausdruck ist, die die Wirklichkeit selbst ist. Ein Gedicht von Dogen handelt davon:

Nicht begrenzt
durch Sprache,
wird es unaufhörlich ausgedrückt;
so kann auch der Weg der Schrift
es anzeigen, aber nicht ausschöpfen.[5]

Dies bringt uns zu Zen-Meister Dogens Version dieses Gebots: „Das Dharma-Rad dreht sich unaufhörlich, und es gibt weder Übermaß noch Mangel. Süßer Tau durchtränkt es; gewinne die Essenz und gewinne die Wahrheit."

Dass das ganze Universum mit süßem Tau benetzt ist, bedeutet, dass nichts davon ausgeschlossen ist, eine Manifestation oder ein Ausdruck des Dharma zu sein. Noch einmal: Die Wirklichkeit lügt nicht. Eine Art, dies im Zen zu sagen, ist: „Alles predigt den Dharma" – sogar das, was ohne Bewusstsein ist. Aber an anderer Stelle sagt uns Dogen, wie auch das Neue Testament, dass wir nicht immer „Ohren haben, um zu hören": „Wenn du nicht bereit bist zu hören, können auch die lautesten Stimmen deine Ohren nicht erreichen. Wenn du bereit bist zu hören, können sogar die leisen Stimmen deine Ohren erreichen."[6] Es scheint also, dass sogar unser Zuhören eine Form des Lügens sein kann.

Kein Übermaß oder Mangel. Alles ist perfekt, so wie es ist, durchtränkt von süßem Tau. „Ich bin spät dran", mit oder ohne Entschuldigung, je nach den Umständen, aber auf jeden Fall ohne Ausreden, Erklärungen oder Rechtfertigungen. All das ist ein Zusatz. Alles manifestiert den Dharma – sogar meine eigenen Lügen. Kann ich, wenn ich mit diesem Gebot oder einem der anderen Gebote praktiziere, zuhören, ohne zu lügen, kann ich die Wahrheit hören, die Wirklichkeit dessen, was ich in Bezug auf dieses Gebot oder eines der anderen Gebote bin? Kann ich es einfach zulassen, ohne all die Extras an Geschichten und Analysen? Kann ich es nicht als beschämend oder schlecht, mangelhaft oder lückenhaft erleben? Ist es möglich, mich nicht selbst zu belügen in Bezug auf den Lügner in mir? Je mehr ich dies tun kann, umso mehr wird „kein Lügen" auf natürliche Weise zum Ausdruck kommen.

Keine Trennung zwischen dem/der Hörenden, dem Hören, und der gehörten Wirklichkeit. Keine Trennung zwischen dem/der Sprechenden, dem Sprechen und der Wirklichkeit, über die gesprochen wird.

Dies ist das vierte Gebot – kein Lügen.

Kein Lügen: Partner- oder Gruppenübungen

Wiederkehrende Fragen: Stellen Sie die Fragen (1) und (2) zusammen jeweils abwechselnd für 15 Minuten, ohne Nachfragen oder Gegenrede.

1. Nenn mir eine Art, wie du lügst.
2. Was wird durch die Lüge geschützt?

Monolog:
Jeweils 15 Minuten, ohne Nachfragen oder Gegenrede.

Was lernen Sie über sich selbst, wenn Sie an diesem Gebot arbeiten?

Diskutieren Sie gemeinsam, so lange Sie möchten.

5

Kein Missbrauch von Rauschmitteln

Zen-Gebot Nr. 5

Häufig kommen uns bei diesem Gebot, keine Rauschmittel zu missbrauchen, zuerst Drogen und Alkohol in den Sinn – vor allem Alkohol, der uns, im Übermaß genossen, betrunken, berauscht, betäubt machen kann. Es gibt viele Worte dafür. Ursprünglich ging es bei diesem Gebot darum, keine Rauschmittel zu kaufen oder zu verkaufen, wobei der Verkauf als noch schlimmer angesehen wurde als die Einnahme. Kein Wunder, denn die älteste Bedeutung des transitiven Verbs *to intoxicate* im Englischen ist „vergiften", und genau das würde ich anderen antun, wenn ich ihnen Rauschmittel verkaufen oder geben würde. Was also ist Rausch wirklich? High werden – was genau ist das?

Um mit der Erkundung zu beginnen, wollen wir uns ansehen, wie dieses Gebot in den verschiedenen Versionen der „Zehn Großen Gebote" behandelt wird. Bodhidharma sagt über das fünfte Gebot: „Die Natur des Selbst ist unfassbar wundersam. Im in sich völlig reinen Dharma wird es als ‚Nicht-Berauscht-Sein' bezeichnet, wenn keine Selbsttäuschung erweckt wird." Dogen nennt es „nicht unwissend sein" und sagt dazu: „Es ist nie gewesen; lasst euch davon nicht verunreinigen. Dies ist in der Tat die große Klarheit."

Wie diese beiden Kommentare zeigen, hat der Rausch etwas mit Unwissenheit, Verunreinigung und Täuschung, mit Dunkelheit und einer Eintrübung des Lichts oder der Klarheit zu tun. Dennoch sagen wir, dass der Duft bestimmter Rosen „berauschend" ist. Ist dieses Berauschen durch den Duft einer Rose ein Beispiel für Verblendung? Wenn ich Ihnen die Rose unter die Nase halte, vergifte ich Sie dann? Sicherlich nicht. Rumi, der persische Dichter aus dem dreizehnten Jahrhundert, hilft uns hier weiter, indem er in seinem Gedicht „The Many Wines" – „Die vielen Weine", das in *The Essential Rumi* und an vielen Stellen im Internet erscheint, zwischen den Rauschmitteln unterscheidet. Es lohnt sich, es zu finden.

Es gibt nicht nur viele Arten von Rauschmitteln – „Tausende von Weinen, die unseren Geist überwältigen können", wie Rumi es in seinem Gedicht ausdrückt –, sondern auch verschiedene Arten, berauscht zu werden. Die eine Form des Rauschs tritt vielleicht ein, weil uns eine gewisse Gnade zuteilwird – vielleicht nur durch den Duft der Rose. Eine intensivere Version könnte ein Gebet nach der Kommunion in der katholischen Messe sein, das die Zeile enthält: „Oh, Blut Christi, berausche mich". Ganz anders sind die Rauschzustände, die das Ergebnis eines Wunsches oder sogar eines heftigen Verlangens sind und daher, wiederum wie bei Rumi, „verfälscht sind durch Furcht oder einer gewissen Dringlichkeit bezüglich dessen, was ‚gebraucht wird'."[1] Auch von dieser zweiten Art des Rausches gibt es viele verschiedene Varianten, und nicht alle sind angenehm. Wenn wir zum Beispiel immer wieder zu destruktiven Mustern zurückkehren, ist das vielleicht nicht im eigentlichen Sinne angenehm, aber es hat einen gewissen Nutzen, sonst würden wir es nicht tun. Wir leiden vielleicht, aber wir haben auch etwas davon, vielleicht die Sicherheit des Vertrauten. Was auch immer es ist, wir sind davon berauscht.

Welche anderen Arten von Rauschmitteln gibt es? Wir alle kennen diese Kategorie der Substanzen – Drogen, Alkohol,

Essen, Zucker, Kaffee, Nikotin. Aber es gibt auch andere, weniger offensichtliche Kategorien. Tagträumen, eine Form des Abschaltens, ist ein großes Rauschmittel, und ebenso gehören Schuldzuweisungen, Analysieren, Rechtfertigungen und das Geschichtenerzählen dazu. Ich muss meine Geschichte erzählen; Sie müssen wissen, wer ich bin, wo ich bin und so weiter … oder ich muss mir selbst die Geschichten erzählen. Und wenn man genau hinsieht, wird man feststellen, dass wir vom Geschichtenerzählen tatsächlich high werden können. Sich entschuldigen – auch ein tolles Rauschmittel. Besessen sein von etwas – noch besser. Abschalten oder schlafen. Opfer sein. Verwirrt sein. Eines der besten Mittel ist Schwärmerei. Man wird eindeutig high davon – und hat ganz sicher einen vernebelten Verstand. Und dann ist da noch das Vergnügen. Das Seltsame am Vergnügen ist, dass wir, anstatt das, was da ist, voll zu genießen und ganz präsent zu sein, damit beschäftigt sind, nach mehr davon zu suchen. Wir verpassen die wahre Fülle des Vergnügens, weil wir uns an der Möglichkeit von „mehr davon" berauschen.

Am interessantesten, vor allem für diejenigen, die eine spirituelle Praxis haben, ist unser Berauschtsein darüber, wie wir „besser" sein können, als wir sind. Wir berauschen uns an einer zukünftigen Version von uns selbst. Oder sind einfach nur berauscht von der Zukunft. Natürlich sind wir auch oft von der Vergangenheit berauscht. Und wir können berauscht sein vom Leiden. Es lohnt sich wirklich, die eigene Erfahrung im Hinblick auf den Rausch, der da ist, zu betrachten. Bei all diesen Beispielen ist es für die Praxis wichtig, tief nachzuforschen, um das „Hoch" zu entdecken – vor allem das Hochgefühl, das sich hinter einem Tief verbirgt.

Dann gibt es noch die Kategorie der modernen Technologie – Smartphones, Wearables, Massen-Mehrspieler-Online-Spiele und wer weiß, was noch kommt: Künstliche Intelligenz? Virtuelle Realität? Die Dunkelheit und Täuschung, die mit dem Rausch einhergehen, können so weit gehen, dass sie zum

Verlust von Menschenleben führen, wie z. B. beim Schreiben von SMS am Steuer. Das Problem war beim einfachen Fernsehen schon schlimm genug. Thomas Merton, der große christliche Mystiker des zwanzigsten Jahrhunderts, sagt dazu Folgendes: „Betrachten wir zum Beispiel die allgemeine Atmosphäre der Pseudo-Kontemplation, die heute das säkulare Leben durchdringt. Das Leben des Fernsehzuschauers ist eine Art Karikatur der Kontemplation – Passivität, unkritische Versunkenheit, Aufnahmebereitschaft, Trägheit – und nicht nur das, sondern ein allmähliches, fortschreitendes Nachgeben gegenüber der mystischen Anziehungskraft, bis man in einem Zustand völliger Vereinigung gebannt ist.“[2] In buddhistischen Begriffen könnten wir dies eine Art „falschen Samadhi“ nennen. Andererseits kann die Meditationspraxis selbst zu einem Rausch werden, eine Art glückseliges Abschalten, in dem das Erwachen fehlt. Der Zen-Meister Bassui aus dem vierzehnten Jahrhundert sagt uns: „Die wahre Bedeutung der Gebote besteht darin, dass man nicht nur keinen Alkohol trinken, sondern sich auch nicht am Nirvana berauschen soll.“[3]

All das scheint sich um mich zu drehen, und wie ich bin, hat immer Auswirkungen auf andere. Aber wo sind die anderen in diesem Bild? Wir sind uns vielleicht einig, dass wir uns an vielen verschiedenen Dingen berauschen, aber wir verkaufen oder verschenken doch sicher keine Rauschmittel an andere. Oh doch, das tun wir! Wir verkaufen die ganze Zeit Rauschmittel. Wir reagieren. Wir beschuldigen. Wir manipulieren. Wir verführen. Wir gehen auf Nummer sicher. Wir lügen, stehlen, töten und laden andere ein, sich uns anzuschließen, wenn wir über eine dritte Person schlecht reden. Schauen Sie sich nur einmal so etwas wie das Witze-Machen an, wenn es dazu benutzt wird, echten Kontakt zu vermeiden. Wir laden ständig andere mit in unseren Rausch ein. Wir wollen, dass andere genauso verlogen sind wie wir und sich mit uns in diesen Rausch begeben. Damit verbunden ist eine weitere sehr wichtige Form des Rausches:

das Füttern unseres Narzissmus. Wir wollen andere dazu verführen oder manipulieren, uns zu loben oder zu spiegeln, uns zu sehen. Gesehen zu werden, vor allem so, wie wir gesehen werden möchten, ist ein großes Rauschmittel. Manche Leute können sich selbst und einen ganzen Raum voller Menschen mit ihrem narzisstischen Charme berauschen. Aber auch wir alle können uns gegenseitig mit Humor, Verliebtheit oder Bewunderung völlig bezaubern. *Narzissmus* scheint ein so starkes, begrenztes Wort zu sein, aber es ist eigentlich ein schwaches, breit gefächertes Wort. Es ist einfach das, was an die Stelle des Erkennens unserer tatsächlichen wahren Natur tritt – ein schwerer Fall von falsch verstandener Identität.

Oft entscheiden wir uns für ein eher subtiles Mittel – ein Glas Wein, einen Facebook-Beitrag, einen Telefonanruf –, um Unbehagen zu vermeiden. Aber es geht noch subtiler. Vor einigen Jahren kam ein Mitglied unserer Meditationsgruppe bei einer Diskussion über dieses Gebot auf eine wunderbare Metapher: „Ich habe darüber nachgedacht, wovon ich berauscht werde. Und es tauchte das Gefühl auf, wie es ist, besorgt zu sein, in die Besorgnis zurückzufallen, und es war so, als würde ich an einem Bonbon lutschen, das einen ganz bestimmten Geschmack hat. Ich konnte diesen Geschmack immer wieder zurückholen, wenn ich ihn brauchte. Das ist also eine seltsame Art von Rauschmittel, diese Vertrautheit, diese Geschmackssorte."

Manchmal wollen wir unsere Erfahrung nur ein klein wenig verändern. Ich sitze hier. Ich fühle mich unwohl. Ich möchte zu Mittag essen. Ich konzentriere mich auf diesen Gedanken, und er wird zu einem Verlangen mit einer vorgestellten Möglichkeit. Er wird zu einer Alternative dazu, einfach hier zu sein, zu einem Ersatz dafür, dass Mittagessen kommt, wenn das Mittagessen eben kommt. Nicht das Mittagessen ist das Rauschmittel, sondern die Gedanken daran, das Verlangen selbst, die uns von dem Unbehagen ablenken, das gerade auftritt.

Was sind einige der Unannehmlichkeiten, die wir uns durch Rauschmittel vom Leib halten und die wir zu vermeiden versuchen? Sich zu irren, die Angst, im Unrecht zu sein, negative Emotionen, allein zu sein, ohne Bezugspunkte zu sein, unsicher zu sein, Angst zu haben, keine Anerkennung zu bekommen oder nicht gespiegelt zu werden, Langeweile, Unruhe oder Überforderung zu empfinden. Sie können dieser Liste Ihre eigenen Gefühle des Unbehagens hinzufügen. Das Merkwürdige daran ist, dass einige von uns sich von diesen unangenehmen Zuständen abwenden und nach einem Rauschmittel greifen, während andere, wie das oben erwähnte Gruppenmitglied, den Zustand selbst als Rauschmittel erleben. Wir können uns wie ein Magnet zu diesen Geisteszuständen hingezogen fühlen. Wir geben uns ihnen hin und werden darüber high, besonders wenn sie Teil Ihrer Identität sind. Sie sind wie Drogen.

Wie bei der Arbeit an den anderen Geboten ist hier der erste und wichtigste Schritt, uns selbst kennenzulernen, ohne über uns zu urteilen. In diesem Fall geht es darum, unsere Gewohnheit, nach Rauschmitteln zu greifen, zu bemerken, ihr unsere volle Aufmerksamkeit zu schenken, neugierig auf sie zu sein und sie in einem Zustand der Offenheit, des Mitgefühls und des Staunens zu betrachten. Ein Teil dieser Praxis besteht darin, diese sehr subtilen Zustände des Highseins zu entdecken, von denen einige, wie oben erwähnt, als Tiefpunkte getarnt sind. Jede*r von uns ist in dieser Hinsicht anders. Finden Sie heraus, was für Sie funktioniert, und üben Sie, dies genau kennenzulernen. Denken Sie daran, dass es nicht darum geht, Süchte zu erkennen, sondern sich des berauschten Zustands bewusst zu werden. Dann werden Sie wissen, was Ihre speziellen Rauschmittel sind. Wenn Sie diesen Zustand in sich selbst gefunden haben, fragen Sie sich, was er mit Ihrem Geist, mit Ihrem Erwachen macht.

Und schauen Sie sich dann noch einmal diese Worte an: Unwissenheit, Verunreinigung, Täuschung, Dunkelheit und

Eintrübung des Lichts oder der Klarheit. Der Griff zu einem Rauschmittel, um dem zu entgehen, was da ist, um es zu vertuschen und sich besser zu fühlen, ist offensichtlich eine Täuschung. Aber was ist mit dem Rausch selbst? Das Auffälligste daran, so scheint mir, ist der Mangel an Klarheit, an Wachheit, an Präsenz gegenüber dem, was hier ist.

Denken Sie an die Redewendung „Ich war hingerissen von …" Rauschmittel tragen uns weg von dem, was hier ist, weg von der Wahrheit. Im Zen wird die Meditationspraxis des einfachen Sitzens *Shikantaza* genannt. Mein bevorzugter japanischer Zen-Meister des zwanzigsten Jahrhunderts, Kodo Roshi, der unter dem Spitznamen „Landstreicher Kodo" bekannt war, weil er keinen Tempel hatte, sagte Folgendes über *Shikan*:

> Den Buddha-Weg zu üben bedeutet, nicht wegzuschauen. Sei eins mit dem, was dir in diesem Moment begegnet. Das nennt man Samadhi oder Shikan (einfach etwas mit ganzem Herzen tun).
> Du isst nicht, um zu scheißen. Du scheißt nicht, um Dung machen.[4]

Was ist die große Leuchtkraft? In der Dogen-Übersetzung wird das Wort „Klarheit" verwendet. Andere Wörter, die in der Zen-Tradition dafür auftauchen, sind „großes Licht, große Klarheit" und „große Leuchtkraft". Klarheit hat etwas mit Täuschung zu tun, während Licht weiter gefasst ist und Leuchtkraft ein besonderer Aspekt des Lichts ist. Dieses Licht, diese Leuchtkraft, das Licht des reinen Gewahrseins, könnte man sagen, ist das, was durch uns hindurchscheint, wenn wir in der Lage sind, völlig präsent zu sein mit dem, was ist, wenn wir wach sind und uns und andere nicht berauschen. Es ist die Manifestation des Buddha, des Absoluten, der Großen Leuchtkraft hier und jetzt, wenn unser Geist nicht getrübt, verunreinigt, verdunkelt ist durch all das, was Angst davor hat, dieses Licht scheinen zu lassen. Zen-Meister Dogens aufheiterndes „Todesgedicht“ sollte nicht als Ausdruck eines Rausches missverstanden werden. Es enthält vielmehr diese große Leuchtkraft.

> Vierundfünfzig Jahre, die den Himmel erhellen.
> Ein bebender Sprung zertrümmert eine Milliarde
> Welten.
> Ha!
> Ganzer Körper sucht nach nichts.
> Lebendig stürze ich mich in die Gelben Quellen.[5]

Dies ist das fünfte Gebot – kein Missbrauch von Rauschmitteln.

Kein Missbrauch von Rauschmitteln: Partner- oder Gruppenübungen

Wiederkehrende Fragen: Jeweils 10 Minuten. Nach der Antwort auf (1) fragen Sie (2), dann wieder (1) und wieder (2). Fahren Sie in dieser Weise fort, ohne Nachfragen oder Gegenrede.

1. Nenn mir eine Art, wie du dich berauschst.
2. Wovon wendest du dich ab?

Monolog:
Jeweils 15 Minuten, ohne Nachfragen oder Gegenrede.
Was lernen Sie über sich selbst, wenn Sie an diesem Gebot arbeiten?

Diskutieren Sie gemeinsam, so lange Sie möchten.

6

Kein Sprechen über Irrtümer und Fehler anderer

Zen-Gebot Nr. 6

Als Teenager hatte mein Bruder einen kuriose Angewohnheit in Zusammenhang mit Klatsch und Tratsch. Es begann mit dem Spruch „Ich sag nie was über jemanden, das nicht gut ist“, und dann, während er sich vorbeugte, als wolle er dir ins Ohr flüstern, fügte er hinzu: „Und, Junge, ist das gut!“ Normalerweise folgte dann etwas wirklich Saftiges.

Wir finden solche Wortspiele amüsant, weil wir in uns selbst die scheinbar harmlose Versuchung erkennen, schlecht über andere zu sprechen und uns solche Reden anzuhören. Anders als etwa beim Töten oder Stehlen geht es bei diesem Gebot, kein Sprechen über die Irrtümer und Fehler anderer, um das Sprechen – und zwar ohne zu lügen –, was nicht so schwerwiegend zu sein scheint. Doch die Gatha der Versöhnung, die jeden Morgen in Zen-Gemeinschaften gesungen wird, erinnert uns daran, dass „alles schlechte Karma, das ich seit alters je begangen habe“, durch „Handlungen, *Sprache* und Geist“ entsteht. Dennoch möchten wir erwidern: „Wie kann das Sprechen über die Fehler anderer so schädlich sein wie das Stehlen?“ Schließlich lernen wir als Kinder, uns gegen Beschimpfungen mit der Redewendung zu wehren: „Sticks and stones can hurt my bones, but names can never hurt me.“

– „Stöcke und Steine mögen meine Knochen verletzen, aber Namen können mir nichts anhaben." Aber wie viele von uns können wahrheitsgemäß sagen: „Namen können mir nichts anhaben"? Wie viele von uns sind völlig frei von den Folgen verschiedener Arten an Beschimpfungen, wenn sie gegen uns gerichtet sind? Und vergessen Sie nicht: Neben Beschimpfungen kann das Reden über die Fehler anderer viele Formen annehmen – Klatsch, Beschwerden, Herabsetzung und das Weitererzählen von Gerüchten, um nur einige zu nennen. Wenn wir uns in die Lage desjenigen versetzen, über dessen Fehler gesprochen wird, oder derjenigen, über die getratscht wird, und uns fragen, wie er oder sie sich dabei fühlt, können wir erkennen, wie schwerwiegend das sein kann. Letztendlich kann es ganze Gemeinschaften schädigen.

Wie bei allen Geboten können wir auch dieses sehr wörtlich nehmen: Sprich niemals von den Fehlern eines anderen. Oder kontextuell: Manchmal ist es angemessen, von den Fehlern anderer zu sprechen, je nach den Umständen. Oder vom Standpunkt des Einsseins aus sehen wir, dass Unterschiede und Hierarchien, die auf Trennung beruhen, nicht existieren – und somit auch keine Fehler und auch keine „anderen". Was gibt es also zu beanstanden?! Es ist interessant, einige Versionen dieses Gebots zu betrachten, nicht so sehr, um diese verschiedenen Ebenen oder Dimensionen zu betrachten, sondern einfach, um verschiedene Aspekte davon in unserem gewöhnlichen Leben hervorzuheben. Die Version von Bodhidharma lautet: „Die Natur des Selbst ist unfassbar wundersam. Im makellosen Dharma wird es als ‚Nicht-Sprechen über die Irrtümer und Fehler anderer' bezeichnet, wenn nicht über Sünden und Mängel gesprochen wird." John Daido Loori Roshis Abwandlung dieser Übersetzung bezieht sich auf dieses Gebot als *„darauf verzichten*, über die Fehler und Irrtümer anderer zu sprechen".[1] Dogens Version lautet: „Im Buddha-Dharma gibt es nur einen Weg, einen Dharma, eine Verwirklichung, eine Praxis. Sprich nicht über die Fehler und Irrtümer anderer. Zerstöre nicht den Weg." Beachten Sie, was wir hier haben: Nicht *nach Fehlern suchen*, was bedeutet, dass wir tatsächlich nach Fehlern suchen. Nicht *von den Fehlern anderer sprechen*, was, wie oben erwähnt, solche Formen einschließt wie Klatsch, Beschwerden und das Weitererzählen von Gerüchten. Nicht *zulassen, dass andere dies tun*, was auf unsere Bereitschaft, ja sogar auf unseren Eifer hinweist, solches Reden zuzulassen. Und *nicht auf diese Fehler einzugehen*, was mich an die Freude an der gemeinsamen „Analyse" des Verhaltens anderer denken lässt – mit anderen Worten, unsere große „Wahrnehmungsfähigkeit" in dieser Hinsicht immer weiter zu trainieren.

Was sind denn eigentlich Fehler? Es lohnt sich, darüber nachzudenken. Wir sollten natürlich auch verwandte Begriffe wie „Versäumnisse, Marotten, Mängel, Schwächen" und „Unzulänglichkeiten" einbeziehen. Marotten scheinen kein so schwerwiegender Fehler zu sein wie Charakterfehler, aber über sie zu sprechen kann genauso schädlich sein. Bevor wir jedoch zum Darüber-Reden kommen, sollten wir die moralische Konnotation dieser Wörter beachten: die Annahme, dass Dinge oder Menschen anders sein sollten, als sie sind. Beachten Sie hier das „man sollte". Wenn wir Fehler finden, geben wir nicht nur etwas den Vorzug, sondern sind auch bereit, etwas abzulehnen, es aus unserer Welt und definitiv aus uns selbst auszuschließen. Aus der Perspektive des Absoluten, des „Einen Körpers", Bodhidharmas „makellosem Dharma", ist dies natürlich unmöglich oder macht gar keinen Sinn. Dharma ist nicht nur fehlerlos oder „makellos", sondern es kann daraus auch nichts ausgeschlossen werden. Es gibt kein „Außen". Innerhalb unserer Welt des Relativen gibt es jedoch Fehler, und manchmal müssen diese auf angemessene Weise und unter angemessenen Umständen korrigiert werden. Aber oft sind das, was wir für Fehler halten, gar keine – vor allem, wenn das, was immer es ist, anderen nicht schadet und nur etwas ist, was ich in mir selbst ablehne. „Gott sei Dank habe ich nicht *ihre* Ellbogen!“ könnte ein Beispiel dafür sein.

Warum also sprechen wir über die Irrtümer und Fehler anderer? Was haben wir davon? Nun, wahrscheinlich eine ganze Menge. Manchmal brauche ich die Gewissheit, dass ich recht habe. Oder dass ich gut bin. Oder dass ich zumindest nicht *so* bin, was auch immer das „so“ sein mag. Es kann auch ein Weg sein, etwas zu vermeiden, was in meiner Vorstellung zu einer Konfrontation führen wird. Ich vermeide es, die Wahrheit zu sagen, die Wahrheit dorthin zu bringen, wo sie hingehört. Wenn wir also *über* jemanden sprechen, anstatt *mit* dieser Person zu sprechen, missachten wir dieses Gebot. Und das machen wir oft. Wir haben Angst. Auch das Bedürfnis, jemanden in einer Sache auf unsere Seite zu ziehen, treibt uns an. Am auffälligsten ist der unbewusste Wunsch nach Nähe zu demjenigen, zu dem ich spreche. Aber das ist eine Täuschung, denn es ist nichts anderes als eine falsche Vertrautheit. Und es ist tatsächlich erstaunlich, dass wir über die Fehler anderer sprechen, um uns verbunden zu fühlen. Beachten Sie hier den Widerspruch, die Täuschung: Wir benutzen, und schaffen sogar, die Trennung von einer Sache oder Person, um die Trennung von einer anderen zu überwinden! Wir haben Angst vor echtem Kontakt, also finden wir etwas oder jemanden, über den wir uns beschweren oder über die wir tratschen können. Das „Reden über“ die Irrtümer und Fehler anderer wird an anderer Stelle mit sie „erklären“ übersetzt. Das bedeutet, dass wir Geschichten über andere erzählen, sie analysieren und es genießen, auf Kosten anderer sehr „einfühlsam“ zu sein, als ob uns dieses gemeinsame Unterfangen näher zusammenbringen würde.

Mein Lehrer hat mir – und zwar als er mich auf frischer Tat ertappte – unter anderem beigebracht, Gerüchte nicht für die Wahrheit zu halten und sie schon gar nicht weiterzugeben. Manchmal sind wir allzu erpicht darauf, dass die Gerüchte

Wahrheit werden. Warum also geben wir sie weiter? Warum nehmen wir sie von jemand anderem auf, anstatt zu sagen: „Das sind nur Gerüchte", oder zumindest zu fragen, ob sie wahr sind? Es gibt oft Situationen, in denen unser Urteilsvermögen, im besten Sinne des Wortes, wichtig ist und gebraucht wird. Wir müssen unter anderem sehr darauf achten, dass wir uns dabei nicht auf Gerüchte stützen. Aber am wichtigsten für die Einhaltung dieses Gebots ist es zu erkunden, was uns dazu bewegt, sie weiterzugeben.

Es lohnt sich, daran zu denken, wie sehr es einigen Genugtuung verschafft hat, über das zu sprechen, was wir als die Irrtümer und Fehler des Mannes ansahen, der während der Terroranschläge am 11. Septembers 2001 und während des Irakkriegs Präsident der Vereinigten Staaten war. Wir sprachen über seine Fehler, als ob wir wüssten, welche es waren. Es ist ein weiter Weg von nationaler Politik zum tatsächlichen Charakter einer Person. Einer der Gründe, warum wir uns so verhalten, ist Frustration und vielleicht sogar Angst vor politischen Themen. Es ist, als ob unsere Besorgnis völlig fehl am Platze wäre. Also reden wir schlecht über jemanden. Das ist alles, was wir tun können; das meinen wir zumindest. Es ist wichtig, dass wir uns bei unserem Lachen, unseren Scherzen und der manchmal sehr heftigen Herabsetzung dieses Menschen – oder der gerade zuletzt verteufelten Persönlichkeit des öffentlichen Lebens – fragen, warum wir das tun. Was könnte stattdessen unternommen werden? Was wissen wir tatsächlich, und was wissen wir nicht? Es erfordert oft Mut, die Wahrheit herauszufinden. Natürlich ist es manchmal angebracht und notwendig, über die Irrtümer und Fehler anderer zu sprechen, und es kann sogar die Aufgabe von jemandem sein. Bevor ich in den Ruhestand ging, unterrichtete ich Studierende an einem kleinen Institut, in dem man viel persönlichen Kontakt zu den Studierenden hat und ihnen bei ihrer Entwicklung helfen kann. Eine Aufgabe für jede Lehrperson ist es, kritisches Feedback zu geben. Am Anfang ist es schwierig zu lernen, wie man das macht. Wie können wir kritisches Feedback geben? Unsere Angst, es nicht zu können, unsere Unfähigkeit in Bezug darauf, ist eines der Dinge, die uns dazu bringen können, mit jemandem über die betroffene Person zu sprechen und sich auf Fehlersuche zu begeben. Der ablehnende, polarisierende Aspekt meines Denkens kann hier sehr subtil sein. Ich hatte einmal die Absicht, mit meinem Lehrer über etwas zu sprechen, das in der Sangha für Unruhe sorgte. Eine andere Schülerin von ihm, die sich rühmte, viel über den Dharma zu wissen oder zumindest darüber, wie man sich gegenüber den Lehrenden verhält, sagte dazu: „Oh, das kannst du nicht tun." Ich befolgte ihren Rat und habe es seither bereut. Wenn ich zurückblicke, sehe ich es als ein interessantes Versagen meinerseits an.

Es gibt zwei Dinge, die uns in Bezug auf dieses Gebot vielleicht nicht einfallen. Der eine Punkt ist, dass mit „sprechen" hier nicht nur das Aussprechen, nicht nur Sprechen zu einem anderen gemeint ist. Es ist auch ein Sprechen in Form eines Urteils, das wir im Kopf haben. Es ist schon erstaunlich – manche Menschen urteilen die ganze Zeit über alles, besonders wenn es um die Fehler anderer Menschen geht oder um das, was wir für Fehler halten. Wir alle tun das manchmal. Wir haben Vorlieben und lehnen Dinge ab, wir wollen ausgrenzen. Das hängt mit dem zweiten Punkt zusammen, unserer Beziehung zu unseren eigenen Fehlern. Bemühen wir uns vor allem, unsere eigenen Fehler ganz zu ignorieren? Oder sind wir uns ihrer schmerzlich bewusst und wollen sie loswerden, sie aus der Wirklichkeit dessen, was ist, ausschließen? Das Ego, das per definitionem auf Trennung aus ist, bildet sich ein, es könne sich durch noch mehr Trennung verändern, indem es Teile von sich selbst aus der Wirklichkeit ausschließt. Wir finden dann diese Fehler in anderen und tun unser Bestes, uns von ihnen zu separieren, indem wir schlecht über sie sprechen.

Wie können wir also mit diesem Gebot arbeiten? Die Hauptsache, mit der wir hier arbeiten müssen, ist unsere Beziehung zu den eigenen Fehlern. Können wir uns mit ihnen anfreunden oder sie mitfühlend zulassen? Wählen Sie Ihre eigene Sprache. Das Wichtigste ist, dass wir sie nicht unterdrücken, sie nicht ausleben und sie nicht auf andere abwälzen. Unsere Fehler zu verleugnen oder sie auch nur abzuwerten vergrößert nur die Trennung, was dann nicht nur in unserer lokalen Sangha, sondern in der ganzen Welt zu Störungen führt. Wir können sehen, dass Platon dies gut verstanden hat, wenn er uns in seinem Werk *Der Staat* mitteilt, dass die Harmonie im Staat auf Harmonie in der Seele basiert. Eine der Übersetzungen dieses Gebots lautet: „Du sollst nicht planlos reden." Das bedeutet, sich in achtsamem Sprechen zu üben. Es gibt auch achtsames Zuhören, wie wir in Dogens „nicht zulassen, dass andere von Fehlern sprechen" sehen. Und das bedeutet, dass ein Teil davon, dieses Gebot wertzuschätzen, darin besteht, anderen zu helfen, es wertzuschätzen. Nützlich ist hier eine Regel aus einem Seminar, an dem ich einmal teilgenommen habe – mich bei niemandem zu beschweren, der nicht etwas gegen das tun kann, worüber ich mich da beschwere, und eine Beschwerde nicht anzunehmen, wenn ich nichts dagegen tun kann.

Wie können wir es in den Fällen angehen, in denen es angemessen und wichtig ist, über die Fehler und Irrtümer von jemandem zu sprechen – oder besser noch, *mit* dieser Person darüber zu sprechen? Auf dieselbe Weise, wie wir es bei uns selbst tun; es ist da nicht anders. Keine Vorlieben, keine Urteile, völliges Annehmen, Akzeptieren, was ist, und mitfühlendes Zulassen. Es geht dann nicht mehr um Fehler im Sinne von etwas, das zurückgewiesen werden müsste. Dogen schlägt vor, dass wir uns beim Üben des liebevollen Sprechens daran erinnern, wie wir mit Kindern sprechen. Wir können als Erwachsene etwas darüber lernen, wie wir miteinander sprechen, wenn wir auf das achten, was in der Art, wie wir mit

Kindern sprechen, natürlich in uns ist. Eine andere Sache, die wir üben können, ist, immer in uns nach dem Leiden des anderen zu fragen. Welche Art von Leid erfährt der oder die andere? Wenn es sich um schwerwiegende Fehler handelt, ist es oft klar, dass eine Form des Leidens dabei eine Rolle spielt, aber selbst bei kleinen Fehlern ist das Leiden immer da. Eine Übung besteht darin, die Person zu nehmen, die Sie am meisten ablehnen, über deren vermeintliche Fehler Sie am liebsten sprechen würden, und sich auf die Stärken, die Vollkommenheit, die wahre Natur und auf das, wo sie dieser Person ähnlich sind, zu konzentrieren. Denken Sie immer an den berühmten Spruch des römischen Dichters Terenz: „Nichts Menschliches ist mir fremd." Oder an den bekannten Ausspruch: „Es hätte auch mich erwischen können." Wenn wir dieses Gefühl, diesen Geist, wirklich kultivieren können, hilft es, die Welt zu verändern. Wir können einen völligen Perspektivwechsel vollziehen und entdecken, wie es ist, das einzubeziehen, was wir ausschließen, abspalten oder niedermachen wollen, und sei es auch nur in relativer Hinsicht. Wenn wir sehen, dass das Universum *Ein Körper* ist, dass es so etwas wie Ausschließen oder Einschließen gar nicht gibt, dann beginnen wir, die Dinge so kennenzulernen und zu lieben, wie sie sind.

Dies ist das sechste Gebot – kein Sprechen über Irrtümer und Fehler anderer.

Kein Sprechen über Irrtümer und Fehler anderer: Partner- oder Gruppenübungen

Wiederkehrende Fragen: Stellen Sie die Fragen (1) und (2) zusammen jeweils abwechselnd für 15 Minuten, ohne Nachfragen oder Gegenrede.

1. Nenn mir eine Art, wie du über Irrtümer und Fehler von anderen sprichst.
2. Was treibt dich dazu?

Monolog:
Jeweils 15 Minuten, ohne Nachfragen oder Gegenrede.

> Was lernen Sie über sich selbst, wenn Sie an diesem Gebot arbeiten?

Diskutieren Sie gemeinsam, so lange Sie möchten.

7

Keine Überheblichkeit und kein Beschuldigen anderer

Zen-Gebot Nr. 7

Was genau ist eine Beschuldigung? Jeder weiß, was es heißt, dem Wetter die Schuld zu geben oder der Regierung, den Eltern oder der Person, die uns mit dem Auto hinten draufgefahren ist, was nun ziemlich teuer werden wird.

Dies sind offensichtliche Beispiele, aber Schuldzuweisungen können auch sehr subtil sein. Wenn meine Mutter etwas verlegt oder verloren hatte, rief sie uns vier Kindern und unserem Vater sofort zu: „Wer hat ... weggenommen?!“ Ich weiß noch, wie ich sie damit aufzog, dass ich vorhätte, die Worte „Wer hat es weggenommen?!“ auf ihren Grabstein zu schreiben. Auch wenn ihre Aussage als Frage formuliert war, war es doch eindeutig eine Anschuldigung. Aber selbst wenn sie es als Frage formuliert hätte, wäre es wie die beliebte Fangfrage gewesen: „Wann haben Sie aufgehört, Ihre Frau zu schlagen?“, die jemandem gestellt wird, der nie verheiratet war.

Die Bodhidharma-Version dieses Gebots, sich nicht selbst zu erhöhen und andere nicht zu beschuldigen, lautet: „Die zehn Dharma-Welten sind der Körper-Geist. In der Sphäre des ebenbürtigen Dharma keinen Unterschied zwischen sich selbst und anderen zu machen wird als das Gebot bezeichnet, sich selbst nicht zu erheben und andere nicht zu beschuldigen.“

Dogens Version lautet: „Nicht das eigene Selbst erheben und andere nicht beschuldigen: Buddhas und Lehrer verwirklichen die absolute Leerheit und verwirklichen die große Erde. Wenn der edle Körper manifestiert ist, gibt es in der Leerheit weder ein Außen noch ein Innen. Wenn der Dharma-Körper manifestiert ist, bleibt nicht eine Krume Erde auf dem Boden zurück." Offensichtlich geht es in diesem Gebot darum, dass es letztlich keine Trennung zwischen dir und mir, „dem ebenbürtigen Dharma", und „kein Außen oder Innen" des Ganzen, des Einen Körpers, gibt. Da Beschuldigungen und Selbstüberhöhung von diesem Standpunkt aus keinen Sinn machen, sollten wir dieses Gebot als „*kein* Beschuldigen" bezeichnen, anstatt als „Du sollst *nicht* beschuldigen". Aber wie wir bisher bei jedem der Gebote gesehen haben, arbeiten wir, bevor wir zu dieser Erkenntnis gelangen, mit dem „Du sollst nicht beschuldigen – aber hoffentlich nicht nur als ein Verbot. Das Verbot zu beschuldigen kann nur zu noch mehr Schuldzuweisungen führen, normalerweise uns selbst gegenüber. Vielmehr ist es gut, mich selbst auf mitfühlende und akzeptierende Weise als Schuldige und als jemanden, die sich über andere erhebt, kennenzulernen. Je mehr ich das tun kann und je tiefer ich damit gehen kann, desto mehr wird das Gebot sich auf natürliche Weise manifestieren.

Dieses Gebot besteht aus zwei Teilen, die auf eine Weise miteinander verbunden sind, der wir uns oft nicht bewusst sind. Diese Verbindung möchte ich untersuchen, um besser zu verstehen, wie wir es in der Form „kein Beschuldigen" praktizieren können. Ich habe viel über Beschuldigung aus dem Buch *The Self in Transformation* des Philosophen Herbert Fingarette gelernt, das ich mit den Studierenden in meinem Seminar zu Religionsphilosophie gelesen habe.[1] Darin gibt es zwei miteinander verbundene Kapitel – eines über Beschuldigung und das andere über Schuld und Verantwortung –, in denen Fingarette uns zeigt, dass es ein wichtiger Teil unserer moralischen Entwicklung ist zu lernen, wie wir Schuld zuweisen. Wenn wir das bei kleinen Kindern sehen, ist das ziemlich niedlich. Ein Kind, das ein Geschwisterchen verpetzt, weil es etwas Schlechtes oder Falsches getan hat, ruft: „Mami, Mami, Johnny nimmt einen Keks aus der Keksdose!" Das kommt dann in einem gewissen hysterischen Ton. Die enorme Energie, die hier zum Ausdruck kommt, ist auf die Tatsache zurückzuführen, dass der „Ankläger" bzw. diejenige, die beschuldigt, selbst den Wunsch hat, diese Handlung auszuführen, und es gleichzeitig für verboten hält – und beides ist nicht bewusst. Dies geschieht, weil die Beschuldigende nicht reif oder stark genug ist, ihren eigenen Wunsch anzuerkennen, die innere Verurteilung anzunehmen und das Schuldgefühl zu empfinden, was die nächste Stufe unserer Entwicklung ist. Stattdessen verdrängt sie die Schuld und schiebt sie auf jemand anderen.

Das ist nicht nur bei Kindern der Fall. Wir Erwachsenen haben oft sehr starke Urteile über andere, die wir mit einer gewissen Vehemenz äußern. Antisemitismus, Rassismus, Sexismus, Homophobie, Nationalismus und praktisch alle „Ismen" sind Beispiele dafür. Homo*phobie* ist hier eigentlich der einzige Begriff, der richtig benannt ist, da er auf eine uneingestandene Angst des Urteilenden hinweist. In diesen Fällen wird immer eine Identität infrage gestellt, und es kommt zur Verurteilung oder zum Vorwurf des Gegenteils. Es ist nicht so, dass ich nur Angst davor habe, dass ich so und so sein könnte, wie ich es bei anderen ablehne, sondern ich würde *nie auf die Idee kommen*, so und so zu sein! Viele Menschen sind vehement gegen bestimmte Dinge, die andere Menschen eher akzeptieren. Es gibt jedoch zwei sehr unterschiedliche Arten, gegen etwas zu sein. Zum Beispiel aus Glaubensgründen oder aus Überzeugung Abtreibung abzulehnen ist eine Sache, aber sich darüber aufzuregen in einem Maß, das bis zum Mord reicht, indem man Bombenanschläge auf Abtreibungskliniken verübt, ist etwas ganz anderes. Im letzteren Fall sehen wir die Art von Schuldzuweisung, die das Ergebnis von etwas so Simplem ist wie, dass sich jemand mit der eigenen Identität ganz eng mit der Pro-Life-Gruppierung verbunden sieht und damit in Opposition zu den Pro-Choice-Befürworter*innen steht. Andererseits könnte die Vehemenz das Ergebnis von etwas sehr viel Komplexerem sein, das mit Geschlecht und Kontrolle zu tun hat. Was nicht so offensichtlich ist, ist die Tatsache, dass es auch eine Form von Schuldzuweisung ist, wenn ganz leise und scheinbar ganz locker über das Aussehen, die Kleidung, das Verhalten oder den Glauben eines anderen Menschen geurteilt wird. Das kann auch Stadtviertel und sogar Teile unseres Körpers betreffen, wie Muriel Rukeyser in ihrem Gedicht „Despektierliches“ erzählt.

In den Städten der Menschen nie wieder
die Kehrseite der Stadt, das Ghetto, verachten
oder es wieder so bauen, wie wir die verschmähten
Hinterseiten von Häusern bauen. Schaut euch euer
eigenes Haus an.
Ihr seid die Stadt.

Inmitten unserer Geheimnisse unsere Juden (d. h. uns
selbst) nicht verachten oder unsere Dunkelheit, unsere
Schwarzen, oder in unserer Sexualität, wo immer sie
uns hinführt,
und wir wissen jetzt, dass wir produktiv sind
zu produktiv, zu fruchtbar
für unsere gegenwärtige Entwicklung – niemals
Homosexuelle verachten, die sich aufmachen, anderes
zu errichten

mit Berührung, mit Berührung (nicht irgendeine
Berührung verachten) jede wie er selbst, wie sie selbst
eine jede.
Das seid ihr.

Im Ghetto des Körpers
niemals das Arschloch verachten
noch die nützliche Scheiße, die unsere saubere Spur
ist für das, was wir brauchen. Niemals die Klitoris in
ihrer leisesten Äußerung verachten.

Niemals in mir selbst verachten, was mir beigebracht
wurde, zu verachten. Nicht den anderen verachten.
Es nicht verachten. Diese Beziehung damit herstellen:
zu wissen, dass ich es bin.[2]

In jedem Fall von Beschuldigung, mit der sich dieses Gebot befasst, gibt es eine Verurteilung oder Ablehnung von etwas im Außen, das ich im Inneren tatsächlich bin oder vor dem ich Angst habe, dass ich es sein könnte. Im Fall von Rassismus oder Sexismus zum Beispiel gehört die Person, die beschuldigt oder ablehnt, meistens nicht der gleichen Ethnie oder dem gleichen Geschlecht an wie der oder die andere, aber in der inneren Ablehnung steckt eine uneingestandene Angst, die besagt: „Ich würde eher sterben, als so zu sein." Der Mechanismus der Schuldzuweisung ist hier ebenfalls unbewusst. Johnnys Schwester ist sich also überhaupt nicht bewusst, dass auch sie versucht ist, einen Keks zu nehmen. Diese Art von schnellem, automatischem Schießen aus der Hüfte reicht von Hexenjagden, Tabus und jemanden zum Sündenbock zu machen auf der einen Seite bis zum „Wer hat meine Schlüssel genommen!" auf der anderen. Schuldzuweisung ist das, was passiert, wenn ich nicht die Verantwortung für die Tatsache übernehme, dass ich vielleicht selbst meine Socken verloren oder meine Schlüssel verlegt habe. Bei der Praxis mit diesem Gebot, vor allem wenn es darum geht, die Neigung zum Urteilen zu zügeln, ist es gut, sich zu fragen: „Was ist es, wovor ich Angst habe, es zu sein oder zu werden? Was kann ich in mir selbst nicht tolerieren? Was ‚ghettoisiere' ich in mir?" Es ist auch gut, das Tempo zu registrieren, in dem dieses Urteilen geschieht. Es ist, als ob wir etwas so schnell loswerden müssten, dass wir uns nicht einmal erlauben können, es zu sehen.

Jedes Mal, wenn ich jemandem vorwerfe, etwas zu sein, zu tun, zu haben oder zu tragen, was laut meinem Über-Ich verboten ist, und ich dabei nicht einmal mit der Ablehnung von etwas Innerem in Berührung komme, fehlt es in großem Maße an Offenheit. Ich bin nicht nur dem anderen gegenüber verschlossen, sondern ich verschließe mich oder halte etwas in mir zurück, eine Angst oder eine Versuchung, von der ich nichts wissen will. Das führt zu einem Mangel an Freiheit, ganz zu schweigen von dem Mangel an Liebe und Mitgefühl.

Was hat das mit Überheblichkeit zu tun? Mit den Kategorien von besser oder schlechter, richtig oder falsch beschäftigt zu sein, stellt eine gewisse Hierarchie auf, in der ich mich selbst – sehr unsicher – an die Spitze stelle. Man beachte nur den sprachlichen Zusammenhang zwischen sich selbst *erheben* und andere *herabsetzen*. Sich selbst zu erheben bedeutet an sich schon, ein Selbst zu erschaffen und damit ein „Außen“ und „Innen“. Es gibt noch etwas anderes Interessantes an diesem Akt des Sich-Erhebens. Wenn ich jemanden wild beschimpfe, weil er, sagen wir mal, unvorsichtig war und ein Stück von meinem guten Geschirr kaputt gemacht hat, dann ist das eine schnelle zornige Beschuldigung. Es ist eine ganz bestimmte Art von Treffer, den ich damit lande. In diesem Moment bin ich unschuldig, rein, besser als der andere, d. h., ich erhebe mich in gewisser Weise, auch wenn das kaum bewusst geschieht und nur ein paar Sekunden anhält. Dieser Treffer kann ganz banal sein, zum Beispiel indem wir insgeheim die Farbe, die jemand trägt, abschätzig beurteilen; oder es kann auch das Ausgrenzen einer ganzen Gruppe von Menschen bedeuten.

Es gibt aber natürlich auch die ganz normale Frage: „Wer ist schuld daran, dass der Hund rausgelassen wurde?“ Manchmal ist es notwendig, die einfache Frage zu stellen, wer schuld an etwas ist. Es ist wichtig, beim Üben mit diesem Gebot diese Art von Frage zu stellen und genau zu prüfen, ob wir jemanden angreifen oder uns dabei selbst über andere erheben. Können wir diese Art Frage ohne Schuldzuweisungen stellen, selbst wenn wir ziemlich verärgert sind?

Aber wie sieht es mit wirklich ernsthaften Vorwürfen aus, die absolut gerechtfertigt sind, wie zum Beispiel gegenüber denjenigen, die den Holocaust verübt haben? Dies ist ein ziemlich interessantes Beispiel, denn es gibt zwei sehr unterschiedliche Arten, etwa Adolf Hitler zu beschuldigen oder zu verurteilen. Das von Bernie Glassman ins Leben gerufene jährliche Zen-Peacemaker-Retreat in Auschwitz lehrt uns eine Menge über diese beiden Arten der Schuldzuweisung. Die eine Art ist eigennützig und letztlich im Interesse meiner eigenen „Reinheit", als ob ich sagen wollte: „Ich habe mit denen absolut nichts gemeinsam." Es ist eine Selbstüberhöhung und beschert mir sogar einen Erfolg. Die andere Möglichkeit, die vielleicht eine Herausforderung darstellt, ja sogar schockierend ist, wenn man sie zum ersten Mal in Bezug auf etwas wie den Holocaust betrachtet, ist die Möglichkeit, Schuld zuzuweisen, ohne sich selbst zu erhöhen. Es handelt sich um eine Art der Verurteilung, die das Gefühl einschließt, wie oben in Bezug auf das sechste Gebot schon erwähnt: „Es hätte auch mich erwischen können", oder wie es der römische Dichter Terenz bekanntermaßen formulierte: „Nichts Menschliches ist mir fremd." Diese Art von Beschuldigung klingt ganz anders. Wir kennen es bei uns selbst und sehen es bei den anderen.

Normalerweise denken wir bei Pazifismus an Kriegsdienstverweigerung aus Gewissensgründen und gewaltfreie politische Proteste, aber Gewaltlosigkeit ist auch in unseren gewöhnlichen Beziehungen wichtig, vor allem in unserem Sprechen. Die friedensstiftende, nicht beschuldigende Form der Kommunikation, insbesondere wenn wir uns verletzt fühlen, besteht zum Beispiel darin, unsere Wahrheit zu sagen, unsere Gefühle in der ersten Person Singular auszudrücken, indem wir unsere Rede mit der Formulierung „Ich fühle ..." beginnen. Natürlich entscheiden wir uns oft für den grammatikalisch falschen Einsatz, indem wir sagen: „Ich fühle, dass du ...", aber das ist dann schlicht und einfach ein Vorwurf.

Bei dieser Art von Praxis bewegen wir uns auch im Bereich dessen, was wir „Feedback geben" nennen; und das ist eine wirklich gute Sache, die man üben sollte. Es ist sehr schwierig, dies auf eine Weise zu tun, die nicht beschuldigend ist und bei der man sich auch nicht über andere erhebt, weshalb manche Menschen es ganz vermeiden. Einer der Gründe, warum wir uns davor scheuen, Feedback zu geben, ist die Überzeugung, dass wir nicht sicher sind, wenn wir uns öffnen und die Wahrheit sagen. Und warum? Wir haben Angst, wirklich die Wahrheit zu sagen, unsere Wahrheit wirklich zu sein, weil wir uns unsicher fühlen. Und die anderen sind diejenigen, die es unsicher macht, zumindest stellen wir uns das so vor. Also, wo ist dann hier die Überheblichkeit? Ich bin nicht mehr in der Lage, die Wahrheit zu sagen, und das ist deine Schuld. Feedback zu geben, Kritik üben oder angemessen zu tadeln erfordert Mut.

Eine der heimtückischsten Arten, sich über andere zu erheben, ist die Opferrolle. Es gibt Momente, in denen wir tatsächlich Opfer sind und es angebracht ist, den Täter zu beschuldigen, aber die Identität eines Opfers anzunehmen und in der Schuldzuweisung zu verharren ist etwas anderes. Überraschenderweise ist dies eine subtile Form von Überheblichkeit – nicht ich bin verantwortlich, sondern du bist es. Das bedeutet, alle Freiheit aufzugeben. Ich glaube, der Grund dafür, dass uns bemerkenswerte Geschichten über Vergebung den Atem rauben, ist, dass wir sofort das Befreiende spüren, das in der Aufhebung von Grenzen, dem Beenden von „innen" und „außen" liegt. Interessanterweise hat das englische Wort *forgive* nichts mit Vergeben zu tun; es bedeutet „den Groll aufgeben". Das, wovon wir befreit werden, ist die Last unseres eigenen Grolls.

Herbert Fingarette beschreibt, dass Schuld die nächste Stufe der Entwicklung von Moral ist. Schuldgefühle sind nur möglich, wenn wir stark genug werden, um unsere Schuld auf uns zu nehmen, anstatt sie auf jemanden zu schieben, der das tut, was wir unbewusst tun wollen. In diesem Fall wendet sich das Über-Ich, der innere Kritiker, nach innen und verurteilt unseren bewussten oder unbewussten Wunsch, was zu einem Gefühl der Schuld führt. Wir alle wissen, wie es ist, mit Schuldgefühlen herumzulaufen. Wir haben diese Erfahrung schon gemacht, und sie beruht normalerweise darauf, dass es etwas gibt, das wir uns vorwerfen. Aber auch hier ist zu bemerken, dass es trotz der größeren Reife immer noch eine Trennung gibt, nur dieses Mal in mir selbst, eine Trennung von meiner eigenen Schuld. Ich spüre sie, sie ist da, aber ich mag sie nicht.

Unsere Entwicklung von der Kindheit zum Erwachsensein und zur spirituellen Reife führt uns von der Schuldzuweisung über die Schuld in die Verantwortung. Letzteres kann nur gelingen, wenn ich bereit bin, mit meiner Schuld eins zu werden. Ich spreche hier von der tiefgehendsten Verantwortung im Sinne des Einsseins. Dies hängt zusammen mit der Art, wie Existenzialisten von Verantwortung sprechen – dass wir für unsere Konditionierung selbst verantwortlich sind. „Moment, Moment", sagen wir. „Sind nicht andere Menschen dafür verantwortlich? Immerhin haben sie mich konditioniert." Aber ich werde nie frei sein, wenn ich an diesem Punkt verharre und andere Menschen für meine Konditionierung oder gar für schwere körperliche Verletzung verantwortlich mache. Bei manchen Menschen ist das der Fall in ihrer Beziehung zu ihren Eltern oder zu anderen Menschen in ihrer Kindheit, aber nur wenn wir die Verantwortung für das, was wir sind, übernehmen, können wir frei und wirklich mitfühlend werden. Wie die Existenzialisten hat auch Fingarette ein überraschendes Beispiel: Ich bin auch für das Erdbeben verantwortlich, das mein Haus zerstört hat! Wenn ich im tiefsten Sinne Verantwortung übernehmen kann, dann macht die Wahrheit dessen, was gerade ist, die Wahrheit dessen, was geschieht, Freiheit und Mitgefühl möglich. Das ist es, was im Zen-Buddhismus „Sein mit dem, was ist" genannt wird. „Wenn sich der edle Körper manifestiert", wie Dogen sagt, dann weiß ich, dass ich das Erdbeben bin!

Keines dieser Vorkommnisse, andere zu beschuldigen und sich selbst zu erhöhen, könnte in dem Bereich auftreten, den Zen das Reich des „ebenbürtigen Dharma" nennt, wo es keinen „Unterschied zwischen sich selbst und anderen" gibt, wo „es kein Außen oder Innen gibt". Aber selbst wenn wir diesen Bereich plötzlich erblicken oder sogar zutiefst verwirklicht haben, brauchen wir immer noch die schrittweise Praxis der Verwirklichung.

Wenn wir uns mit diesem Gebot beschäftigen, ist es gut, uns immer wieder daran zu erinnern, dass es weder ein Innen noch ein Außen gibt, unabhängig davon, ob wir tatsächlich darum wissen oder nicht. Das berühmte Gedicht „Bitte nenne mich bei meinen wahren Namen" des verstorbenen vietnamesischen Mönchs und Friedensaktivisten Thich Nhat Hanh bringt es auf den Punkt. Darin beschreibt er nicht nur den Bereich, in dem es „keinen Unterschied zwischen sich selbst und anderen" gibt, sondern bittet am Ende darum, daran erinnert zu werden, damit er „aufwachen" kann und das Tor seines Herzens offensteht.

Sage nicht, dass ich morgen fortgehe –
denn ich komme doch heute gerade erst an.

Betrachte es ganz tief: Jede Sekunde komme ich an –
sei es als Knospe an einem Frühlingszweig
oder als winziger Vogel zu sein mit noch zarten Flügeln,
der im neuen Nest erst singen lernt;
ich komme als Raupe im Herzen der Blume
oder als ein Juwel, verborgen im Stein.

Ich komme stets gerade erst an, um zu lachen und zu weinen,
mich zu fürchten und zu hoffen.
Der Schlag meines Herzens ist Geburt und Tod
von allem, was lebt.

Ich bin die Eintagsfliege,
die an der Wasseroberfläche
des Flusses schlüpft.
Und ich bin auch der Vogel,
der herabstürzt, um sie zu schnappen.

Ich bin der Frosch, der vergnüglich
im klaren Wasser eines Teiches schwimmt.
Und ich bin die Ringelnatter, die in der Stille
den Frosch verspeist.

Ich bin das Kind aus Uganda, nur Haut und Knochen,
meine Beinchen so dünn wie Bambusstöcke;
und ich bin der Waffenhändler,
der todbringende Waffen
nach Uganda verkauft.

Ich bin das zwölfjährige Mädchen,
Flüchtling in einem kleinen Boot,
das von Piraten vergewaltigt wurde
und nur noch den Tod im Ozean sucht;
und ich bin auch der Pirat –
mein Herz ist noch nicht fähig, zu erkennen und zu lieben.

Ich bin ein Mitglied des Politbüros
mit reichlich Macht in meinen Händen;
und ich bin der Mann, der seine „Blutschuld"

an sein Volk zu zahlen hat
und langsam in einem Arbeitslager stirbt.

Meine Freude ist wie der Frühling, so warm,
dass sie Blumen auf der ganzen Erde erblühen lässt.
Mein Schmerz ist wie ein Tränenstrom, so mächtig,
dass er alle vier Meere auffüllt.

Bitte nenne mich bei meinen wahren Namen,
damit ich all mein Weinen und Lachen
zugleich hören kann,
damit ich sehe,
dass meine Freude und mein Schmerz eins sind.

Bitte nenne mich bei meinen wahren Namen,
damit ich erwache,
damit das Tor meines Herzens
von nun an offensteht –
das Tor des Mitgefühls.[3]

Dies ist das siebte Gebot – keine Überheblichkeit und kein Beschuldigen anderer.

Keine Überheblichkeit und kein Beschuldigen anderer: Partner- oder Gruppenübungen

Wiederkehrende Fragen: Stellen Sie die Fragen (1) und (2) getrennt für jeweils 10 Minuten, ohne Nachfragen oder Gegenrede.

1. Nenn mir etwas, dem du die Schuld gibst, das du verurteilst oder ablehnst, weil es nicht so ist, wie du es gerne hättest.
2. Erzähle mir von einer Art, wie du dich selbst erhöhst, indem du etwas anderes beurteilst.

Monolog:
Jeweils 15 Minuten, ohne Nachfragen oder Gegenrede.
Erforschen Sie dieses Gebot tiefer in Bezug auf sich selbst. Überlegen Sie, wie Sie sich selbst als Opfer sehen.

Diskutieren Sie gemeinsam, so lange Sie möchten.

8

Kein Geizig-Sein
Zen-Gebot Nr. 8

Geizig – das ist ein lustiges Wort. Da fällt mir Scrooge (der grantige Geizhals aus Charles Dickens' Novelle *A Christmas Carol*; Anm. d. Verl.) ein. Normalerweise denken wir bei *Geiz* an Besitztümer und Besitzdenken – daran, nicht zu teilen, was wir besitzen, knauserig (engl. *tight*) mit Geld zu sein. Beachten Sie, dass das englische Wort *tight* – im Sinne von „eng" – beschreibt, wie es sich anfühlt, geizig zu sein.

Es gibt viele Möglichkeiten, geizig zu sein. Eine Freundin von mir, die ich sehr liebe, ist zum Beispiel sehr knauserig damit, was sie den Leuten serviert, wenn sie Gastgeberin ist. Das merken ihre Gäste – alles auf ihren Tellern ist sehr klein. Der persische Dichter Rumi aus dem dreizehnten Jahrhundert beschreibt Geiz perfekt in seinem Gedicht „Dervish at the Door"[1]. Am Ende dieses Gedichts erinnert Rumi uns daran, dass der Geizige versucht, aus jedem menschlichen Austausch einen Gewinn zu ziehen. Das Eine oder Einssein, wie wir im Zen sagen würden, versucht niemals, aus irgendetwas Profit zu schlagen. Das würde überhaupt keinen Sinn ergeben. Wir hingegen versuchen immer, aus jedem menschlichen Austausch einen Gewinn zu ziehen. Wir versuchen immer, etwas zu bekommen – Bewunderung, Liebe, Anerkennung, Lob, Würdigung, ja und sei es nur, in Verbindung zu bleiben.

Geizige Menschen versuchen ständig zu verhandeln: „Ich tue dies, wenn du das tust“ oder „Ich werde dies tun, um das zu bekommen“. Es ist immer eine Art von „wie du mir, so ich dir“ – an Bedingungen geknüpft. Denken Sie an den Begriff der bedingungslosen Liebe. Es ist interessant, dass wir normalerweise darüber nachdenken, wie schön es wäre, sie zu *bekommen*. Denken Sie daran, wie wir manipulieren, feilschen und verhandeln, um aus jeder Interaktion einen Gewinn zu ziehen. Vieles davon ist subtile, unbewusste Gewohnheit. Selbst wenn wir geben, dienen, lieben oder Aufmerksamkeit schenken, versuchen wir, etwas zu bekommen. Manchmal geht es nur darum, etwas von dem zurückzubekommen, was wir geben.

In all diesen Fällen ist eines der Dinge, mit denen wir knausern, die Möglichkeit, etwas zu 100 Prozent zu tun. Stellen Sie sich vor, Sie würden zu 100 Prozent lieben. Stellen Sie sich vor, Sie würden jemanden zu 100 Prozent anerkennen, ohne den Gedanken daran, eine Gegenleistung zu erhalten, denn das würde einen Teil davon wegnehmen und es zu 70 Prozent oder sogar zu 20 Prozent reduzieren. Wir sind auch geizig mit der Wahrheit in Bezug darauf, was wirklich in uns vorgeht – was wir wirklich wollen. Wir halten an der Wahrheit fest, halten sie zurück, behalten sie ein. Wir spielen mit verdeckten Karten und verbergen unser Herz.

Wir versuchen auch, aus unserer spirituellen Praxis einen Gewinn zu ziehen – etwas davon zu haben. Wir versuchen, besser zu werden. Wir versuchen, Erleuchtung zu erlangen. Wir versuchen, dafür gesehen zu werden, dass wir es richtig machen. Womit sind wir hier geizig? Mit der völligen Hingabe an den gegenwärtigen Moment. Einfach mit dem zu sein, was ist – überlegen Sie, wie geizig wir damit sind. Überlegen Sie, wie sehr wir daran festhalten. Wir stellen uns auch vor, dass das, was wir beim Üben „bekommen“, uns gehören wird – was natürlich die größte Täuschung von allen ist.

Wir behandeln die Hingabe nicht nur als Verhandlungsmasse – „Ich gebe mich dem gegenwärtigen Moment hin und bekomme dann etwas zurück“ –, sondern stellen uns auch vor, dass Hingabe etwas ist, was *wir* tun können. Wenn wir uns von ganzem Herzen hingeben würden, gäbe es niemanden, der dieses Hingeben ausführen würde. Wie können wir uns also hingeben? Wie machen wir dieses Nicht-Tun? Wir müssen genommen werden, wenn Sie so wollen. Wir können nur die Voraussetzungen dafür schaffen, genommen zu werden. Genommen werden von was? Vom gegenwärtigen Augenblick, von der letztendlichen Wirklichkeit, vom Absoluten, von Gott. Und wir schaffen die Bedingungen dafür, indem wir hier und jetzt bleiben und all unser Verhandeln, unser Feilschen und „Bekommen“ aufgeben.

Wir sind geizig mit allem, an dem wir festhalten – mit jedem Menschen, jeder Situation und allem, was in uns vorgeht und dem wir uns nicht öffnen wollen. Wir sind geizig, wenn wir uns nicht voll auf das einlassen, was hier und jetzt geschieht. Stellen Sie sich vor, mit ganzem Herzen hier zu sein, egal was es ist – ein Kurs, ein Treffen, ein Abendessen, Gartenarbeit, ein quengelndes Baby. Wir sind geizig, wenn wir etwas von der Wahrheit, in der wir uns befinden, zurückhalten. Wir sind knauserig, wenn wir keine Risiken eingehen. Wir sind geizig, wenn wir nicht mitfühlend sind. Wir sind geizig mit unseren Tränen, mit freundlichen Worten, mit Offenherzigkeit und Aufgeschlossenheit. Womit sind wir noch geizig? Woran halten wir noch fest? An Sicherheit, Selbstbildern, Schmerz, Leiden, Unwilligkeit zu leiden, am Rechthaben, an der Wahrheit, an der Liebe, am Opfersein, am Bedürfnis nach Anerkennung, an Zeit und an Lob. Denken Sie daran, wie wir an diesen Dingen festhalten. Wir geben sie nicht weg; wir teilen sie nicht. Eines der wichtigsten Dinge, mit denen wir geizig sind, ist Dankbarkeit. Es ist erstaunlich, wie knauserig wir darin sein können, „Danke“ zu sagen. Denken Sie an die Dankbarkeit, die beim Tischgebet vor den Mahlzeiten zum Ausdruck kommt. Die Zen-Version davon beginnt so: „Zweiundsiebzig Arbeiten wurden geleistet für dieses Essen. Wir sollten wissen, wie es zu uns kommt." Wissen wir das aus vollem Herzen und drücken wir es auch so aus – oder sind wir dabei geizig?[2]

Wir können auch geizig sein, wenn wir Dankbarkeit oder Lob *empfangen*. Dazu habe ich im Alter von sechzehn Jahren meine Lektion gelernt, als meine Lieblingslehrerin mich für eine Prüfung oder ein Referat lobte. Ich erinnere mich noch genau, wie ich da auf der Treppe stand. Und ich verhielt mich wie eine knausrige Sechzehnjährige, beschämt und doch erfreut über das Kompliment; ich wollte es annehmen und benahm mich gleichzeitig daneben. Die Lehrerin ergriff meinen Unterarm mit ihren langen, schlanken Fingern und sagte: „Sei nicht so ungnädig." Das werde ich nie vergessen.

In vielen Gedichten von Mary Oliver geht es darum, dankbar zu sein für die Welt und sie gnädig zu empfangen. In „Have You Ever Tried to Enter the Long Black Branches" (Hast du jemals versucht, die langen schwarzen Äste zu erfassen) weist sie darauf hin, dass wir die Welt oft als bloße Unterhaltung betrachten, statt als eine Quelle des Wunders, für die wir zutiefst dankbar sind. Sie schreibt:

> Glaubst du, dass diese Welt nur eine Unterhaltung
> für dich ist?
> Nie das Meer betreten und bemerken, wie das Wasser
> sich teilt
> mit vollkommener Höflichkeit, um dich
> hereinzulassen![3]

Bedenken Sie, was Dogen über das achte Gebot – kein Geizigsein – zu sagen hat: „Ein Satz, ein Vers, zehntausend Formen, hundert Grasbüschel, ein Dharma, eine Verwirklichung, alle

Buddhas, alle Lehrer. Seit Anbeginn hat es niemals so etwas wie Geiz gegeben.“ Er spricht über die letztendliche Wirklichkeit, das Absolute, den Gesichtslosen Gefährten – Allah, der „Eine“, wie Rumi ihn nennt. Es gibt nichts Geiziges an dem Einen. Das kann es auch nicht geben, denn es gibt nichts „außerhalb“ des Einen. Geiz impliziert Trennung, aber hier gibt es keine Trennung. Wenn es um diese Welt der Vielfalt geht, offenbart sich „der Eine“ immer und immer wieder, von Augenblick zu Augenblick – da gibt es keinen Geiz. Es ist ein Geschenk, das uns fortwährend gegeben wird – lebendig und pulsierend. Liebe, Bäume, Finger, das Meer und sein Wasser, das sich teilt, wenn wir hineingehen – alles ist ein Geschenk. Zen-Meister Keizan schreibt im *Denkōroku*:

> Das Licht des Geistes – der Mond, das Auge und
>   die Farben der Blumen sind prächtig;
> Sie leuchten und blühen über die Zeit hinaus,
>   wer kann sie wertschätzen?[4]
>
> ...
>
> Quellloser Strom von einer zehntausend Fuß hohen
> Klippe wäscht Steine aus, zerstreut Wolken,
>   sprudelt hervor.
> Er fegt den Schnee weg und lässt die Blumen
>   wild fliegen –
> Ein Stück reine weiße Seide jenseits des Staubs.[5]

Schauen Sie sich die Sprache hier an: „leuchten“, „blühen“, „hervorsprudeln“. Dieses „Stück reiner weißer Seide jenseits des Staubs“ zeigt in seiner Erscheinungsform keinen Geiz. Frühlingsblüten, das Fegen, das Gehen, Auschwitz, Atommüll, Leben, Tod, unsere Leben – all das sprudelt hervor. Ein anderer Vers von Zen-Meister Keizan verwendet mein Lieblingsbild:

Einer, dessen ganzes Leben äußerst aktiv und
lebendig ist.
Wir nennen ihn denjenigen, der die Augenbrauen
hochzieht und blinzelt.[6]

Dieser Eine, der Gesichtslose, der die Augenbrauen hochzieht und blinzelt – was für ein wunderbares Bild für diese Welt, die sich offenbart, diese Welt der Vielheit, in der wir leben, die wir sind. Dieser Eine, dessen Leben äußerst aktiv und lebendig ist: Hier ist kein Geiz – oder wie Dogen sagt: „Seit Anbeginn hat es niemals so etwas wie Geiz gegeben."

Was ist mit meinem Leben? Was ist mit mir selbst? Mit meinem Leben, mit mir selbst, nicht geizig zu sein, bedeutet, mich in jedem Augenblick voll und ganz zu entfalten – alles, was ich bin, voll und ganz zum Ausdruck zu bringen. Damit meine ich nicht, dass man seine Talente oder Gaben anwendet. Seine Talente anzuwenden bedeutet nicht, sich voll und ganz zu entfalten. Wenn wir selbst von Moment zu Moment voll zum Ausdruck kommen, sind wir transparent. Es gibt da dann niemanden, der weiß, ob Talente angewendet werden, schon gar nicht, ob es *meine* Talente sind. Und auch nicht, ob es *mein* Leben ist.

Nicht geizig zu sein mit dem eigenen Leben, mit sich selbst, mit diesem kostbaren, kurzfristigen Geschenk, das uns gegeben wurde, wird oft mit dem Finden der eigenen Stimme in Verbindung gebracht. Sowohl im Buddhismus als auch in anderen religiösen Traditionen wird das Beispiel des brüllenden Löwen verwendet. Da gibt es kein Zurückhalten! Die Stimme, unser primäres Beispiel für Ausdruck ohne Geiz, taucht auch als Metapher für das Sich-Manifestieren des Einen in der Vielheit auf, und zwar in der Formulierung, dass alles „den Dharma verkündet". Dogen fragt in einem kleinen Vers: „Verkünden nicht sogar die Geräusche auf dem belebten Marktplatz den Dharma?"[7] Hier gibt es keinen Geiz. Alles verkündet den Dharma – Atommüll, Stinktiere, Blumen, Gras – und tut dies voll und ganz. Was ist, ist nicht geizig. Es gibt nichts, was zurückgehalten wird.

Hier sind wir also, auf diese und jene Weise geizig, und wollen es doch nicht sein. Wie können wir damit umgehen? Zunächst einmal sollten wir nicht geizig sein, wenn wir herausfinden, wer wir in Bezug auf Geiz sind. Wir müssen fragen: „Wo bin ich geizig? In Bezug auf was? Mit wem?“ Können wir einen genauen, neutralen Blick auf uns selbst werfen, ohne Vorlieben? Können wir mitfühlend zulassen, was ist oder wer wir da in einem relativen Sinne sind? Können wir das tief genug erforschen, um das Zurückhalten, das Engegefühl, vielleicht sogar die Angst zu spüren? Können wir uns sicher genug fühlen und so ohne Geiz sein, dass wir einem anderen gegenüber ausdrücken, wer wir sind und wo wir sind? Mich damit zu arrangieren, wer ich in Bezug auf Geiz bin – und das, ohne zu urteilen – ist eine Sache; aber so wenig geizig zu sein, dass ich meinen Geiz vor anderen auf den Tisch lege, vertieft die Praxis noch.

Was tun wir, wenn wir das tun? Was geschieht dann? Meister Sengcan, der Autor des Zen-Gedichts, das mit „Der höchste Weg ist nicht schwer für diejenigen, die keine Vorlieben haben“ beginnt, sagt in diesem Gedicht auch etwas darüber, den Dingen „ihren Lauf zu lassen“. Es ist, als wolle sich alles selbst befreien – seinen Lauf nehmen –, und wir verhindern das aus Angst und aus Geiz. In Mary Olivers Gedicht „The Kookaburras“ geht es genau darum. In dem Gedicht wollen die Kookaburra-Vögel, Eisvögel, die in Australien und Neuguinea beheimatet sind, einfach aus ihrem Käfig gelassen werden, um nach Hause zu fliegen. Die Person, die spricht in diesem Gedicht, lässt sie nicht und zahlt dafür einen Preis, sowohl psychisch als auch spirituell:

> Jahre später wache ich nachts auf und erinnere mich,
> wie ich zu ihnen Nein sagte,
> und wegging.[8]

Indem wir diese Käfigtür öffnen, indem wir alles herauslassen, was wir in uns gefangen halten, lassen wir den Dingen ihren Lauf. Wir geizen nicht mit dem Geiz oder mit dem, was wir in Bezug auf dieses oder eines der anderen Gebote sind. Indem wir die Kookaburras wegfliegen lassen, lassen wir ihnen ihren Lauf und sie können sich transformieren. Dann beginnen sich die Gebote auf natürliche Weise zu manifestieren.

Dies ist das achte Gebot – kein Geizig-Sein.

Kein Geizig-Sein: Partner- oder Gruppenübungen

Wiederkehrende Fragen: Stellen Sie die Fragen (1) und (2) zusammen jeweils abwechselnd für 15 Minuten, ohne Nachfragen oder Gegenrede.

1. Nenn mir eine Art, wie du geizig bist.
2. Was fürchtest du zu verlieren?

Monolog:
Jeweils 15 Minuten, ohne Nachfragen oder Gegenrede.

Erkunden Sie Ihre Beziehung zu diesem Gebot.

Diskutieren Sie gemeinsam, so lange Sie möchten.

9

Kein Wütend-Sein
Zen-Gebot Nr. 9

Ich las ein Interview mit Elisabeth Kübler-Ross, der Schweizer Psychiaterin und Sterbeforscherin, in dem sie sinngemäß sagte: „Zorn ist eine natürliche menschliche Emotion, die fünf Sekunden anhält." Wenn sich das menschliche Ego einmischt, dauert sie leider viel länger als fünf Sekunden. Eines der berühmtesten Beispiele dafür ist der Zorn des Achill, ein ungeheuer großer Zorn, mit dem Homers *Ilias* beginnt und der sich wie ein roter Faden durch das Epos zieht. Achill wurde von König Agamemnon in seiner Ehre gekränkt, und seine anhaltende Wut bestimmt die Handlung der Geschichte. Diese anhaltende Version des Zorns ist ein Problem für uns Menschen.

Sollten wir nicht sogar die natürliche Fünf-Sekunden-Variante vermeiden, kontrollieren oder unterdrücken? Nun, das kommt darauf an. Aristoteles lehrt uns, dass diejenigen, die sich nicht über Dinge ärgern, die sie eigentlich ärgern sollten, als töricht gelten, ebenso wie diejenigen, die sich nicht auf die richtige Weise, zur richtigen Zeit oder über die richtigen Menschen ärgern.[1] Doch bevor wir dahin kommen, wäre es gut, uns die verschiedenen Formen, die Wut zu verbieten, anzuschauen und zu sehen, wie sie uns dazu bringen können, das neunte Gebot – kein Wütend-Sein – missbräuchlich anzuwenden.

Bei der Arbeit mit jedem der Gebote geht es nicht darum, das Über-Ich, also unseren inneren Kritiker, einzuschalten. In gewissem Sinne sind die Zen-Gebote natürlich moralische Prinzipien, aber sie sind nicht „da draußen", getrennt von mir, um als Standards hochgehalten zu werden, mit denen ich mich selbst fertigmachen kann, wenn ich versagt habe – oder, noch schlimmer, andere fertigmachen kann, wenn sie versagt haben. Diese Gebote sind auch keine moralischen Zwangsjacken, die einfach dazu dienen, mein Verhalten oder das anderer zu kontrollieren. Sie sind vielmehr das, was ein verwirklichter Mensch von Natur aus tut. Wie Bodhidharma es ausdrückt: „Die Natur des Selbst ist unfassbar wundersam. Im selbstlosen Dharma wird es als das Gebot des Verzichts auf Wut bezeichnet, wenn kein Selbst geltend gemacht wird." Aber wie arbeiten wir dann mit diesem Gebot, bis man diesen Punkt erreicht hat, an dem es so etwas gibt wie, dass man es ein für alle Mal erreicht hat?

Da Wut so universell ist und so häufig und in vielfältiger Form anzutreffen ist, dient sie als ein besonders nützliches Modell für einen Umgang mit den Geboten, der uns befreit, anstatt uns zu begrenzen, während wir unsere Praxis vertiefen. Zuallererst ist es wichtig, unsere Vorstellungskraft zu nutzen, um über ein allzu vereinfachtes, begrenztes Bild dessen, was Wut ist, hinauszugehen. Wut hat viele Formen, und wie bei allen Geboten ist es gut, auch die subtilen Variationen zu erforschen, damit wir genau herausfinden können, was für jede*n von uns in der Praxis funktioniert. Denken Sie an all die Wörter, die wir für Wut haben: Substantive wie *Rage, Empörung, Zorn, Raserei, Groll, Ärger, Irritation, Unmut, Entrüstung*; Adjektive wie *ausgetickt, angepisst, kochend vor Wut, schmorend, rot sehend, verärgert, köchelnd*; oder Verben wie *aufbrausen, anschnauzen, an die Decke gehen, unter die Haut gehen, ausrasten*. Neben den verschiedenen Formen von Wut gibt es auch verschiedene Arten, wie wir mit Wut umgehen. Zum Beispiel unterdrücken wir sie, spielen sie aus oder tarnen sie als etwas anderes. Manche von uns werden sogar auf sich selbst wütend, und andere wiederum haben nicht mal die leiseste Ahnung, dass sie überhaupt jemals wütend sind. Es fällt leicht zu glauben, dass wir, da Wut nichts Gutes ist, einfach üben sollten, nicht wütend zu sein. Aber das ist etwas zu abstrakt und allgemein. Es ist wichtig, präzise und ehrlich für sich persönlich herauszufinden, was genau die *eigene* Wut ist. Hier sind Fragen, die Sie verwenden können, um Ihre Erfahrungen mit Wut zu erforschen:

- Welche Art von Wut ist es? Wie fühlt sie sich an?
- Wann werde ich wütend? Bei welchen Anlässen?
- Was passiert?
- Werde ich wütend, wenn ich etwas fallen lasse? Wenn andere etwas fallen lassen?
- Werde ich wütend, wenn ich kritisiert werde? Ignoriert werde? Wenn ich meinen Willen nicht bekomme?
- Werde ich wütend, wenn jemand eine*n andere*n schlecht behandelt?
- Werde ich selbst wütend, wenn jemand wütend auf mich ist?
- Wie ist es im Straßenverkehr, wenn mir jemand gefährlich den Weg abschneidet? Oder wenn sich jemand eher sanft auf der Einfädelungsspur vor mich drängt, während ich schon lange darauf warte, dass ich an der Reihe bin?
- Welche wütenden Ausdrücke sind es, die bei solchen Gelegenheiten aus mir herausbrechen?
- Ärgere ich mich eher über Menschen oder über Dinge?

Dinge?!? Wie kann man sich über Dinge ärgern, werden Sie vielleicht fragen. Nun, denken Sie an den Computer. Ich erinnere mich an Zeiten, in denen ich so wütend darüber war, dass etwas, an dem ich gearbeitet hatte, einfach gelöscht war, dass ich mit den Händen auf die Tastatur schlug. Mein Lieblingsbeispiel ist das folgende: In meinen Zwanzigern hatte ich einen Freund, der in einer besonders schwierigen Woche so wütend wurde, als er entdeckte, dass ein nicht unerheblicher Geldbetrag aus der hinteren Hosentasche gefallen war, dass er die Tasche von seiner Hose abriss – während er sie trug! Ich werde das nie vergessen.

Wenn wir mit diesem Gebot arbeiten, können wir sehr präzise werden. Wie werde ich wütend? Ist die Wut heiß? Ist sie kalt? Ist sie schnell entladen, oder brennt sie langsam? Wird sie unterdrückt, verleugnet oder versteckt? Was macht mich wütend? Was geht mir unter die Haut? Passiert es mir eher, dass ich auf Fremde wütend bin, oder eher auf die, die mir nahestehen? Lasse ich meine Wut manchmal an der falschen Person aus, weil es sicherer ist? Richte ich meine Wut auf mich selbst gegen jemand anderen? Welche alten Gefühle der Wut gären noch in mir und sind mir nicht bewusst? Welche Ressentiments trage ich Tag für Tag mit mir herum? Wie unterscheidet sich meine Wut im Privaten von meiner Wut, wenn sie in der Öffentlichkeit auftaucht? Habe ich eine politische Wut, und lenke ich manchmal meine persönliche Wut auf die Politik?

Da wir uns alle in diesen Punkten unterscheiden, besteht der erste Schritt darin, meine besondere Version von Wut zu entdecken, anstatt sie als etwas Allgemeines anzusehen. Sobald ich die Besonderheit meiner Wut erforscht habe, besteht der nächste Teil der Übung darin, sie eingehender kennenzulernen. Wie viele Emotionen hat auch die Wut sowohl eine Ursache als auch ein Objekt. Die Ursache könnte sein, dass meine schönste Vase durch Unachtsamkeit kaputt gegangen ist, aber das Objekt meiner Wut sind Sie. Um meine Wut kennenzulernen, muss ich meine Aufmerksamkeit von ihrer Ursache und ihrem Objekt und von all den Geschichten, die sich um beide ranken, auf die Wut selbst lenken. Sie kennenzulernen bedeutet, neugierig auf sie zu sein, sie nicht zu verurteilen und sie mitfühlend zuzulassen.

Offensichtlich ist die Unterdrückung von Wut ein Weg, dieses Kennenlernen zu vermeiden, aber interessanterweise bedeutet auch das Ausleben der Wut Vermeidung. Im letzteren Fall ist sie wie eine heiße Kartoffel, die man nicht schnell genug loswerden kann. Warum vermeiden wir es, die eigentliche Wut kennenzulernen? In manchen Fällen ist es die Angst. Vor vielen Jahren fragte ich eine Freundin, worum es bei ihrer Analyse gegangen sei. Sie dachte gründlich nach und sagte dann: „Keine Angst zu haben vor meiner Wut." Ich fragte sie, wovor sie Angst habe, und nach ein paar Augenblicken sagte sie: „Davor, in die Luft zu gehen." Sie meinte damit nicht die Metapher, die wir für einen Wutausbruch verwenden, sondern eher das buchstäbliche „Platzen". Es war eine existenzielle Angst. Auch eine Art Trennungsangst hindert uns daran, unsere Wut kennenzulernen. Es ist fast so, als hätten wir Angst, die andere Person in die Luft zu jagen! Manche von uns schämen sich für ihre Wut und können sich ihr nicht stellen oder sie zugeben. Andere haben ein so starkes Selbstverständnis, dass sie nicht der wütende Typ seien, dass sie sich nicht einmal vorstellen können, dass es da etwas kennenzulernen gibt. Warum ist es wichtig, all dies über meine Wut zu wissen?

Warum nicht einfach wütend sein? Nun, zum einen ist es leichter gesagt als getan, einfach nicht wütend zu sein, vor allem, wenn man in die Enge getrieben wird. Zum anderen findet man keine Freiheit darin, Wut zu vermeiden oder zu unterdrücken. Ein sehr wichtiger Schritt bei der Arbeit mit den Geboten ist es herauszufinden, wer ich als das bin, was die einzelnen Gebote ansprechen – wer ich als Lügner, Dieb oder jemand bin, der oder die wütend wird und andere beschuldigt –, und dies wirklich ohne Bewertung zu akzeptieren. Zumindest schafft es einen gewissen Raum für das, was bearbeitet werden muss. Je mehr wir dies tun können, desto mehr geben wir dem Gebot die Möglichkeit, auf natürliche Weise zu wirken. Es stimmt, dass einige von uns sich darin üben müssen, ihren Ärger nicht auszuleben, aber zu wissen, wann und wie er auftaucht, kann eine enorme Hilfe dabei sein. Für manche ist es nötig, mit ihrer Wut in Kontakt zu kommen und nicht so ängstlich zu sein oder sich dafür zu schämen. Auch hier ist es eine enorme Hilfe, die Wut kennenzulernen, sie sogar willkommen zu heißen, vor allem, wenn wir den Mut haben, mit anderen darüber zu sprechen und sie nicht länger zu verstecken. Für diejenigen, die das Selbstbild haben, niemals wütend zu sein, ist es wichtig zu bemerken, dass dieses Selbstbild genauso wie die Wut ein „Selbst geltend macht".

Thich Nhat Hanh hat etwas sehr Schönes über das zu sagen, was ich das „Kennenlernen" unserer Wut genannt habe:

> Begegne deiner Wut mit äußerstem Respekt und größtem Wohlwollen, denn sie ist nichts anderes als du selbst. Unterdrücke sie nicht – sei dir ihrer einfach bewusst. Bewusstsein ist wie die Sonne. Wenn sie auf die Dinge scheint, werden sie verwandelt. Wenn du dir bewusst bist, dass du wütend bist, wird deine Wut transformiert. Wenn du die Wut zerstörst, zerstörst du den Buddha, denn Buddha und Mara sind Ausdruck derselben Essenz. Der achtsame Umgang mit Wut ist so, als würden wir einen kleinen Bruder an die Hand nehmen.[2]

Der wichtigste Grund dafür, unseren Ärger kennenzulernen, ist, dass er einer kostbaren Energie entspringt, die nur dann zu Ärger wird, wenn sie in komplexen egoistischen Mustern gefangen ist. Diese Energie muss befreit und transformiert werden, anstatt sie zu verzerren, sie loszuwerden oder zu zerstören. Depressionen, Zusammenbrüche, Verlust der Lebendigkeit, Abhängigkeit, Unfähigkeit zur Autonomie – all das kann die Folge sein, wenn wir nicht in der Lage sind, unsere Wut anzuerkennen und zu fühlen.

Vor Jahren war ich auf einer kleinen Party von Dharma-Freund*innen, und einer der Gastgeber erwähnte, dass er und sein Partner auf sehr unterschiedliche Weise wütend werden. Das Interesse aller war geweckt, und ehe wir uns versahen, schlug jemand vor, dass jede*r drankommen und sagen sollte, wie wir wütend werden bzw. wie wir wütend werden würden, falls wir wirklich loslegten. Ich saß da und hatte große Angst davor, aber als ich an der Reihe war, sagte ich fröhlich, dass ich wie Dr. Seltsam sein würde, der die Bombe abwirft, um die Welt in die Luft zu jagen! Das war überraschend für mich, aber unglaublich befreiend. Einige Jahre später probierten wir diese Übung in unserer kleinen New Yorker Zen-Gruppe aus. Angesichts des recht reifen Alters und eher nüchternen Naturells der meisten von uns war es erstaunlich – ein Ex-Ehemann, der in einem Restaurant erschossen wird; eine riesige Flut, die alle ertränkt; Messerstechereien, Erstickungstode und natürlich Dr. Seltsam, der die Welt in die Luft jagt. Faszinierend war die Wirkung auf uns. Die Wangen wurden schön rot, die Körper waren voller Energie, und eine wunderbare Vitalität entfaltete sich im Raum. Wir hatten Lebensenergie freigesetzt. Tantrische Praktiken arbeiten direkt mit Wut und deren Transformation, aber hier ging es einfach darum, unsere Scham und Verleugnung loszulassen.

Was ist also mit Aristoteles' Bemerkung, dass diejenigen, die sich nicht ärgern können, wenn sie es sollten, auf wen sie es sollten und wie viel sie es sollten, töricht sind? Er scheint zu sagen, dass Zorn unter bestimmten Umständen angemessen, vertretbar oder sogar notwendig sein kann. Hier wäre es gut, zu Bodhidharmas Version dieses Gebots zurückzukehren: „Die Natur des Selbst ist unfassbar wundersam. Im selbstlosen Dharma wird es als ‚Nicht-Wütend-Sein' bezeichnet, wenn kein Selbst geltend gemacht wird." Wenn es kein Selbst gibt, kein Territorium des Selbst, das es zu verteidigen oder zu errichten gilt, dann gibt es auch keine Wut. Aber kann es eine Wut geben, die nicht von einem geltend gemachten Selbst ausgeht, eine Wut, die nicht defensiv ist? Ja, natürlich. Es gibt Wut auf ein Kind, das auf die Straße rennt und sich in Lebensgefahr begibt. Es gibt Wut über Grausamkeit, über Unachtsamkeit, die andere gefährdet. Mein Lehrer wurde einmal wütend auf mich, als er feststellte, dass ich das Verhalten eines Studienkollegen, der als Drogendealer sein Geld verdiente, nicht scharf verurteilt hatte. Das sind die schnellen, fünf Sekunden dauernden Arten von Wut. Wenn die fünf Sekunden um sind, ist es vorbei. Man könnte sagen, dass diese Art von Wut eine gewisse Sauberkeit, Klarheit und Reinheit besitzt.

Aber es gibt auch eine Wut, die bleibt und bleibt – sauber, klar und rein –, bis etwas, das behoben werden muss, tatsächlich behoben ist. Wir kennen Geschichten über heldenhafte Whistleblower*innen, die wütend darüber waren, dass Chemikalien in einen Fluss gekippt oder Informationen über die Nebenwirkungen von Medikamenten zurückgehalten wurden. Wir sind dankbar, dass sie mittels ihres reinen, unverfälschten Zorns durchgehalten haben und standhaft geblieben sind. Sie taten dies in unser aller Namen. Vor Jahren fielen mir zwei aufschlussreiche Schlagzeilen auf, die eine in der *New York Times* und die andere im Nachrichtenmagazin *Time*. Die erste lautete: „Neuer Terrorplan verärgert Feuerwehr". Das war nach dem 11. September 2001, und es war beschlossen worden, dass die Polizei für alle möglichen durch Terroranschläge verursachten Katastrophen in New York City zuständig sein sollte. Die Feuerwehrleute waren seit jeher für diese Fälle ausgebildet worden und waren daher verärgert, weil die Änderung die öffentliche Sicherheit zu gefährden schien. Wahrscheinlich gab es einzelne Feuerwehrleute, deren Identität mit dem „Territorium des Selbst“ eng verstrickt war, aber im Allgemeinen können wir dies als die Art von öffentlichem oder institutionellem Zorn erkennen, der oft angemessen ist. Man beachte, dass der Zorn sich hier auf die Sorge um andere bezieht. Die andere Schlagzeile, aus dem Magazin *Time*, mit dem Titelbild von Ann Coulter, einer Ultrakonservativen, die mehrere Bestseller geschrieben hat, lautete „Ann Coulter: Diese konservative Flammenwerferin erzürnt die Linken und erfreut die Rechten“. Da sieht es ganz anders aus. Das Wort „erzürnt“ verrät es irgendwie.

Wut ist eine große Lehrerin, wie uns Bodhidharmas Version des Gebots sagt. Mehr als alles andere lehrt sie uns, was das geltend machende Selbst ist und wie schnell es in Erscheinung treten kann, besonders dann, wenn wir es am wenigsten erwarten. Das geschieht, wenn wir auf jemanden oder etwas mit blitzschnellem Zorn reagieren, aber auch, wenn ein alter, vergrabener Zorn, von dem wir gar nicht wussten, dass er da ist, erwacht und uns langsam in Besitz nimmt. In jedem Fall gibt es Präferenzen – *Nicht das! Nicht dies!* –, und das Selbst wird immer und immer wieder geboren. Im Reich des Absoluten gibt es kein Selbst, keine anderen im absoluten Sinne dieser Worte. Aber abgesehen von diesem Bereich des Absoluten sind wir hier, um uns darin zu üben, die kostbare Energie aus den Fesseln des Selbst zu befreien und das Einssein der Vielheit zu erfahren. An dieser Stelle würde ich der Achtsamkeitspraxis von Thich Nhat Hanh die Praxis hinzufügen, meinem Ärger so nahe zu kommen, dass ich seinen Namen nicht mehr kenne. An diesem Punkt fallen die Ursache, das Objekt, das wütende Selbst und die Wut selbst weg, und alles, was übrig bleibt, ist die kostbare Energie, die endlich frei geworden ist.

Dies ist das neunte Gebot – kein Wütend-Sein.

Kein Wütend-Sein: Partner- oder Gruppenübungen

Wiederkehrende Fragen: Stellen Sie die Fragen (1) und (2) zusammen jeweils abwechselnd für 15 Minuten, ohne Nachfragen oder Gegenrede.

1. Erzähl mir von etwas, das dich wütend macht.
2. Um welche Art von Wut handelt es sich da?

Monolog:
Jeweils 15 Minuten, ohne Nachfragen oder Gegenrede.

Erforschen Sie Ihre Wut. Wie ist sie beschaffen? Wo zeigt sie sich im Körper?

Diskutieren Sie gemeinsam, so lange Sie möchten.

10

Keinen Missbrauch der Drei Kostbarkeiten

Zen-Gebot Nr. 10

Das zehnte Gebot, die Drei Kostbarkeiten nicht zu missbrauchen, unterscheidet sich so sehr von den anderen und die Formulierung „nicht missbrauchen" mutet hier so seltsam an, dass es zunächst schwer zu verstehen ist, worum es geht. Bevor wir uns also damit befassen, worum es hier beim „Nicht-Missbrauchen" geht, wollen wir uns die Drei Kostbarkeiten ansehen – Buddha, Dharma, Sangha.

Die Drei Kostbarkeiten sind das Herzstück der buddhistischen Lehren, unabhängig von der jeweiligen Schule, Geschichte oder Kultur. Wenn man Zen-Buddhist*in wird oder sich ansonsten auf irgendeine Weise den buddhistischen Lehren verschreibt, nimmt man Zuflucht zu den Drei Kostbarkeiten. Diese Kostbarkeiten oder Juwelen, wie sie manchmal auch genannt werden, können auf verschiedene Weise verstanden werden – zum Beispiel so, wie wir sie uns in einem wörtlichen Sinne vorstellen: Der Buddha ist Shakyamuni Buddha, der vor einigen Tausend Jahren lebte; der Dharma ist seine Lehre; und die Sangha ist die Gemeinschaft der Schüler*innen, die diese Lehren in die Praxis umsetzen. Sie werden im Buddhismus aber auch als die drei Hauptaspekte der letztendlichen Wirklichkeit verstanden: Buddha, das Einssein; Dharma, die

Vielheit; und Sangha, die Harmonie oder die Übereinstimmung der beiden. Jede der Drei Kostbarkeiten kann auch noch auf andere Weise verstanden werden. Die Tiefgründigkeit und Komplexität der Drei Kostbarkeiten zu erfassen erfordert ein ziemlich gründliches Studium, das wir hier kaum in Angriff nehmen werden. Stattdessen wollen wir uns ansehen, was das zehnte Gebot uns in Bezug auf die Drei Kostbarkeiten zu unterlassen mahnt.

Die sanfteste Übersetzung, die mir untergekommen ist, gebraucht den Ausdruck „schlecht denken über" anstelle von „missbrauchen", sodass das zehnte Gebot zu „nicht schlecht denken über die Drei Kostbarkeiten" wird. Das gibt Rätsel auf. Was um Himmels willen könnte das bedeuten? Warum sollte jemand schlecht über die Drei Kostbarkeiten denken? Ich nehme an, man könnte schlecht über den Buddhismus denken, so wie manche schlecht über das Christentum, das Judentum, den Hinduismus oder den Islam denken, aber dennoch kommt es mir seltsam vor. Andere Übersetzungen oder Formulierungen sind sogar noch bemerkenswerter: Wir werden aufgefordert, die Drei Kostbarkeiten nicht zu „missbrauchen", sie nicht zu „verleumden", sie nicht zu „schmähen" oder sie „herabzusetzen", „zu diffamieren" oder zu „besudeln". Zuerst waren diese Formulierungen für mich völlig rätselhaft, aber dann brachten sie mich dem Verständnis dieses Gebots ein wenig näher. Sie ließen mich an „Du sollst den Namen des Herrn, deines Gottes, nicht missbrauchen" denken, das Gebot in der jüdischen und christlichen Tradition. Als ich aufwuchs, dachte ich immer, das bedeute, dass man nicht fluchen dürfe, wie in „Verdammt noch mal!" oder „Herrgott, warum hast du das getan?". Später war es das Judentum, das mir half, eine besondere und wichtige Bedeutung dieses Gebots zu verstehen. Ganz einfach betrachtet ist das Wort *Gott* kein Name im Sinne eines Namens für ein Objekt. Im Judentum gibt es viele Regeln über das Schreiben, das Falschschreiben, das Aussprechen oder sonstige Formen, dieses Wort darzustellen.

Oft wird es „G-tt" geschrieben. Martin Buber, Philosoph des zwanzigsten Jahrhunderts, schreibt in seinem schönen Buch *Ich und Du*, dass dieses Wort ursprünglich als *Anrede* für Gott oder in Lobgesängen verwendet wurde, und später fand es Eingang in die „Es"-Sprache, denn „immer stärker trieb es die Menschen, ihr ewiges Du als ein Es zu bedenken und zu bereden" – als ein Objekt, das man benennen und auf das man zeigen kann. Er schreibt weiter: „Manche wollen verweisen, das Wort Gott rechtmäßig zu gebrauchen, weil es so missbraucht sei."[1] Zen-Meister Dogen sagt uns etwas Ähnliches über das Wort „Buddha" in seinem Kapitel „Gyōbutsu-yuigi" (Reines würdevolles Handeln des Buddha):

> Die „Fesseln des Buddha" bedeuten, Erleuchtung abstrakt zu verstehen und daher durch intellektuelle Ansichten und theoretisches Verständnis gebunden zu sein... Das ist so, als würde man sich selbst binden, obwohl es kein Seil gibt. Das Seil, das so lange ohne Unterbrechung hält, ist wie die Kletterpflanzen, die einen Baum umranken, bis er abstirbt, oder wie ein vergebliches Leben in der Höhle eines Konzepts von Buddha.[2]

Wir sehen hier, dass sich das zehnte Gebot im buddhistischen Kontext auf „intellektuelle Ansichten und theoretisches Verständnis" beziehen muss. Aber wie Buber wird auch Dogen konkreter. Er nennt es „den konzeptuellen Buddha" – oder Dharma oder Sangha –, denn da liegt das Problem. Hier noch ein vielleicht typischerer Zen-Ausdruck für diesen Aspekt:

> Auch nur die Erwähnung des Wortes „Buddha" kann uns dazu nötigen, drei Tage lang den Mund auszuspülen. Ein solcher Mensch würde sich die Ohren zuhalten und davonlaufen, hörte er jemanden sagen:

„Der Geist ist Buddha."[3]

Was genau meint Dogen mit dem „konzeptuellen Buddha", und wie kann man sich davon befreien? Die lange und komplexe Antwort auf diese beiden Fragen ist die grundlegendste Unterweisung der gesamten Zen-Tradition. Die Kurzfassung ist, wie Dogen sagt, dass das „Binden" nicht nur das Objekt betrifft – also das, was konzeptualisiert wird, in diesem Fall Buddha, Dharma und Sangha – sondern auch das Subjekt, also die Person, die die Konzeptualisierung vornimmt. Selbst wenn wir den Namen Buddha aussprechen, geschweige denn ihn als „Geist" definieren, missbrauchen wir die Drei Kostbarkeiten. Jedes Mal, wenn wir sagen, sehen oder wissen, *was* etwas in dem Sinne ist, dass es ein „Dies" im Gegensatz zu einem „Das" ist, konzeptualisieren oder binden wir. Wir binden, indem wir sowohl dem, was es ist, als auch dem, was es nicht ist, Grenzen setzen. Buber formuliert dies so, dass es zu dem wird, was er ein „Es" nennt – nämlich *„ein Ding unter Dingen"*, das *„an andere grenzt"*.[4]

Wie von Dogen beschrieben, hat das Binden den Sinn, die Freiheit des Subjekts, also der Person, die bindet, einzuschränken oder zu behindern. Aber wir können uns auch vorstellen, dass das, was Dogen den „konzeptuellen Buddha" nennt, Grenzen hat, die um ihn herum gezogen werden, um ihn von etwas anderem zu unterscheiden, was seine Freiheit ebenfalls einschränkt, zumindest in dem Konzept, das wir uns davon gemacht haben. Bedeutet das, dass wir nicht sehen, sagen oder wissen können, was Buddha ist, geschweige denn, was irgendetwas anderes ist? Bedeutet es, dass wir uns die Ohren zuhalten, den Mund ausspülen und aus dem Raum rennen müssen, wenn das Wort „Buddha" oder irgendein anderes Wort gesagt oder gehört wird? Meister Joshu hat eine Antwort auf diese Frage:

Joshu wandte sich an die Versammelten und sagte: „Ich mag das Wort Buddha nicht hören."

Ein Mönch fragte: „Wie lehrt Euer Hochwürden dann andere?"

Joshu sagte: „Buddha! Buddha!"[5]

Joshus Antwort ist keine konzeptuelle. Er grenzt Buddha nicht von etwas anderem ab oder unterscheidet ihn. Er macht ihn nicht zu „einem Ding unter Dingen". Bis hierher könnten wir sagen, dass es im zehnten Gebot darum geht, die Drei Kostbarkeiten nicht zu konzeptualisieren oder zu begrenzen und uns somit nicht selbst zu begrenzen, indem wir sie begrenzen. Aber die Drei Kostbarkeiten zu missbrauchen geht darüber hinaus.

Wichtig ist hier, besonders wenn wir die Gebote aus Bodhidharmas und Dogens Sichtweise des Einsseins betrachten, dass wir die Drei Kostbarkeiten *sind.* Sie sind nicht nur eine Ansammlung von Wahrheiten und Lehren „da draußen", zu denen wir Zuflucht nehmen und bei denen wir vielleicht vermeiden, sie zu konzeptualisieren. In der Jukai-Zeremonie, in der die Gebote empfangen werden, sagt der/die Lehrer*in zu dem/der Empfänger*in, kurz bevor die eigentlichen Gebote gegeben werden: „Als Nächstes wirst du dich als die Drei Kostbarkeiten zu erkennen geben... Wenn du dich einmal als die Drei Kostbarkeiten zu erkennen gegeben hast, werden alle Tugenden und Verdienste vollständig verwirklicht sein." Dann sagt der/die Lehrende: „*Sei* eins mit Buddha", und der/die Empfangende antwortet: „Eins *sein* mit Buddha", und dann folgte das gleiche für Dharma und Sangha. Dies wird mit jedem von ihnen dreimal wiederholt. Da wir die Drei Kostbarkeiten sind, nehmen wir nicht *zu* den Drei Kostbarkeiten Zuflucht, sondern *als* die Drei Kostbarkeiten. In gewissem Sinne nehmen wir also Zuflucht zu uns selbst.

Solange wir nicht mit völliger Gewissheit erfahren, wer wir wirklich sind, ist unser Zufluchtnehmen eine Art tiefer Glaube, aber es ist kein Glaube *an* etwas. Vielmehr ist es der Glaube, der uns erlaubt in einem Zustand des Nicht-Wissens zu sein, der, wenn er wirklich authentisch ist, der Buddha-Schatz *ist*. Außerdem zeigen sich hier auf natürliche Weise die Gebote. In der Jukai-Zeremonie heißt es: „Wenn du dich einmal als die Drei Kostbarkeiten zu erkennen gegeben hast, werden alle Tugenden und Verdienste vollständig verwirklicht sein." Das ist wie Dogens „Wenn wir Zazen sitzen, welches Gebot wird nicht eingehalten, welcher Verdienst wird nicht verwirklicht?" Es ist nicht so, dass wir die Gebote nicht mehr brauchen, sondern dass in den wirklich authentischen Momenten des Nicht-Wissens und des Nicht-Trennens – die wir als „Zazen-Momente im Leben" bezeichnen könnten – sich die Gebote ganz natürlich zeigen. Wenn ich die Person schnell ergreife, die neben mir auf dem Bordstein steht und kurz davor ist, vor ein Auto zu laufen, das sie nicht sieht, gibt es keine Wahrnehmung von mir und dem anderen, ganz zu schweigen von irgendwelchen Erwägungen, was jetzt das Richtige sei.

Doch selbst wenn man solche Momente erlebt und einen tiefen Glauben entwickelt hat, bleibt wahrscheinlich die meiste Zeit noch ein Gefühl der Trennung von den Geboten bestehen, und daher ist eine regelmäßige Praxis erforderlich. Bodhidharmas Kommentar zu diesem Gebot zeigt uns einen Weg, damit zu üben, wie wir es mit den anderen Geboten getan haben:

> Die Natur des Selbst ist unfassbar wundersam.
> Im Dharma des Einsseins wird es als „Nicht-Verleumden der Drei Kostbarkeiten" bezeichnet,
> wenn keine Unterscheidung zwischen Buddhas und gewöhnlichen Wesen getroffen wird.

Eine dualistische Sichtweise, oder zwischen fühlenden Wesen und Buddhas zu unterscheiden oder zu differenzieren, wirft zunächst einmal das Problem auf, dass jedes von beiden zu einem „Dies“ im Gegensatz zu einem „Das“ wird, was bedeutet, dass man konzeptualisiert oder festlegt, was Buddha ist und was auch immer nicht Buddha ist. Es gibt also das „Binden“, d. h. die Festlegung, desjenigen, der das Urteil fällt. Jedes Mal, wenn wir etwas in unserem Sehen, Sagen, Hören oder Wissen konzeptualisieren, binden wir uns ohne ein Seil, wie Dogen uns erinnert. Uns selbst auf diese Weise zu konzeptualisieren bedeutet, dass wir eine Identität annehmen, und sei es nur eine so simple wie die eines Subjekts – als der- oder diejenige, der oder die ein Objekt sieht, sagt, hört oder kennt. Sobald wir das tun, gibt es da ein Selbst und eine Trennung, sicherlich nicht die Drei Kostbarkeiten und auch nicht „die unfassbar wundersame Natur des Selbst“, auf die Bodhidharma hinweist. Aufgrund des vergleichenden Geistes kann es auch zu einer Art Idealisierung der Drei Kostbarkeiten kommen – „Ich bin nur ein fühlendes Wesen, wie könnte ich ein Buddha sein? Wie könnte ich die Drei Kostbarkeiten sein?“ – was einfach eine andere Form des Festlegens und des Missbrauchs ist. Wie Dogen uns erinnert, sind sogar das Maul eines Pferdes, der Kiefer eines Esels und eine zerbrochene Holzkelle Buddha-Natur. Wenn wir etwas zu einem Objekt machen, zu einem Ding unter Dingen, sind wir uns vielleicht nicht immer bewusst, dass wir als Subjekt auch zu einem Ding unter Dingen geworden sind. Wir werden zu einem Subjekt *im Gegensatz zu* einem Objekt. Wir werden dann zu der Person, die sieht, hört, weiß und benennt. Da unsere Aufmerksamkeit normalerweise auf das Objekt gerichtet ist, sind wir uns unserer selbst als gebundene Subjekte oft nicht bewusst. Andererseits können wir uns bestimmter Identitäten oder Konzeptualisierungen von uns selbst, die wir verteidigen, fördern oder vergleichen, durchaus bewusst sein. Wie im Kapitel zum ersten Gebot – Kein Töten – erwähnt, ist meine Lieblingsgeschichte aus dem Zen über das Konzeptualisieren und Annehmen einer Identität die, in der Meister Yunmen seine Mönche für ihr selbstbezogenes konzeptuelles Verhalten zur Rechenschaft zieht.

> Meister Yunmen ergriff einmal seinen Stab, schlug ihn auf den Sitz und sagte: „Alle Klänge sind die Stimme des Buddha, und alle Formen sind die Gestalt des Buddha. Doch wenn ihr eure Schale haltet und euer Essen esst, habt ihr eine ‚Schalen-Sicht'; wenn ihr geht, habt ihr eine ‚Geh-Sicht'; wenn ihr sitzt, habt ihr eine ‚Sitz-Sicht'. Ihr alle verhaltet euch auf diese Weise!" Der Meister nahm seinen Stab und vertrieb sie alle auf einmal.[6]

Eine Sicht ist ein Konzept, nicht das eigentliche Ding, so wie es ist, nicht die Stimme oder die Gestalt des Buddha. Die Schalen-Sicht ist dann von mir getrennt, und ich selbst werde zu einer „Sicht", in diesem Fall die Schalen haltende Sicht oder die Essen-aus-der-Schale-Sicht. Was ist die Gehen-mit-einem-Gang-Sicht? Es könnte etwas so Einfaches sein wie das Bewusstsein, dass ich gehe und nicht renne. Wahrscheinlicher ist ein eher narzisstisches Sich-selbst-bewusst-Sein: Seht mich an. Wie mache ich mich? Denken Sie an *Kinhin*, den Teil der Zen-Meditation, der Meditation im Gehen ist. In der Soto-Schule gibt es eine präzise Art und Weise, dies auszuführen. Diejenigen unter Ihnen, die an diese Art der Gehmeditation gewöhnt sind, sollten daran denken, wann sie einmal jemanden dahingehend beurteilt haben, dass er oder sie es nicht richtig machte oder es vielleicht besser machte als andere. Was wir nicht bemerken, ist, dass wir uns dabei selbst einschränken. Wir können sitzen mit der Sitz-Sicht: Also, ich sitze, statt zu stehen, und ist meine Haltung nicht großartig? Oder: Ich kann das einfach nicht richtig machen. Oder: Ich bin kein Buddha. Wir können alle möglichen Arten von Selbstbildern haben, sowohl positive als auch negative, die wir fördern oder schützen und versuchen zu verstecken und die wir normalerweise mit unseren Ansichten über andere vergleichen. Wie bei den anderen Geboten geht es auch hier darum, sich selbst kennenzulernen als jemanden, die oder der Ansichten hat, wie Meister Yunmen es ausdrückt, ob es nun eine Sicht von Stühlen, Tischen, Schalen, anderen Menschen oder von uns selbst ist. Und das kann jede beliebige Sicht sein. Jedes Mal, wenn wir das tun, missbrauchen wir die Drei Kostbarkeiten und damit uns selbst als die wundersame und subtile Natur des Selbst. Da wir, wie ich in Bezug auf die anderen Gebote schon gesagt habe, nicht wirklich etwas loslassen können, bevor wir nicht wissen, woran wir festhalten, wollen wir uns ansehen, was es hier ist.

Eines der Dinge, die wir hassen, ist, auf eine Weise wahrgenommen zu werden, die nicht mit unserem Selbstbild übereinstimmt. Fragen Sie sich selbst: Wie hat Sie die Wahrnehmung ihrer selbst durch jemand anderen verärgert? Oder denken Sie daran, wie schwer es wahrscheinlich war, in all den Übungen, die wir mit den anderen Geboten gemacht haben, zuzugeben, dass Sie eine*r sind, die oder der lügt, stiehlt, beschuldigt usw. Hier könnte es nützlich sein, auf diese Übungen zurückzublicken, um zu sehen, welche Selbstbilder Sie geschützt oder versteckt haben, und vor allem, wie es sich anfühlt, ein Selbstbild oder eine Identität zu haben. Eine andere Möglichkeit, um mehr über die eigenen Selbstbilder herauszufinden, ist auf die eigene Reaktivität zu achten. „Was bringt mich auf die Palme?" – das ist eine gute Frage, die man sich stellen sollte. Die wichtigste Frage, die man sich in diesem Zusammenhang stellen sollte, lautet: „Für wen halte ich mich?" Wir halten uns eindeutig nicht für die Drei Kostbarkeiten – so als ob „sich für die Drei Kostbarkeiten halten" überhaupt sinnvoll wäre.

Was ist mit Erfolg und Misserfolg? Wie reagiere ich auf meinen Erfolg oder Misserfolg? Welche Selbstbilder sind hier im Spiel? Wenn es um die anderen Gebote geht, ist es gut, Selbstbilder oder Identitäten von Erfolg und Misserfolg zu beachten. Haben wir eine Vorstellung von uns selbst, dass wir nie lügen und immer die Wahrheit sagen? Oder dass wir manchmal so wütend sind, dass wir die Person, die uns verärgert hat, umbringen wollen? Oder dass wir nie wütend sind? Hier gibt es eine gute Möglichkeit, um das Urteilen zu betrachten. Wie beurteile ich mich selbst? Wenn man über andere urteilt, ist das ein untrügliches Zeichen für eine unbewusste Selbstbeurteilung. Es ist gut, hier an das siebte Gebot erinnert zu werden – keine Überheblichkeit und kein Beschuldigen anderer.

„Für wen halte ich mich?“ ist eine wichtige Frage. Sie erfordert sorgfältige Aufmerksamkeit, Erkundung und Bemühen. Mit etwas Übung kann man schließlich einfach fragen: „Halte ich mich für jemanden?“ Mich selbst für jemanden oder etwas zu halten bedeutet, dass ich konzeptualisiere oder festlege und somit die Drei Kostbarkeiten missbrauche – selbst wenn ich mich für jemanden halte, die oder der die Gebote oder ein bestimmtes Gebot zu einer bestimmten Zeit gewissenhaft befolgt.

Im Gegensatz zu Bodhidharmas Kommentar, der auf ein Beispiel für den Missbrauch der Drei Kostbarkeiten hinweist, indem wir uns für etwas halten, hat Dogens Kommentar zu diesem Gebot nichts damit zu tun, dass wir uns für irgendetwas halten. Es ist nützlich, zu dem Beispiel zurückzugehen, dass man jemanden ergreift, der vor ein herankommendes Auto laufen will, um ein Gefühl für Dogens Kommentar zu bekommen.

> Das *Teisho* des gegenwärtigen Körpers ist der Hafen und die Fischreuse. Dies ist das Allerwichtigste auf der Welt. Seine Tugend findet ihre Heimat im Ozean des wahren Wesens. Es ist jenseits aller Erklärungen. Wir nehmen es einfach mit Respekt und Dankbarkeit an.

Ein Teisho ist eine besondere Art von Dharma-Vortrag, der völlig nondual ist. Es ist reiner Ausdruck, ohne Trennung zwischen der, die sich äußert, und dem, was ausgedrückt wird. Auch beim Zuhören gibt es keine Trennung zwischen dem Hörenden und dem, was gehört wird. Um die Bedeutung des

Wortes „ausdrücken“ hier zu erfassen, kann man an ein Gesicht und dessen Ausdruck denken. Es gibt kein Gesicht ohne einen Ausdruck und keinen Ausdruck ohne ein Gesicht. Sie sind nicht eins, aber auch nicht zwei.

Dogen erinnert uns oft daran, dass die menschliche verbale, mündliche Äußerung nicht die einzige Form des Ausdrucks ist. Tatsächlich sagt man im Zen: „Alles predigt den Dharma.“ Und „predigen“ heißt hier natürlich ausdrücken, was bedeutet, dass es keine Trennung gibt. Das heißt, dass der „gegenwärtige Körper“ – also das gesamte Universum – sowohl die Drei Kostbarkeiten zum Ausdruck bringt als auch ein Ausdruck der Drei Kostbarkeiten ist. Er hält ständig ein Teisho. Wir hören diese „Predigt“ nicht nur, wir *sind* sie. Wie der Hafen und die Fischreuse Zuflucht für Boote und Fische sind, ist dieses Teisho unsere Zuflucht. Das Teisho ist die Drei Kostbarkeiten, die wir sind und zu denen wir Zuflucht nehmen. „Seine Tugend findet ihre Heimat im Ozean des wahren Wesens.“ Dies ist ein Mysterium. Hier gibt es keine Festlegung, nichts Konzeptuelles. „Es ist jenseits von Erklärungen.“ In einem Zustand des Nicht-Wissens „nehmen wir es einfach mit Respekt und Dankbarkeit an“. In diesem Zustand entstehen die Gebote spontan.

Dies ist das zehnte Gebot – keinen Missbrauch der Drei Kostbarkeiten.

Keinen Missbrauch der Drei Kostbarkeiten: Partner- oder Gruppenübungen

Wiederkehrende Fragen: Stellen Sie die Fragen (1) und (2) getrennt für jeweils 10 Minuten, ohne Nachfragen oder Gegenrede.

1. Wie konzeptualisierst du dich und wann tust du es?
2. Für wen hältst du dich in diesem Moment, während du diese Übung machst?

Monolog:
Jeweils 15 Minuten, ohne Nachfragen oder Gegenrede. Erforschen Sie weiter, wie Sie sich selbst konzeptualisieren und wann und warum Sie es tun.

Diskutieren Sie gemeinsam, so lange Sie möchten.

Zweiter Teil:

Erforschung der Gebote durch Dogens Nondualität

Einleitung:

Die Nondualität der Dualität – von „Nicht" zu „Kein"

Wie können wir das im Titel des Buches benannte *Einssein* mit den Zen-Geboten erreichen? Warum sollte es uns helfen, uns für das Einssein zu öffnen, wenn wir den Mörder, Lügner und Dieb in uns kennenlernen und sogar willkommen heißen? Und was genau ist Einssein überhaupt? Und wie können wir uns dafür öffnen?

Im zweiten Teil des Buches werden wir versuchen, diese Fragen mithilfe von Dogen zu beantworten. Behalten Sie die Gebote im Hinterkopf, während wir durch diese Erkundung gehen. Am Ende werden wir in der Lage sein zu verstehen, warum in den von Dogen inspirierten Zen-Linien die Gebote als „kein Stehlen", „kein Lügen" und so weiter dargestellt werden, anstatt als „nicht stehlen" oder „Stiehl nicht", „nicht lügen" oder „Lüg nicht". Dies wird uns auch helfen zu verstehen, warum es bei der Jukai-Zeremonie, in der man „die Gebote empfängt", nicht darum geht, ein*e Buddhist*in zu werden, sondern vielmehr darum, ein Buddha zu werden. Ich hoffe, dass diese Erkundung Ihnen helfen wird, die Unterscheidung von „nicht" und „kein" in Ihre Praxis zu bringen. Ich habe Übungen – einmal jeweils in den Kapiteln und weitere Übungen dann am Ende der Kapitel – für diejenigen bereitgestellt, die daran interessiert sind.

Bevor wir fortfahren, sollten wir einen Moment über das Lesen nachdenken. Die folgenden Kapitel werden für manche mehr Aufwand erfordern als die Dharma-Vorträge über die Gebote im ersten Teil dieses Buches. In jedem Fall wird es wahrscheinlich eine andere Art des Lesens sein. Wenn wir langsam, sorgfältig und offen lesen und uns in Dogens Welt – unsere Welt – der Nondualität der Dualität hineinziehen lassen, werden wir vielleicht überrascht sein, welche Transformationen geschehen können.

11

Verschiedene Arten des Einsseins

Das Wort „Einssein" wird in spirituellen Kontexten, und selbst innerhalb der Zen-Tradition, auf verschiedene Weise verwendet. Es gibt zum Beispiel das Einssein von Körper und Geist und, ganz wichtig für Dogen, das Einssein von Praxis und Erwachen. Dann gibt es die Erfahrung, *eins zu sein mit* – nämlich die *nonduale* Erfahrung von sich selbst als der ganzen grenzenlosen, geburtslosen, leeren Wirklichkeit, die unser Universum ist. Die Vernetzung von allem, was diese Wirklichkeit ausmacht, ist ebenfalls ein Einssein. Eine andere ist das Einssein einer „Identität" oder der Durchdringung von Relativem und Absolutem.

Das Absolute, das von den frühen Zen-Patriarchen so betont wurde, wurde oft als „Ein Geist" oder als „Buddha-Natur" bezeichnet. Das Eine ist hier nicht eins im Gegensatz zu zwei oder drei, sondern es ist vielmehr Einssein im Sinne einer absoluten Einheit. Es gibt nichts anderes als sie. Es ist ein Bereich der absoluten Formlosigkeit. Auch hier ist das Wort „absolut" wichtig. Es zeigt, dass es nicht um Formlosigkeit im Gegensatz zu Form geht. Denn auch die Luft ist formlos. Sie ist eine Formlosigkeit, die in gewissem Sinne sowohl die Form als auch ihr Gegenteil, die gewöhnliche Formlosigkeit, übersteigt. Gleichzeitig erinnert uns die Geschichte des Buddhismus immer wieder daran, dass die Formlosigkeit des Einen

Geistes kein nihilistisches Nichtvorhandensein ist. Der chinesische Zen-Patriarch Huang Po aus dem neunten Jahrhundert beschreibt sie wie folgt:

> Dieser Geist, der ohne Anfang ist, ist ungeboren und unzerstörbar. Er ist weder grün noch gelb, und er hat weder Form noch Erscheinung. Er gehört nicht zu den Kategorien von Dingen, die existieren oder nicht existieren, noch kann er als neu oder alt betrachtet werden. Er ist weder lang noch kurz, weder groß noch klein, denn er übersteigt alle Grenzen, Maße, Namen, Zeichen und Vergleiche. … Wenn ihr Schüler des Weges nicht zu dieser Geist-Wesenheit erwacht, werdet ihr den Geist mit konzeptuellem Denken überlagern. …
> [Die Erfahrung der] Wesenheit des Absoluten ist im Inneren wie Holz oder Stein, da sie unbeweglich ist, und im Äußeren wie die Leere, da sie ohne Grenzen oder Hindernisse ist. Er ist weder subjektiv noch objektiv, hat keinen bestimmten Ort, ist formlos und kann nicht verschwinden... Dieser reine Geist [ist] die Quelle von allem.[1]

Huang Po fordert uns auf, zu diesem formlosen Geist zu erwachen und dann zu entdecken, dass er die Quelle des Universums der Formen ist:

> Alle Buddhas und Bodhisattvas, zusammen mit allen sich bewegenden, belebten Dingen haben Anteil an dieser Natur des Nirvana. Diese Natur ist der Geist. Der Geist ist der Buddha, und der Buddha ist der Dharma.[2]

Diese Unterweisung von Huang Po ist ein Beispiel dafür, dass die frühen Zen-Patriarchen nicht nur den formlosen Einen Geist betonten, sondern auch dem gesamten grenzenlosen Universum miteinander verbundener Formen als Manifestation oder Ausdruck dieses Einen Geistes ihre Aufmerksamkeit schenkten. Und das ist mit „Dharma" im obigen Zitat gemeint. Die nonduale Erfahrung des gesamten grenzenlosen Universums ist natürlich in der gesamten Zen-Tradition wichtig, aber wenn wir zu Dogen im Japan des dreizehnten Jahrhunderts kommen, finden wir eine Verlagerung in der Betonung weg vom gesamten Universum der Formen hin zu den tatsächlichen einzelnen Elementen, aus denen es besteht.

Einheit und Verschiedenheit

Erwachen in seinem konkreten Ausdruck.

DOGEN

Dogen erlebte bekanntlich die Art von Erwachen, die Huang Po als das „Abfallen von Körper und Geist" hervorhob, und er beschreibt es in einem seiner Texte als „das große Erwachen, das der Zeit vor dem ‚Aufkeimen einer jeglichen Spur'" vorausgeht. Aber was ihn wirklich interessiert, ist das, was er „Erwachen in seinem konkreten Ausdruck"[3] nennt. Ihr konkreter Ausdruck findet im Bereich der Phänomene statt, in dem wir unser Leben leben – dem begrifflichen Bereich, dem Bereich der „gekeimten Spuren".

Es gibt einen interessanten Unterschied zwischen diesen beiden Arten von Erleuchtungserfahrungen. Wir können nondual die Manifestation des Einen Geistes erfahren, der als die *gesamte* grenzenlose Wirklichkeit der miteinander verbundenen Formen verstanden wird. Tatsächlich ist der *einzige* Weg, dieses grenzenlose Ganze zu erfahren, es auf nonduale Weise zu erfahren. Der gewöhnliche Verstand kann diese Grenzenlosigkeit nicht erfassen. Es gibt nichts außer diesem und daher nichts außerhalb davon, mit dem man es vergleichen könnte. Das schließt diejenige ein, die entdeckt, dass sie das grenzenlose Ganze ist. Wir können auch all die einzelnen Elemente, die gemeinsam die grenzenlose Wirklichkeit ausmachen, jeweils in ihrer Einzigartigkeit nondual erfahren, und dies schließt die „Einzigartigkeit" ein, die jede*r von uns als Subjekt dieser Erfahrung ist. Das ist damit gemeint, „eins mit" einer bestimmten Sache oder Person zu sein.

Im Gegensatz zum Ganzen können die einzelnen Elemente, aus denen das Universum besteht, sowohl dual als auch nondual erfahren werden. Sie nondual zu erfahren bedeutet, die *Nondualität der Dualität* zu erfahren und zu leben, und das ist es, was Dogen mit „Erwachen in seinem konkreten Ausdruck" meint. Er behandelt die konkreten Phänomene sogar als den vielleicht wichtigsten Teil des Erwachens.

Als natürliche Erweiterung dieser Betonung geht Dogen in seiner Betrachtung der erleuchteten Natur über das Empfindungsvermögen hinaus. Während Huang Po – durch einen Schritt, der bereits eine Abweichung von der indischen buddhistischen Tradition darstellt – „alle sich bewegenden, belebten Dinge" zusammen mit „Buddhas und Bodhisattvas … in diese Natur des Nirvana" einschließt, geht Dogen noch weiter und erklärt, dass auch Fliesen, Kieselsteine, eine zerbrochene Holzkelle oder ein Zaunpfahl dazugehören.

Dogen geht sogar noch weiter und konstatiert, dass die einzelnen Elemente im Universum der Formen nicht an der Buddha-Natur *teilhaben* oder diese *haben*, als ob die Buddha-Natur vom Universum der Formen getrennt wäre, sondern sie tatsächlich Buddha-Natur *sind*. Keines der Phänomene, aus denen diese Welt besteht, ist davon ausgeschlossen, Buddha-Natur zu sein, nicht einmal ein Pferdemaul, der Kiefer eines Esels oder die Angst. Um die Aussagen über den Einen Geist zu kommentieren, die für die Zen-Tradition so wichtig sind, zitiert Dogen „einen gewissen Mönch", der sagt: „Weil der eine grenzenlose Geist das Höchste Fahrzeug ist, wurde gesagt, dass ‚er uns direkt auf unser menschliches Herz hinweist, sodass wir unsere wahre Natur sehen und dadurch zum Buddha werden können.'" Dogen wählt sicherlich diesen anonymen „gewissen Mönch" statt eines verehrten Patriarchen aus, weil der Mönch, anders als die Patriarchen, in seinem Verständnis dessen, was Erwachen ist, nicht weit genug geht. Entsprechend fügt Dogen kritisch hinzu:

> Soweit ich sehe, geht es bei dieser Aussage nicht um das alltägliche Wirken des Buddha-Dharma, denn sie bietet keinen tragfähigen Pfad, der uns über das Selbst hinausführt, und auch keine umfassende Beschreibung für das Verhalten im Alltag. Und was noch wichtiger ist: Warum sollte unser ehrwürdiger Mönch Shakyamuni eine Lehre aufgestellt haben, die im Alltag der Mitglieder unserer buddhistischen Familie gar keinen Platz hat? Ihr müsst erkennen, dass das, was als Buddha-Geist bezeichnet wird, ebenso ein Synonym für das Auge des Buddha ist wie für eine zerbrochene Holzkelle.[4]

Was Dogen uns hier sagt, ist, dass der Buddha-Geist oder die Buddha-Natur, die so oft mit dem grenzenlosen, leeren Ganzen der Wirklichkeit assoziiert werden, auch das Wirken im Alltag beinhaltet. Dies ist die Welt der zehntausend Dinge, mit denen wir in unserem Leben zu tun haben, was natürlich auch bedeuten kann, dass wir zerbrochene Holzkellen reparieren und damit Suppe servieren können. Interessanterweise hat die westliche Philosophie bis zum zwanzigsten Jahrhundert nicht wirklich erkannt, dass der Mensch in einer Welt voller Dinge lebt, mit denen er sich beschäftigen muss. Im zeitgenössischen Zen können wir den Einfluss von Dogens Perspektivwechsel in Sprüchen erkennen wie: „Zen ist nichts anderes als Holz hacken und Wasser holen." Natürlich war dies schon immer wahr, schon seit der Buddhismus nach China kam und Zen geboren wurde, aber es bedurfte Dogens, um dies auf vielfältige Weise zu artikulieren und zu zeigen, dass einige der tiefsten spirituellen Erfahrungen mit den zehntausend Dingen des täglichen Lebens gemacht werden können.

Und zu den einzelnen Elementen des Universums gehören natürlich auch die Menschen, aus deren Beziehungen zueinander sich die Gebote ergeben. Das bedeutet, dass ich neben der Erkenntnis, dass ich der formlose, eigenschaftslose Eine Geist und seine ganze grenzenlose Manifestation bin, in Momenten der Erkenntnis auch eine zerbrochene Holzkelle, ein Gebot und du sein kann, ebenso wie die einzigartige Person, die ich bin. Was das bedeutet, wie diese Erfahrung aussieht und was sie mit den Geboten zu tun hat, dazu werden wir im weiteren Verlauf kommen. Lassen Sie uns zunächst mit Dogens Kritik an der unausgewogenen Sichtweise des Erwachens fortfahren. In dem folgenden Auszug lässt er den „bestimmten Mönch" als Stellvertreter außen vor und wendet sich an eine wichtige Figur der Zen-Traditionen, indem er den Zen-Meister Rinzai (chinesisch: Linji Yixuan) aus dem neunten Jahrhundert, den Gründer der Rinzai-Schule, kritisiert:

> Auf dem Weg des Buddha gibt es einen Ausdruck der Absicht, der persönlich ist, und einen Ausdruck der wahren Natur, der ebenfalls persönlich ist, und es gibt einen Ausdruck von beiden, der über das Persönliche hinausgeht. Es gibt auch eine Art, sie auszudrücken, die persönlich ist, und es gibt eine Art, sie nicht auszudrücken, die über das Persönliche hinausgeht. Wenn wir den Ausdruck der Absicht, der über das Persönliche hinausgeht, noch nicht erforscht haben, dann wird dies ein Ausdruck der Absicht sein, der

> noch nicht auf fruchtbaren Boden gefallen ist. Wenn wir den Ausdruck der Absicht, die persönlich ist, noch nicht erforscht haben, wird auch dies ein Ausdruck der Absicht sein, der noch nicht auf fruchtbaren Boden gefallen ist. Wir erforschen den Ausdruck der Absicht, der über jede Person hinausgeht, wir erforschen das, was über das Persönliche hinausgeht, indem es seine Absicht ausdrückt, wir erforschen einen persönlichen Ausdruck der Absicht, und wir erforschen, dass es jemanden gibt, der seine Absicht ausdrückt.
>
> Die stärkste Form, in der Rinzai es formulierte, war lediglich „eine reale Person, die über die Rangordnung hinausgeht"; er hatte es noch nicht als „eine reale Person, die einen Rang hat" formuliert. Er hatte noch keine anderen Wege aufgezeigt, dies durch seine Praxis zu erforschen, oder irgendwelche anderen Wege, es zu formulieren. Wir müssen also sagen, dass er den Bereich des Ultimativen noch nicht erreicht hatte.[5]

Die Gebote sind „persönlich", gelebt und bewahrt von „Personen von Rang". Eine andere Art, wie Dogens Betonung der konkreten einzelnen Elemente unseres Lebens zum Vorschein kommt, ist in seiner sehr treffenden Bemerkung, die im ersten Teil erwähnt wurde: „Wenn wir Zazen sitzen, welches Gebot wird dann nicht beachtet?" Beachten Sie, dass Dogen sagt „welches Gebot" – oder auch: Welches der Gebote wird nicht beachtet? Sein Kommentar zu den Geboten bezieht sich nicht auf die Gebote im Allgemeinen, sondern auf jedes einzelne.

Eine weitere Besonderheit ist wichtig für unser Verständnis und unsere Praxis mit den Zen-Geboten. Die Umstände, für die ein bestimmtes Gebot gebraucht wird, sind ebenfalls speziell. In dieser sich ständig verändernden, dynamischen Wirklichkeit, in der wir unser Leben leben, sind die Umstände von Augenblick zu Augenblick verschieden. Davon hängt es natürlich ab, ob es zum Beispiel das Gebot „kein Stehlen“ oder „kein Lügen“ betrifft. Und obwohl das Gebot „kein Stehlen“ unter bestimmten Umständen offensichtlich das richtige Gebot ist, könnte in einer Robin-Hood-ähnlichen Situation eher das Stehlen die angemessene Handlungsweise sein.

Aber wie wir sehen werden, ist die Entscheidung für eine Handlungsweise im Licht bestimmter Umstände nicht dasselbe wie das Einssein mit diesen Umständen. Ich habe es in der Einleitung zu diesem Buch bereits erwähnt: Als man mich die dritte Art lehrte, die Gebote anzunehmen, schien man dabei ausdrücken zu wollen, dass man die Gebote nicht wirklich benötigt, wenn man vom Absoluten ausgeht. Wie Augustinus sagt: „Liebe Gott und tu, was du willst.“ Dogen hingegen ist immer in der Welt unseres Lebens, in der es um bestimmte Gebote, bestimmte Situationen, bestimmte Fehler und das Einssein mit diesen bestimmten Dingen geht.

Partner- oder Gruppenübungen

Wiederkehrende Fragen: Stellen Sie die Fragen (1) und (2) getrennt für jeweils 10 Minuten, ohne Nachfragen oder Gegenrede.

1. Nenn mir eine Art, wie du die zehntausend Dinge deines Lebens ignorierst – einen Gedanken, den Gesichtsausdruck eines Menschen, eine Suppenkelle, einen abgebrochenen Fingernagel, irgendetwas.

2. Erzähl mir von einer Gelegenheit, bei der dir einmal etwas besonders aufgefallen ist oder etwas deine Aufmerksamkeit erregt hat.

Monolog:
Jeweils 15 Minuten, ohne Nachfragen oder Gegenrede.
Erforschen Sie weiter, wie Sie sich im Leben mit Allgemeinem befassen und in welchen Momenten Sie das nicht tun.

Diskutieren Sie gemeinsam, so lange Sie möchten.

In Einheit mit Verschiedenheit

Die Art des Einsseins, mit der wir uns hier bei unserer Betrachtung der Gebote beschäftigen, ist also unser Einssein mit all den einzelnen Elementen dieses Universums. Dies war das Einssein, das Dogen so gründlich erforschte. Es ist das Einssein von Subjekt und Objekt, wobei das Subjekt jede*r von uns ist und das Objekt eines von vielen verschiedenen Dingen sein kann – ein Anblick, ein Geräusch, eine Handlung, eine Reihe von Umständen, ein Topf, eine Pfanne, ein Sohn, ein Gebot oder sogar ein Teil von uns selbst.

Wir könnten sagen, es gebe hier eine Einheit zwischen zwei Dingen, aber Zen sagt über dieses Einssein: „Nicht eins, nicht zwei". „Nicht eins" zu sein bedeutet, dass das Einssein mit dem anderen, was auch immer dieses andere ist, kein Verschmelzen, kein Auflösen oder Verschwinden im anderen ist. Es gibt immer noch eine Unterscheidung zwischen den beiden, aber diese Unterscheidung ist weder in Begriffen noch in Konzepten zu erfahren. Sie wird nicht als Trennung erlebt. Erfahrungsgemäß ist es eher eine Durchdringung zweier namenloser, grenzenloser Partikularitäten, etwas, das sich unser gewöhnlicher oder alltäglicher Verstand nicht vorstellen kann. Intimität ist ein Begriff, der im Zen häufig sowohl für diese gegenseitige Durchdringung von namenlosen, grenzenlosen Teilbereichen als auch für die Durchdringung einer bestimmten Form mit dem formlosen Absoluten verwendet wird.

Gleichzeitig sind die beiden als „nicht zwei" so zu verstehen, dass sie nicht zwei verschiedene Entitäten sind, die als geformt, umrandet, fest, getrennt und mehr oder weniger dauerhaft erlebt werden, also mit einer Lücke zwischen ihnen – eines hier und das andere dort. Sie sind nicht länger konzeptionelle, voneinander getrennte Objekte und sie sind auch kein getrenntes Subjekt und Objekt in irgendeinem konventionellen Sinne.

Im Zen-Kontext wird oft die *Verbundenheit miteinander* betont, aber wenn es um das Einssein geht, ist die gegenseitige *Durchdringung* wichtig. „Durchdringen" ist ein wichtiger Begriff im Zen und insbesondere für Dogen: „Nur wenn man den Dingen auf eine durchdringende Weise begegnet, ist man im Akt der Begegnung wirklich frei."[6] Er nennt den Zen-Pfad „den grundlegenden Pfad der Durchdringung"[7] oder in einer anderen Übersetzung „den kraftvollen Weg der Durchdringung und Befreiung"[8].

Was ich bis jetzt gesagt habe, kann ziemlich abstrakt klingen. Um ein Gefühl dafür zu bekommen, was das „Einssein mit" in Bezug auf die zehntausend Erscheinungen bedeuten könnte und wie es sich sowohl auf das Subjekt als auch auf das Objekt auswirkt, habe ich mit meinen Student*innen im Grundstudium ein Beispiel aus ihrer alltäglichen Erfahrung verwendet – nämlich zwei Möglichkeiten, in der Bibliothek seine Hausaufgaben zu machen. Im ersten Fall befinde ich mich dort in einem kleinen Arbeitsraum, die Tür ist geschlossen, ich bin abgelenkt und *komme nicht* an das Buch *heran*. Achten Sie hier auf unsere Sprache. Wenn ich nicht an das Buch *herankomme*, werden das Buch und ich als voneinander abgegrenzte Formen erlebt, die wir höchstwahrscheinlich als fest, in gewisser Weise als dauerhaft und definitiv als getrennt betrachten. Und das gilt natürlich auch für den Schreibtisch, die Kaffeetasse, die Wände, das, was sich auf der anderen Seite der Wände befindet, und so weiter. All diese Dinge sind getrennt, genauso das Innen und das Außen des Raumes. Es gibt also eine Trennung von allem anderen, einschließlich von demjenigen, der nicht an das Buch gelangen kann. Es schließt sogar die Zeit ein, die unter solchen Umständen als zäh fließend und interessanterweise getrennt von mir und den anwesenden Objekten erlebt wird, als ob die Zeit ein Hintergrund, ein Behälter oder etwas Vorbeifließendes wäre.

Im zweiten Fall bin ich *völlig* in das Buch *vertieft*. Wir sagen auch: Ich war *völlig* in etwas *versunken*. Achten Sie auch hier auf unsere Sprache. In diesem Fall bin ich „eins mit" dem Buch. Wenn ich darin versunken bin, verändert sich meine Erfahrung völlig. Wenn ich daran zurückdenke, erkenne ich, dass ich nicht mehr von dem Buch getrennt war, dass es keine Distanz mehr zwischen mir und dem Buch gab. Doch es war auch nicht so, dass das Buch und ich miteinander verschmolzen wären oder dass ich und das Buch sich aufgelöst hätten, sodass wir verschwunden wären. Vielmehr wurden wir zu formlosen Formen, was für den gewöhnlichen Verstand wie ein Widerspruch erscheint. In solchen Fällen gibt es weder für mich noch für das Buch eine Form oder eine Grenze, aber da wir unsere Einzigartigkeit nicht verlieren, durchdringen wir uns gegenseitig, anstatt zu verschmelzen und zu verschwinden. Wir sind weiter dabei, *ein Buch* zu lesen, obwohl Leser*in und Buch nicht mehr getrennt sind, also auch nicht mehr auf der Basis von Konzepten beschreibbar sind. Dies ist die Art von Erfahrung, die Dogen „die vollständige Erfahrung einer einzelnen Sache" nennt – was, wie er hinzufügt, „einer Sache nicht ihrer Einzigartigkeit beraubt"[9].

Wenn ich an meine Erfahrung mit dem Raum in diesem zweiten Fall zurückdenke, stelle ich fest, dass es auch hier keine Grenze oder Begrenzung gab, sodass es keine „andere Seite" der Wände gab. Ich hatte auch kein Gefühl für mich selbst mit einer Innen- und einer Außenseite.

Die Zeit selbst verändert sich völlig. Es ist, als ob überhaupt keine Zeit vergangen wäre, fast so, als ob es sie nicht gäbe. Wer bin ich in dieser Erfahrung? Auf jeden Fall kein beschreibbares Ich-Objekt, das sich seiner selbst bewusst wäre. Was halte ich in meinen Händen? Wiederum nichts, was als abgegrenzt und beschreibbar erfahrbar wäre. Das Buch und ich sind immer noch diese „einzelnen Elemente", aber wir können nicht beschrieben werden, weil wir jetzt als absolut einzigartig erlebt werden.

Im Zen gibt es mehrere Möglichkeiten, darüber zu sprechen. Wir könnten es „im Jetzt sein" oder Wirken im „nicht-begrifflichen" Bereich nennen. Was dies zu einer nicht-begrifflichen Erfahrung macht – ob es sich nun um mich selbst, ein Objekt, eine andere Person, einen Gedanken oder sogar ein Gebot handelt – ist, dass es nicht als „dies, nicht das" erfahren wird. Hier gibt es kein Vergleichen oder Gegenüberstellen. Folglich hat es keinen Namen oder eine Beschreibung und kann nicht in dem Sinne erkannt werden, wie wir ein Erkennen normalerweise verstehen. Nichtsdestotrotz „weiß" ich auf eine nonduale Weise, die sich von unseren üblichen Arten des Wissens unterscheidet, was es ist. Allerdings ist alles, was man sagen kann, wenn man sich seiner Erfahrung zu dem Zeitpunkt bewusst ist, an dem sie stattfindet, dass sie *einfach das ist*. Um in diesem Zustand oder in dieser Art des Wissens einen weiteren Schluck Kaffee zu trinken, greife ich nach der Tasse und versuche nicht, den Kaffee aus dem Stift oder dem Buch zu trinken. In diesem nondualen Wissen – oder in *Prajna*, wie es im Zen genannt wird – „weiß" ich, was was ist, auch wenn das beschreibbare, benennbare *Was* der Gegenstände im Raum nicht mehr vorhanden ist. Darüber hinaus ist das Wissen nicht „meins". Sowohl das im gewöhnlichen Sinne bekannte Objekt als auch das Subjekt, für das ich mich normalerweise halte, sind verschwunden. Wir sind zu formlosen Formen geworden, nicht mehr fest, getrennt und dauerhaft. Ich erlebe hier, was Zen die „Soheit" des Bechers und auch meiner selbst nennt – auch wenn ich mir dessen nicht bewusst bin. Soheit ist kein Ding oder eine Eigenschaft eines Dings, sondern vielmehr die Art und Weise, wie sich das Nicht-Begriffliche uns präsentiert, und es wird oft mit „so wie es ist" oder mit „einfach so" übersetzt.

Auch wenn wir Menschen notwendigerweise weitgehend im begrifflichen Bereich leben, haben wir solche Erfahrungen, auch wenn wir sie normalerweise nicht „erkannt" haben, d. h. wir uns ihrer nicht bewusst sind, während sie auftreten. Meine Beschreibung einer bestimmten Art von Erfahrung des Einsseins ist natürlich eine begriffliche Reflexion über eine präreflexive, nicht-begriffliche Erfahrung. Auch wenn diese Art der Rückbesinnung auf das Präreflexive begrifflich ist und die tatsächliche Erfahrung nicht reproduzieren kann, so kann sie uns doch zeigen, dass sich die Wirklichkeit auf andere als die üblichen dualistischen Weisen darstellen kann und dass wir in gewisser Weise etwas auf nicht konzeptuelle, nonduale Weise wissen können. Unser Erkennen, während es geschieht, ist jedoch eine Gnade, die uns – wie manche hinzufügen würden – nach langer Praxis zuteilwird. Wir können Erfahrungen des Erwachens im Bereich des Nicht-Konzeptuellen nicht konzeptuell herbeiführen. Jedes Mal, wenn wir uns mit der Absicht oder der Hoffnung auf eine bestimmte Erfahrung hinsetzen, sitzen wir mit einem „um zu", was im Zen eine „Vorstellung von Gewinn" genannt wird. Wir befinden uns dann im trennenden Bereich des Konzeptuellen.

Ein Medizinmann der Cree-Indianer, den ich einmal kennenlernte, erzählte die folgende Geschichte: Er und seine Gefährten fragten einmal den Ältesten, der ihr Lehrer war, was sie tun müssten, um zu erwachen. „Ich kann euch nicht sagen, wo ihr einen Büffel finden könnt, aber ich *kann* euch sagen, dass er nicht dort drüben ist", sagte der Älteste und zeigte auf etwas Offensichtliches, vielleicht die nahe gelegene Tankstelle. In Analogie dazu könnten wir sagen, dass man uns nicht sagen kann, wo oder wie wir das Einssein oder die Soheit finden, aber man kann uns sagen: „Es ist nicht dort drüben" – nämlich im Bereich des Konzeptuellen.

Wiederkehrende Fragen: Stellen Sie die Fragen (1) und (2) getrennt für jeweils 10 Minuten, ohne Nachfragen oder Gegenrede.

1. Erzähl mir, wie du das Einssein mit etwas erfahren hast.
2. Frage (a), warte auf die Antwort, frage dann (b), dann wieder (a) und so weiter.
   a. Erzähl mir, wie du Trennung erfährst.
   b. Wie ist das?

Monolog:
Jeweils 15 Minuten, ohne Nachfragen oder Gegenrede.
Erforschen Sie weiterhin Ihre Erfahrung von Trennung und Einssein, auch wenn es in der Rückschau ist. Betrachten Sie die Unterschiede zwischen Handlungen, die automatisch oder gewohnheitsmäßig ablaufen, und solchen, die wirklich mit Achtsamkeit ausgeführt werden. Überlegen Sie auch, ob Sie Achtsamkeit bei solchen Handlungen üben können, die normalerweise automatisch oder gewohnheitsmäßig ablaufen, wie zum Beispiel Zähneputzen. Wie wäre das?

Diskutieren Sie gemeinsam, so lange Sie möchten.

12

Soheit, Einzigartigkeit und das Nicht-Konzeptuelle

Die „vollständige Erfahrung einer einzelnen Sache" beraubt eine Sache nicht ihrer einzigartigen Besonderheit. Sie stellt eine Sache weder gegen andere Sachen noch gegen keine.

DOGEN

„Nicht sprechen" bedeutet nicht, nichts auszudrücken; denn die Wahrheit ausdrücken zu können ist nicht dasselbe, wie sprechen zu können.

DOGEN

Was haben Soheit, Einzigartigkeit und das Nicht-Konzeptuelle miteinander zu tun? Nun, zunächst einmal sind sie alle Aspekte des Einsseins oder der nondualen Erfahrung, auch „unmittelbare" oder „direkte" Erfahrung genannt. Am besten lässt sich ihre Verbindung zueinander verstehen durch das wichtige buddhistische Konzept und die Erfahrung der Leerheit.

Zu sagen, dass etwas leer ist, bedeutet, dass es keine „Eigennatur" oder „inhärente Existenz" hat. Dies gilt sowohl für jedes einzelne Ding als auch für die gesamte Wirklichkeit und kann durch Erfahrung in seiner Tiefe erkannt werden, allerdings nicht mit dem alltäglichen Geist. Eine Möglichkeit, dies zu verstehen, ist, dass nichts für sich allein genommen das ist, *was* es ist. Es kann nur das sein, was es ist, wenn es mit allem anderen, vor allem mit dem, was in der Nähe ist, verglichen wird und durch die Verbindungen damit kontrastiert wird. In unserem konzeptuellen Alltagsleben geschieht dieses Vergleichen und Kontrastieren automatisch und so schnell, dass wir uns dessen nicht bewusst sind. Wenn wir wissen, *was* ein Ding ist, wissen wir, dass es ein Dies und nicht ein Das ist. Und das bedeutet, dass es Grenzen, Kanten und Trennungslinien hat. Diese Grenzen sind es, die es ermöglichen, ein Dies und nicht ein Das zu sein und ein Konzept oder einen Namen mit Bedeutung zu haben.

Nehmen Sie das folgende Beispiel: Eine Untertasse ist keine Untertasse, außer durch ihre Verbindungen zum Teller, zur Tasse, zur Flüssigkeit, Getränk und so weiter. Auf dem Mars könnte es Objekte geben, die unseren Untertassen perfekt ähneln, kleine Scheiben mit kreisförmigen Vertiefungen, in denen eine Tasse sitzen könnte. Aber es stellt sich heraus, dass es auf dem Mars keine Tassen, keine Flüssigkeit, kein Trinken und schon gar kein Pinkeln gibt. Es könnte sogar sein, dass das Wort, das die Marsianer für diese kleinen Scheiben haben, wie eine gutturale Version unseres Wortes „Untertasse" klingt. Aber ohne all die Verbindungen, die der Untertasse ihre Bedeutung verleihen, wäre die marsianische Version, trotz ihrer großen Ähnlichkeit, überhaupt nicht mit unseren Untertassen vergleichbar. Außerdem würde ihr Wort, das wie „Untertasse" klingt, nicht dasselbe bedeuten wie unser Wort. Man kann auch sagen, dass die Konzepte völlig unterschiedlich sind. Vielleicht ist die marsianische Untertasse ein natürliches Ergebnis von Staubstürmen, sodass sie auf dem Mars nicht mit Begriffen wie Tasse und Tee, sondern eher mit Wind und Staub verbunden ist. Wer weiß, vielleicht gibt es auf dem Mars gar keine Konzepte von Wind und Staub, obwohl es dort viel von dem gibt, was wir Erdlinge als „Staubstürme" bezeichnen würden. Aufgrund ihrer Verbindungen zu verschiedenen Dingen sind diese identisch aussehenden Objekte keineswegs dasselbe. Darüber hinaus werden die Objekte ohne ihre jeweiligen Verbindungen als leer erlebt und verstanden. Wir erleben die Abwesenheit von begrifflichen Verbindungen in dem, was Dogen „die vollständige Erfahrung einer einzelnen Sache“ nennt. Das bedeutet, etwas zu 100 Prozent zu erfahren. Ein Beispiel dafür könnte sein, dass ich völlig in das Buch vertieft bin, während ich meine Hausaufgaben mache. Ich erlebe das Buch nicht mehr als ein Buch im Gegensatz zu einer Broschüre oder einem Notizbuch.

Um nachzuvollziehen, was Soheit ist – zumindest verstandesmäßig –, ist es wichtig, zwei Dinge über Leerheit zu verstehen. Erstens: Zu sagen, dass etwas leer ist, bedeutet nicht, dass es wie ein leeres Gefäß ist. In der Zen-Tradition ist einer der wichtigsten Aspekte von etwas, das leer ist, dass es im Gegensatz zu einem leeren Gefäß keine Seiten, keinen Boden und keinen Deckel hat.

Deshalb kann es, wie wir gesehen haben, in der Erfahrung der Leerheit einer bestimmten Sache oder sogar der gesamten Wirklichkeit keinen Vergleich oder Gegensatz geben, kein „dies, nicht das“ und somit auch keinen Namen oder Begriff. Der zweite wichtige Aspekt der Leerheit ist überraschend. Auch wenn die Erfahrung, dass etwas leer ist, nicht begrifflich ist, verschwindet es dennoch nicht und hört nicht auf zu existieren. Wir können immer noch die Frage stellen oder dazu aufgefordert werden, die Frage zu beantworten „*Was* ist leer?“. „Einfach dies“ kann die einzige Antwort sein. Das ist die Soheit dessen, was es ist. Gesten und Handlungen tauchen in vielen Zen-Begegnungen zwischen Meister*innen und Schüler*innen auf, und sie können auch eine Antwort sein. Dogen erinnert uns daran: „Die Wahrheit ausdrücken zu können ist nicht dasselbe wie sprechen zu können.“[1]

Leerheit und Soheit sind die Antworten auf zwei verschiedene Fragen über dieselbe Sache. Unser Alltagsverstand kann sich das nicht erklären. Wie kann etwas nicht ein „Was“ sein, im Zen „Nichts“ genannt, und gleichzeitig „einfach das“ sein?

Das Wissen hier ist Prajna, ein Wissen durch Sein. Hier sagt uns Dogen: „‚Die vollständige Erfahrung einer einzelnen Sache' beraubt eine Sache nicht ihrer einzigartigen Besonderheit. Es stellt eine Sache weder gegen andere Sachen noch gegen keine."[2] An anderer Stelle sagt Dogen: „Du solltest wissen, dass, obwohl alle Dinge befreit und an nichts gebunden sind, sie in ihrem einzigartigen Ausdruck verweilen."[3]

Nicht „gegen andere gestellt" oder „an etwas gebunden" zu sein bedeutet, dass das, was immer es ist, mit nichts verbunden ist; es ist weder ein Dies noch ein Das. Daraus könnte man ein Koan machen: Wie kann etwas ein einzigartiges Ding, eine Begebenheit, eine Form sein und dennoch keine Grenzen haben?

Nachdem wir die Verbindung zwischen Leerheit und Soheit erkannt haben, können wir nun den Begriff „einzigartig" betrachten. Die Erfahrung von Soheit bedeutet, etwas in seiner absoluten Besonderheit zu erleben. Das ist nicht dasselbe, wie eine bestimmte Sache als eine besondere Version von etwas zu erleben – wie etwa unsere Untertasse. Jede Untertasse ist ein ganz bestimmtes Objekt, das zur Kategorie *Untertasse* gehört, die viele verschiedene Sorten von Untertassen sowie viele Exemplare der gleichen Machart umfasst. Wenn wir andererseits eine bestimmte Untertasse in ihrer *Einzigartigkeit* – nämlich in ihrer *absoluten* Besonderheit – erfahren würden, dann würden wir ihre Soheit erfahren. Das wiederum ist es, was Dogen mit „der vollständigen Erfahrung einer einzelnen Sache" meint. Wenn *Einzigartigkeit* in ihrer ursprünglichen Bedeutung, nämlich als das Einzige, verwendet wird, hat sie keine Eigenschaften; es gibt nicht so etwas wie „einzigartig in dieser oder jener Hinsicht". Es kann nichts darüber gesagt werden, was einzigartig oder absolut besonders ist.

Eine Möglichkeit, Soheit zu beschreiben, besteht darin zu sagen, dass alles „einfach so ist, wie es ist". Es wird nichts hinzugefügt – keine Erzählungen, Geschichte, Ursachen, Analysen, Vergleiche, Verbindungen, Kategorien, Konzepte, Vorlieben oder Abneigungen. Wie wir gesehen haben, sagt Dogen von allen Dingen, die in ihrer Soheit erfahren werden, dass sie „nicht gegen" etwas gestellt werden, so wie eine *Untertasse* nur dann *Untertasse* ist, wenn sie gegen eine *Tasse* und vieles andere gestellt wird. Eine andere Art und Weise, wie er dies ausdrückt, ist zu sagen, dass alles, was in seiner Soheit erfahren wird, „eine Form jenseits von gegenseitiger Opposition und Abhängigkeit"[4] ist. Um etwas zu konzeptualisieren, müssen wir es natürlich in der Zeit einordnen, in unser umfangreiches Wissen und die Vorstellung von Verbindungen, die in der Vergangenheit hergestellt wurden oder in der Zukunft geschaffen werden könnten. Aber in der Erfahrung der Soheit von etwas werden „Vergangenheit und Zukunft fallen gelassen".[5] Die Soheit oder Leerheit von etwas zu erfahren bedeutet, die Befreiung dieser Sache oder dieser Person von den trennenden Grenzen der Konzepte zu erfahren – davon, dass es dies ist und nicht jenes; oder dass es ein besonderes Exemplar einer allgemeinen Kategorie ist. Dogens Wort dafür ist „unbefleckt". Die Erfahrung der „Unbeflecktheit" erlaubt es Subjekt und Objekt, ob Personen oder Dinge, frei zu sein, sich gegenseitig zu *durchdringen* oder *eins miteinander zu sein*, ohne jedoch das zu verlieren, was Dogen, wie wir gesehen haben, ihre „einzigartige Besonderheit" nennt. Aber es ist nicht so, dass ich hier bin und keine Grenzen in einem objektiven Etwas oder Jemand dort, getrennt von mir, in diesen Momenten erlebe oder „sehe". Es ist vielmehr so, dass ich dieses andere *bin*, was oder wer auch immer es ist. Was auch immer es ist, es ist kein *Objekt* meiner Wahrnehmung oder meines Wissens. Es ist zu einem Nichts geworden. Auch ich als Subjekt, das dieses andere durchdringt, bin zu einem Nichts geworden. Hier ein Beispiel dafür:

> Dongshan wurde einmal von einem Mönch gefragt: „Wenn Kälte oder Hitze kommt, wie können wir sie vermeiden?"

> Dongshan sagte: „Warum gehst du nicht an den Ort, wo es weder Kälte noch Hitze gibt?"
>
> Der Mönch fragte: „Welches ist der Ort, an dem es weder Kälte noch Hitze gibt?"
>
> Dongshan sagte: „Wenn es kalt ist, lass die Kälte dich töten. Wenn es heiß ist, lass dich von der Hitze töten."[6]

Bei dieser Durchdringung wird nicht nur die Kälte „getötet", sondern auch das Subjekt, die Person, der kalt ist.

Ein sicherer Weg, etwas zu einem Objekt und damit zu einem Begriff zu machen, besteht darin, es gegenüber etwas anderem zu bevorzugen oder nicht zu bevorzugen. Das „Vertrauen in den Geist" (chinesisch „Xinxin Ming"), das große Gedicht des dritten Patriarchen Jianzhi Sengcan aus dem China des sechsten Jahrhunderts, beginnt bekanntlich mit der Zeile: „Der höchste Weg ist nicht schwer für diejenigen, die keine Vorlieben haben." Weiter heißt es: „Wenn du festhältst und ablehnst, gibt es keine Soheit."[7] Um diese Befreiung von konzeptuellen Grenzen geht es bei dem wichtigen Zen-Begriff „kein Widerstand" oder „kein Hindernis". Wenn es keine konzeptuellen Grenzen gibt, gibt es kein Hindernis, das die Durchdringung oder das Einssein verhindert. Ohne Hindernis oder Widerstand sind sowohl das Subjekt als auch das Objekt in ihrer absoluten Eigenheit völlig frei. Diejenigen von uns, die das *Herz-Sutra* rezitieren, kennen die Zeile „kein Hindernis, also auch keine Angst". Wie Dogen es in dem Kapitel „Bendowa" (Gespräch über die Praxis des Zazen) ausdrückt: „Wenn wir die Barriere durchbrechen und alle Begrenzungen fallen lassen, sind wir nicht mehr von begrifflichen Unterscheidungen betroffen."[8]

Im Falle der Gebote, wenn ich Stehlen und Nicht-Stehlen als Gegensätze ansehe – oder anders ausgedrückt: Wenn ich *für* das Nicht-Stehlen und *gegen* das Stehlen bin –, schaffe ich konzeptuelle Grenzen um das Gebot herum. Ich mache sie zu Gegensätzen, die sich daher gegenseitig behindern oder verhindern. Können wir zulassen, dass das Nicht-Stehlen und vor allem das Stehlen so *sie selbst* sein können, dass sowohl sie als auch ich getötet werden? Wenn wir dazu in der Lage sind, werden wir dahin gelangen, was ich „kein Stehlen" nenne.

13

Eine Verteidigung von Konzepten und Sprache

Nicht begrenzt
Durch Sprache,
Wird es unaufhörlich ausgedrückt;
So können es auch Buchstaben
Anzeigen, aber nicht ausschöpfen.

DOGEN

Bevor wir unsere Erforschung der Nichtdualität und der Gebote fortsetzen, indem wir uns mit der Thematik der Erfahrung befassen, müssen wir einige wichtige Punkte über Sprache und das Nicht-Konzeptuelle ansprechen. Erstens werden Tiere manchmal als Beispiel dafür herangezogen, was es im spirituellen Sinne bedeuten würde, etwas in seiner nichtkonzeptuellen „Form", im absoluten Jetzt oder in seiner Soheit zu erfahren. Aber Tiere existieren in einer präkonzeptuellen Welt, die man besser als „akonzeptuell" bezeichnen sollte, während die spirituelle Erfahrung des Nicht-Konzeptuellen *post*konzeptuell ist. Vielleicht ist ein Weg, dies deutlicher auszudrücken, zu sagen, dass die erwachsene menschliche Erfahrung des Nicht-Konzeptuellen die Erfahrung eines Subjekts ist, das in einer hochgradig konzeptuellen Welt lebt. Es ist die Erfahrung von etwas Konzeptuellem als nicht konzeptuell – ohne Namen, ohne Abhängigkeit und Gegensatz. Dies ist die

Nondualität der Dualität. Obwohl das Konzeptuelle im Zen einen eher schlechten Ruf hat, ist alles, was wir Menschen tun und denken oder in unserer Alltagswelt ausdrücken, konzeptuell. Da liegt unsere Besonderheit, da ist unsere Größe. Das ist es, was Kultur, Geschichte und Kunst möglich macht, ebenso wie Konversation, Frühstück, Improvisation, Fahrradfahren, Autofahren, das Üben mit Koans und sogar die Vorstellung vom „Erwachen".

Damit verbunden ist die in buddhistischen Kreisen verbreitete Vorstellung, dass die Sprache nicht nur von der Wirklichkeit getrennt ist, sondern diese auch irgendwie verzerrt oder als Schleier zwischen uns und der Wirklichkeit wirkt. Ein Problem bei dieser Betrachtungsweise ist, dass „Wirklichkeit" selbst ein Wort ist. Diese Sichtweise der Sprache geht auch mit der Annahme einher, dass es eine Trennung zwischen dem oder der Wissenden, Denkenden oder Sprechenden einerseits und der „Wirklichkeit" andererseits gibt. In dieser Sichtweise wird die Sprache (und das Denken) als stellvertretend oder rein beschreibend und damit getrennt von dem, worüber sie „handelt", betrachtet.

Die Ironie dieses Denkfehlers, dass Zen in irgendeiner Weise gegen die Sprache gerichtet sei, liegt darin, dass die Tradition voll von Sprache ist! Ihre Sprache ist jedoch nicht in erster Linie repräsentativ, sondern vielmehr expressiv und performativ. Ein Beispiel dafür, was Philosoph*innen mit „performativ" meinen, ist ein Versprechen. Wenn ich sage: „Ich habe ihr gestern versprochen, dass ...", dann verwende ich das Wort „Versprechen" in einer deskriptiven Weise. Es ist dann von dem getrennt, was es beschreibt – nämlich mein Versprechen von gestern.

Wenn ich aber sage: „Ich verspreche ...", es also in der ersten Person Präsens formuliere, gibt es keine Trennung: Das Versprechen sind die Worte, die Worte sind das Versprechen. Ein Beispiel dafür in der Zen-Tradition ist die Bedeutung des

Gelübdes, das unter anderem am Ende der Jukai-Zeremonie aufscheint. Nicht nur Gelübde und Versprechen, sondern die gesamte Sprache – wenn sie von einem nondualen Ort aus gehört, gesprochen, gelesen oder geschrieben wird – ist performativ. Die Sprache so zu behandeln, als wäre sie nur ein Finger, der auf den Mond zeigt, und nicht der Mond selbst, macht sie zu einem Mittel zum Zweck und nicht zu einem Selbstzweck. Für Dogen wäre das so, als würde man Zazen als Mittel zu einem Zweck außerhalb seiner selbst behandeln.

Sie haben vielleicht bemerkt, dass ich oben angedeutet habe, dass Hören oder Zuhören eine nonduale Erfahrung sein kann. Die Zen-Tradition ist voll von sogenannten „Kehrworten", von Worten, die das Erwachen zur Wahrheit der Wirklichkeit auslösen. Von einem Zen-Schüler oder einer Zen-Schülerin wird erwartet, dass er/sie den Worten des Meisters oder der Meisterin in einem Vortrag nondual zuhört oder ein Sutra nondual liest. Das bedeutet, *nur* zuhören oder *nur* lesen – und zwar ohne die Assoziationen, die wir automatisch herstellen, wenn wir etwas verstehen wollen. Wie im vierten Gebot – kein Lügen – bereits erwähnt, heißt es im Neuen Testament „diejenigen, die Ohren haben zu hören" und bei Dogen: „Wenn du nicht bereit bist zu hören, können auch die lautesten Stimmen deine Ohren nicht erreichen. Wenn du bereit bist zu hören, können sogar die leisen Stimmen deine Ohren erreichen."[1] Das ist natürlich der Kern der Zen-Geschichte, die ich in der Einleitung zum ersten Teil erwähnt habe. Ein Mönch, der den Abt jeden Tag dasselbe sagen hört, ruft plötzlich unter Tränen: „Warum habe ich das nicht schon früher gehört?" Diese Art des Hörens ist ein Rätsel für unseren Alltagsverstand. Zu Beginn meiner Zen-Praxis kamen mir gelegentlich die Tränen, wenn ich das Wort „Absolute" hörte, lange bevor ich es überhaupt erfahren hatte. Und dann gibt es noch die Zen-Weisheit „Alles predigt den Dharma". Indem wir wahrhaftig die Nondualität der Dualität durch unser Zuhören, Lesen und Wahrnehmen in allen

Erfahrungsbereichen verstehen, erfahren und leben, erkennen wir allmählich, dass dies bedeutet, die Nicht-Konzeptualität des Konzeptuellen erfahren und leben zu können. Ein weiteres Mysterium, das am besten ein Mysterium bleibt.

Dogen hat eine ganze Menge über Sprache zu sagen – viel mehr als wir in diesem Buch über die Gebote behandeln können. Es genügt zu sagen, dass er diejenigen scharf kritisiert, die Sprache, Vernunft und Unterscheidung als etwas betrachten, das außerhalb des Weges steht. Hier ist seine Kritik an einer „Gruppe närrischer Menschen", die fälschlicherweise denken, dass „nur unverständliche Äußerungen Reden der Vorfahren Buddhas sind":

> Wie bedauernswert sind diejenigen, die nicht wissen, dass diskriminierendes Denken aus Worten und Sätzen *besteht* und dass Worte und Sätzen das diskriminierende Denken *befreien*![2]

Schließlich unterscheiden wir zwischen Erwachen und Täuschung, zwischen Stehlen und Nicht-Stehlen und vielen anderen scheinbaren Gegensätzen. Die Frage ist, ob wir dies tun können ohne das Unterscheidungsvermögen unseres Alltagsverstandes, sondern mit unterscheidender Weisheit, sodass sie nicht mehr länger als Gegensätze erkannt werden.

14

Die Erfahrung von Soheit

Wenn ihr Unmittelbarkeit habt,
ist Unmittelbarkeit ein „Wegfallen"
ohne Hindernisse.

DOGEN

Viel ist über das Wesen mystischer Erfahrung geschrieben worden und darüber, ob Zen eine Form der Mystik ist oder nicht. In seiner westlichen Geschichte hatte das Wort „mystisch" zunächst eine viel engere Bedeutung als heute. Heutzutage wird es für viele verschiedene Arten von Erfahrungen verwendet, einschließlich solcher, die drogeninduziert sind, aber das ist hier nicht der Ort, um darauf einzugehen. Für unsere Zwecke – wozu auch das Verständnis des Einsseins in Bezug auf die Gebote gehört und warum Hee-Jin Kim Dogen einen „mystischen Realisten" nennt – reicht es aus, jene nondualen, nicht konzeptuellen Einblicke in eine Wirklichkeit, die mit unserem Alltagsverstand nicht zu erfassen ist, als „mystische" Erfahrungen zu bezeichnen. Sie erinnern sich vielleicht aus dem Unterkapitel „Die drei Ebenen der Gebote" (S. 30), dass ich Cynthia Bourgeault einmal gefragt habe, warum in den Evangelien keine sogenannten mystischen Erfahrungen erwähnt werden, mit Ausnahme der Verklärung Christi, und sie antwortete: „Der Mystiker ‚sieht', aber das ist etwas anderes als ‚da heraus zu leben'." Im Zen würde man hier sagen, dass jemand die Wahrheit der Wirklichkeit lebt. Aber statt einer allgemeinen Begebenheit, die im Zen gemeinhin „Verwirklichung“ genannt wird, bringt Dogen uns in direkten Kontakt mit Messern, Gabeln, Freund*innen und Geboten. Kim nennt Dogen „einen mystischen Realisten“, weil er das Mystische – nämlich das Nonduale – und das gewöhnliche, alltägliche Konzeptuelle – nämlich das Duale - zu einem neuen „da heraus leben“ zusammenbringt. Lassen Sie uns also betrachten, was „Sehen“ und „da heraus leben“ für Zen bedeuten.

Das „Sehen“, dem im Zen so viel Bedeutung beigemessen wird, ist die nonduale Erfahrung der Leerheit der gesamten Wirklichkeit oder des Absoluten, das die Person einschließt, die die Erfahrung macht. Bei diesem Einblick ist das, was erfahren wird, gänzlich nicht konzeptuell. Dies ist so, weil es ein Blick außerhalb der Zeit ist und weil es alles einschließt. Es gibt keine „Außenseite“, was bedeutet, dass es nichts gibt, womit man es verbinden oder vergleichen könnte, kein „dies, nicht das“ und niemanden, der den Vergleich anstellen könnte. Es gibt absolut keine Möglichkeit, es oder diejenige, die sich als es erlebt, zu beschreiben. Infolgedessen gibt es kein Sich-seiner-selbst-bewusst-Sein mehr, d. h. kein konzeptualisiertes Objekt-Selbst in Form von Körper oder Geist. Der Körper-Geist ist „abgefallen“, um Dogens Ausdruck dafür zu verwenden. In einem seiner Gedichte heißt es:

> Wenn ihr Unmittelbarkeit [Einheit, Nondualität]
> ohne Verunreinigungen [Konzepte] habt,
> ist Unmittelbarkeit das „Wegfallen“ ohne Hindernisse
> [Grenzen, Begrenzungen].[1]

Alles Konzeptionelle ist weggefallen.

Wie „Die Identität von Relativem und Absolutem“, ein chinesisches Zen-Gedicht von Shitou Xiqian (japanisch: Sekito Kisen; Anm. d. Verl.) aus dem achten Jahrhundert, das in der

Soto-Schule täglich rezitiert wird, uns sagt: „Dem Absoluten zu begegnen bedeutet noch nicht Erwachen.“[2] Was auch für das Erwachen erforderlich ist, ist die Rückkehr oder Wiedergeburt des Relativen – der Welt, wie wir sie kennen, des Lebens, des Selbst. Dies wird manchmal als ein Wechsel der Perspektive auf das Selbst und die gesamte Wirklichkeit beschrieben, die nun beide, zumindest kurzzeitig, transformiert sind. Dies schließt unter anderem ein Ende des Gefühls der Trennung mit ein. Im Zen wird traditionell davon ausgegangen, dass diese Art von Erfahrung nicht, wie man vielleicht erwarten könnte, den Endpunkt der Praxis darstellt, sondern vielmehr der Punkt ist, an dem sie beginnt. Dies ist die schrittweise, nie endende Praxis der Verwirklichung, die wie in „Die drei Ebenen der Gebote“ erwähnt, von Meister Hakuin beschrieben wird. Meiner Ansicht nach vertieft Dogen unser Verständnis dieses Prozesses erheblich.

Alles, was im Zen über die Erfahrung der Ganzheit der Wirklichkeit gesagt wird, kann auch über die Erfahrung jedes einzelnen Teils gesagt werden, aus dem sie besteht. Dogen hilft uns zu sehen, dass nach dem, was Zen „den Großen Tod“ nennt, die Wiedergeburt der Welt uns wieder eintauchen lässt in die irdische Welt der Phänomene – Dogens Welt, unsere Welt –, wo keines der einzelnen Elemente von der Buddha-Natur ausgeschlossen ist, nicht einmal ein Eselskiefer, Angst oder eine zerbrochene Holzkelle.

Trotz der Ähnlichkeit, dass sowohl die Ganzheit der Wirklichkeit als auch ein bestimmter Teil dieses Ganzen nondual – und damit nicht konzeptuell – erfahren werden kann, gibt es einen wichtigen Unterschied. Der außerzeitliche Einblick in die Ganzheit der Wirklichkeit kann niemals konzeptualisiert werden, während jedes Phänomen in diesem Ganzen nicht nur konzeptuell erfasst werden kann, sondern auch so erfasst wird. Wie wir gesehen haben, ist jedes Element „ein Dies, nicht ein Das“, und es ist das, was es ist, weil es mit anderen Dingen verbunden ist. Dazu gehören Gedanken, Farben, Gefühle, kleine und große Gegenstände, Menschen, Atemzüge, Geschmäcker – alles. Jedes „dies, nicht das" hat einen Namen und ist eine Form. „Form" bedeutet nicht, dass etwas fest, getrennt und dauerhaft ist. Es weist einfach auf das Vorhandensein von Grenzen hin und damit auf begrifflich fassbare Gegenstände der Wahrnehmung. Ideen sind Formen. Das Gleiche gilt für Gase, Gebote und Empfindungen sowie für materielle Objekte und andere Menschen.

Dogen beschreibt die Erfahrung einer Form als absolut formlos, absolut nicht konzeptuell, als eine Erfahrung des plötzlichen „Herausspringens" der Form aus ihrem konzeptuellen Hintergrund. Das bedeutet, dass sie aus der Zeit herausspringt und sogar aus sich selbst herausspringt – nämlich aus ihrem konzeptuellen „Was es ist". Dieses Herausspringen wird auch als ein „Freispringen aus dem Vielen und dem Einen"[3] beschrieben, d. h. aus der Dualität von relativ und absolut. Ein solches Freispringen ermöglicht uns die Erfahrung, dass Himmel und Erde „auf ewig in jedem Augenblick nebeneinander bestehen".[4] Dies ist die Identität von Relativem und Absolutem, die Nondualität der Dualität.

Die Metapher des „Herausspringens" ist einem Fisch entlehnt, der aus dem Wasser springt, um stromaufwärts zum Laichen zu gelangen. Wie der Fisch, der bei seinem erstaunlichen Sprung keinen festen Untergrund hat, von dem er sich abstoßen könnte, so gibt es auch beim Herausspringen aus etwas in seiner Soheit oder Nicht-Konzeptualität nichts, von dem man sich „abstoßen" könnte. Das Konzeptuelle und das Nicht-Konzeptuelle gehören verschiedenen Kategorien an; sie sind diskontinuierlich. Das eine kann nicht zu dem anderen führen. Es gibt eine unüberbrückbare Kluft zwischen den beiden. Deshalb ist die Erfahrung plötzlich, wie „ein unerwarteter Nieser"[5], aus dem Nichts kommend, und deshalb ist sie ein Beispiel für den Samadhi der sich selbst erfüllenden Aktivität, die in Kapitel 16 behandelt wird.

Ein anderer von Dogens Begriffen dafür ist „voller Einsatz". Es geht nicht nur darum, dass wir als Subjekte uns voll einsetzen müssen, sondern dass wir dabei etwas Bestimmtem erlauben, sich völlig einzusetzen.

Einsatz ist hier ein irreführendes Wort, es sei denn, es wird mit *völlig* bzw. *voll* verbunden. Was genau heißt voller Einsatz? Martin Buber ist hier hilfreich: „Wie denn eine Aktion des ganzen Wesens, als die Aufhebung aller Teilhandlungen und somit aller – nur in deren Grenzhaftigkeit gegründeter – Handlungsempfindungen, der Passion ähnlich werden muss."[6] Wenn wir uns voll einsetzen, was ich gerne als „100 Prozent" bezeichne, bleibt nichts dafür übrig, sich seiner selbst bewusst zu sein oder sich zu „bemühen". Die Passivität, die sich einstellt, ist absolute Empfänglichkeit. Es gibt nicht nur kein Gefühl dafür, dass irgendein „Ich" sich einsetzt, sondern es gibt auch kein irreführendes „sich selbst Voranbringen", wie Dogen es im „Genjō kōan" (Das verwirklichte Universum) ausdrückt, nicht einmal ein klein wenig in meiner Wahrnehmung von etwas oder jemand anderem. Wenn ich absolut nichts auf etwas anderes projiziere, kann es sich selbst in seiner Soheit, seiner absoluten Besonderheit, seiner Nicht-Konzeptualität, seiner Einzigartigkeit offenbaren. Wenn das „Springen" geschieht, gibt es kein Selbst hinter dem Wahrnehmen und kein Objekt, das wahrgenommen wird. Es gibt nur das Wahrnehmen.

Was ist mit der Erinnerung in Bezug auf solche Erfahrungen? Dass diese Erfahrungen, diese Einblicke in das absolute Jetzt, geschehen sind, sogar wann und wo und woraus sie geschehen sind, kann erinnert werden, aber ihr Inhalt kann nicht erinnert werden. Nur das Konzeptuelle ist erinnerbar. Hier ein Beispiel: Ich erinnere mich an einen Toaster, der während eines Stille-Retreats „hochsprang", während ich geduldig darauf wartete, dass der Toast auftauchte. Wann und wo dies geschah, dass es ein Toaster war und dass ich sehr überrascht war, kann ich erinnern. Aber wenn ich versuche, mich an den eigentlichen Inhalt der Erfahrung zu erinnern, wird es auf geradezu unangenehme Weise unmöglich. Es ist etwas da, aber ich kann nicht sagen, sehen oder wissen, was. Das *Nicht-Können* ist nicht wie eine Unfähigkeit, etwas zu erkennen, weil das Licht nicht ausreicht oder ich keine Brille aufhabe. Es ist eher die Erfahrung eines logischen *Nicht-Könnens*, wie dass man sich einen quadratischen Kreis nicht vorstellen kann, nur dass es hier wahrnehmbar ist.

Auch wenn wir uns in unserem Alltag vielleicht keiner Erfahrung des „Herausspringens" bewusst sind, kennen wir alle etwas davon in Form eines plötzlichen Verstehens. Wir sagen zum Beispiel: „Mir ist plötzlich klar geworden, dass ..." Wir kennen es auch, wenn wir einen Witz verstehen oder in Gelächter ausbrechen, wenn wir von großer Schönheit beeindruckt oder zu Tränen gerührt sind. Beachten Sie hier die Sprache: „ausbrechen", „ergriffen sein", „getroffen werden" – die Passivität oder Empfänglichkeit des „Bewegtseins". Es ist, als wären wir in all diesen Fällen überrumpelt und völlig offen und empfänglich gewesen, ohne es zu wissen. Wenn wir mit der Praxis beginnen, denken wir, dass wir diese Momente hervorbringen können, wenn wir nur fleißig genug üben, aber das hieße, „uns selbst voranzubringen", was nichts anderes als eine Täuschung ist. Dogens Art auszudrücken, dass wir eine Erfahrung des Nicht-Konzeptuellen nicht herbeiführen können, lautet: „Unbefleckt zu sein kann keinesfalls beabsichtigt oder unterschieden werden."[7] Hier ist wieder die unüberbrückbare Kluft, das logische „Nicht-Können". Wir sind wie Quadrate, die versuchen, sich vorzustellen, Kreise zu sein, ohne unsere „Viereckigkeit" aufzugeben.

Es wirft ein Licht auf bestimmte Arten von Zen-Erfahrungen, wenn wir erkennen, dass unser Verstand, nachdem er „ergriffen" oder „getroffen" wurde, zu deren konzeptuellen Nachwirkungen geht, denn das ist der einzige Ort, an den er gehen *kann*. Unser alltäglicher Verstand ist nutzlos bei Einblicken außerhalb der

Zeit, für die Soheit eines Dings. Infolgedessen bemerken wir nicht, dass diese Momente außerhalb der Zeit uns etwas lehren. Wir können wertschätzen und sogar sagen, was so lustig, so schön, schockierend und wirklich großartig war, oder was uns bewegt hat. Wir können erkennen und ausdrücken, was wir plötzlich verstanden haben. Bei dieser Art von Erfahrungen gibt es ein gewisses momentanes Hochgefühl oder, wenn man sich anstrengt, etwas zu verstehen, sogar Erleichterung. Bei bestimmten spirituellen Erfahrungen können wir das Glücksgefühl, die Erleichterung oder das Gefühl von Freiheit beschreiben, das darauf folgt. Was wir in unseren Alltagserfahrungen nicht bemerken – es sei denn, dass wir darauf hingewiesen werden –, ist der Moment, der den konzeptuellen Nachwirkungen vorausging. In diesem Moment gab es weder ein Subjekt noch ein Objekt. Es gab gar nichts. Was wir ebenfalls nicht bemerken, ist, dass die Erfahrung der Nachwirkungen, zumindest kurzzeitig, nondual *und* konzeptuell ist. Auch wenn ich den Witz jemandem erklären könnte, der ihn nicht verstanden hat, weiß ich direkt nach dem Moment, in dem ich in Gelächter ausbreche, was so lustig war. Doch es ist da nicht alles so konzeptuell dargelegt und von mir getrennt, wie es bei einer Erklärung der Fall wäre. Ein Beispiel dafür ist die Erfahrung einer meiner Schüler, Jamie Daikan Gemmiti, als er mit einem der Gebote arbeitete:

> Am Donnerstag sollten Gäste für das lange Wochenende zum Tag der Arbeit in meiner Airbnb-Unterkunft ankommen. Es ist ein sehr beliebtes Wochenende in dem Feriengebiet, in dem ich mich befinde. Der Aufenthalt sollte eine Menge Geld einbringen. Zum Zeitpunkt der geplanten Übernachtung schrieb mir Karen, mein Gast, eine lange E-Mail über die Tortur, die sie und ihr Mann gerade im Tropensturm Ida in ihrer Heimatstadt in New Jersey durchgemacht hatten.

Als sie ihre Kinder von der Arbeit abholen wollten, blieben sie im Hochwasser stecken und mussten ihren Chevy Suburban zurücklassen. Sie schrieb, dass sie durch hüfthohes Wasser wateten, um sich in Sicherheit zu bringen, und dass sie hofften, zu diesem Zeitpunkt nicht aus ihrem Haus evakuiert werden zu müssen. Sie bedauerte, dass sie ihre Reservierung stornieren musste.

Es war schockierend zu lesen. Fast unglaublich, wie ein Traum in diesem Moment, da ich sehr früh aufgewacht war. Meine unmittelbaren Gedanken und Gefühle waren, peinlicherweise, dass ich froh war, dass sie so spät storniert hatten, da sie so keine Rückerstattung bekommen würden. Ich dachte auch, dass ich die Unterkunft vielleicht immer noch vermieten und damit doppelte Bezahlung bekommen könnte.

Kurz darauf, während des Zazen-Sitzens, traf es mich, als ob der Boden unter meinen Füßen wegfiele. Ich fühlte tief, was Karen und ihre Familie in diesem Moment durchmachten. Die Angst und Verwundbarkeit war geradezu greifbar. Ich schaltete sofort unseren Zendo-Zoom aus. Ich ging auf die Airbnb-Website und begann, ihnen das Geld zurückzuerstatten. Ich schrieb eine kurze Notiz darüber, wie sehr ich ihr Leid nachfühlen konnte, und wollte sie wissen lassen, dass ich ihnen ihr gesamtes Geld zurückerstatte. Karen schrieb zurück, dass sie geweint habe, als sie meine E-Mail las, und sie dankbar sei für meine Nachricht und für die Rückerstattung.

Sie können hier sehen, dass meinem Schüler etwas „rausgesprungen" ist – er hatte nicht die Absicht oder Erwartung, diese Erkenntnis zu haben, obwohl die Tatsache, dass er den

Lügner, den Dieb, den Geizigen usw. schon viele Male zuvor in sich zugelassen hat, die Wahrscheinlichkeit erhöht, dass eine solche Erfahrung eintritt.

Kehren wir zu dem Beispiel des Toasters zurück, der während meines Retreats „hochgesprungen" ist: Nach der Erfahrung des außerzeitlichen Einblicks auf die absolute Formlosigkeit einer Form oder eines Dings kehren wir zu dem zurück, was wir die relative Formlosigkeit einer Form oder eines Dings nennen könnten. Der Toaster ist *einfach* ein Toaster. Wir können ihn so sein lassen, wie er ist. Gelegentlich kehren wir zu seiner getrennten, begrenzten Konzeptualisierung zurück, aber mit mehr und mehr Praxis und Erfahrung beginnt sich unsere Welt zu verändern. Wir fangen an, mehr und mehr aus unserer Verwirklichung „heraus zu leben", was bedeutet, dass wir die Dinge, Menschen und Gebote immer öfter so erleben, wie sie sind, ohne zusätzliche Geschichten, Erwartungen, Reaktionen, Anweisungen, Vorlieben oder Konzepte. Wir fangen an, weniger Trennung und gleichzeitig eine Art Weite und Freiheit in unserer mit Formen angefüllten Welt zu erfahren. Das ist es, was Dogen in der relativen Welt des Wirkens „von der Seite des Buddha kommen" nennt. Dieses Wirken schließt alles ein, was wir tun, sogar Wahrnehmen und Denken:

> Wenn du sowohl deinen Körper als auch deinen Geist
> loslässt, vergiss sie beide
> und wirf dich in das Haus des Buddha,
> und wenn das Wirken
> von der Seite des Buddha aus beginnt und dich
> in Einklang mit ihm bringt,
> dann, ohne jeglichen Aufwand an körperlicher oder
> geistiger Anstrengung, wirst du befreit von Geburt
> und Tod und wirst Buddha. Es kann kein Hindernis
> im Geist von irgendjemandem geben.[8]

Wenn „das Wirken von der Seite des Buddha aus beginnt", ist dies die Nondualität der Dualität. In seinen Werken über Dogen bezeichnet Hee-Jin Kim unsere temporäre, sich ständig verändernde, schöne und schwierige Welt in diesen nondualen Momenten als „revidiert".

In Dogens mystischem Realismus wird die Welt der Dualität, in der wir leben, nicht transzendiert, sondern sie wird – mit diesen anderen Worten von Kim –„aufgewertet", „erlöst", „befreit", „neu bewertet", „beglaubigt", „rekonstituiert" und „verwirklicht".[9] Und weil der Realität eine sich ständig verändernde Dynamik innewohnt und weil unser „weites und schwindelerregendes karmisches Bewusstsein" niemals endet, geschehen die Verwirklichung und die Erlösung immer wieder. Das ist die Praxis. Das ist der Punkt, an dem sowohl das Stehlen als auch das Nicht-Stehlen aufhören, konzeptuell begrenzt zu sein, sie als leer begriffen, in ihrer Soheit erkannt und so zum „kein Stehlen" befreit werden.

15

Die Soheit des Subjekts

Wenn ihr Soheit erlangen wollt, solltet ihr Soheit ohne Verzögerung praktizieren.

DOGEN

Die Erscheinung des Selbst, die jenseits der Sprache liegt.

DOGEN

Bislang haben wir die Soheit des Objekts in der Erfahrung des Einsseins mit einem bestimmten Ding betrachtet, aber dies beinhaltet auch die Soheit des Subjekts. Wer würde sonst dieses Einssein herstellen? Wie wir gesehen haben, ist *Durchdringung* ein Zen-Wort, das für Dogen wichtig ist, und zwar für die Erfahrung der Soheit einer bestimmten Sache. Aber wenn Zen uns als Praktizierende, als Subjekte, dazu auffordert, die Soheit von etwas zu erfahren, sie zu durchdringen, mit ihr eins zu sein und Unmittelbarkeit mit ihr zu erfahren, vergessen wir, dass Durchdringung nicht einseitig ist, sondern *gegenseitige Durchdringung* erforderlich ist. Gegenseitige Durchdringung ist wechselseitige Nicht-Konzeptualität oder Grenzenlosigkeit, also Freiheit von Hindernissen oder Widerstand sowohl für das Subjekt als auch für das Objekt. Dogen erinnert uns auf folgende Weise daran: „Nur wenn man den Dingen durchdringend begegnet, ist man im Akt der Begegnung wirklich frei.“[1]

Was bei dieser Art von Erfahrung mit dem Objekt des Bewusstseins geschieht, kann man so ausdrücken, dass es nicht mehr „objektiviert" ist. Es ist zu dem geworden, was Zen „Nichts" nennt. Aber wie Dogen uns in seinem Shōbōgenzō-Kapitel „Gabyo" (Das Bild eines Reiskuchens) erinnert, verliert es nicht „seine einzigartige Besonderheit". In unserer alltäglichen dualistischen Erfahrung hingegen objektivieren wir nicht nur Objekte, sondern auch Subjekte, nämlich uns selbst. Uns selbst als Objekte zu erleben bedeutet, sich seiner selbst bewusst zu sein – genau das, wovon uns Zen zu befreien hofft. Wie wir im Kapitel über das erste Gebot – kein Töten – gesehen haben, ist es das, was Meister Yunmen „Sitzen mit einer Sitz-Sicht" und „Gehen mit einer Geh-Sicht" nennt. Es bedeutet, dass wir uns in zwei Teile aufspalten – in ein Subjekt, das *Ich*, und ein Objekt, *mich*. Als Subjekt bin ich mir meines konzeptuell fassbaren *Ichs* bewusst, d. h. all meiner geistigen, körperlichen und emotionalen Eigenschaften. Dieses *Mich* ist das, was wir alle im herkömmlichen Sinne von Wissen kennen. Was aber, wenn wir versuchen, das *Ich* ebenfalls auf diese herkömmliche, trennende Art des Wissens zu kennen? Es ist, als ob ein anderes Ich auftaucht und sich des ersten Ichs bewusst wird, das nun ein Objekt ist. Ich habe das ursprüngliche Ich in ein *Mich* verwandelt, und so weiter und so fort.

Was genau ist dieses *Ich*? Bei genauer Betrachtung zeigt sich, dass das *Ich* niemals konzeptuell fassbar ist und auch nie ein Objekt sein kann. Die einzige Möglichkeit, das *Ich* zu kennen, ist, es zu 100 Prozent zu *sein*. Und das ist, wie wir gesehen haben, kein Subjekt-Objekt-Wissen. Wenn ich zu 100 Prozent ich selbst bin, gibt es kein Sich-seiner-selbst-bewusst-Sein. Ich bin ich, nicht mehr gespalten in ein Ich und ein Mich. Wenn dies geschieht, „fällt" der Körper-Geist – also das konzeptuell fassbare Objekt-Ich, für das ich mich halte – „ab". Dieses hundertprozentige Ich-Sein ist sehr wichtig für viele Dinge, die wir absichtsvoll tun, wie zum Beispiel einen gefährlichen Abhang hinunterzufahren. Aber es tritt auch unerwartet auf, etwa in Notfällen, wenn wir ganz plötzlich etwas verstehen und in vielen weiteren Fällen, die im vorangegangenen Kapitel genannt wurden. In diesen Momenten gibt es kein *Mich*.

In meinem Beispiel in Kapitel 11, als ich bei der Lektüre mit einem Buch in der Bibliothek eins wurde und jeden Sinn für Trennung und Konzeptualisierung verlor, verlieren die Dinge dennoch nicht ihre „einzigartige Besonderheit", wie Dogen uns sagt. In diesem Zustand nehme ich einen weiteren Schluck aus der Kaffeetasse und versuche nicht, den Schluck aus dem Stift auf dem Schreibtisch zu nehmen. Was ist mit der einzigartigen Besonderheit des Subjekts? Jede*r von uns ist einzigartig.

Kodo Roshi sagt uns, dass wir nicht einmal einen Furz mit jemand anderem austauschen können. Denken Sie noch einmal über das Wort „einzigartig" nach. Wie bereits erwähnt, hat es in seiner ursprünglichen Verwendung keine Eigenschaften. Was auch immer einzigartig ist, kann nicht besser oder schlechter sein als irgendetwas anderes. Aber was noch wichtiger ist: Es kann nicht einmal „dies, nicht das" sein – Frau, nicht Mann; blond, nicht brünett; Mensch im Gegensatz zu Eichhörnchen; fühlend im Gegensatz zu nicht empfindungsfähig; diese spezielle Lebensgeschichte im Gegensatz zu jener. Unsere irrigen Vorstellungen, dass wir fest, getrennt und dauerhaft seien, beinhalten alle den Vergleich „dies im Gegensatz zu jenem". Die klassisch buddhistischen falschen Vorstellungen, die hinter all diesen eher psychologischen Vergleichen stehen, sind, dass wir fest seien im Gegensatz zu durchsichtig; dauerhaft im Gegensatz zu vergänglich; getrennt im Gegensatz zu nicht getrennt. Alles, was im ursprünglichen Sinne des Wortes einzigartig ist, ist frei von allen Vergleichen und daher *absolut besonders* – und das schließt das Subjekt ein, das wir sind, zusätzlich zu den Objekten, deren wir uns bewusst sind.

Absolut besonders zu sein bedeutet nicht, das Besondere in etwas Allgemeinem zu sein, wie eine bestimmte Gattungsart oder ein individuelles Exemplar einer Spezies. Alles, was absolut besonders ist, kann mit nichts verglichen und daher auch nicht beschrieben werden. Es ist leer. Was ist leer? „Mich", eine Person von Soheit – *einfach dies*. Schließlich einfach ein Ich, was bedeutet: nichts, das beschrieben oder angehängt werden muss, nichts, das gefördert oder bewahrt werden muss. Endlich frei. Aber aus der Sicht des Alltagsverstandes kann es ein wenig beängstigend sein, sich diesen Zustand vorzustellen. Denn wer will schon ein Niemand sein? Aber früher oder später erkennen diejenigen, die eine Praxis wie Zen beginnen, dass der Jemand, für den wir uns halten, die Quelle unserer Unfähigkeit ist, mit Leichtigkeit zu leben.

Wenden wir dies alles auf das zweite Gebot an – kein Stehlen. Wenn es ein „Mich" gibt, dessen ich mir bewusst bin, bin ich mir bewusst, dass ich nicht stehle und dass ich ein Gebot erfolgreich befolgt habe. Das „Ich" beobachtet gesondert und zustimmend, dass das „Mich" nicht stiehlt. Außerdem fühle ich mich gut, weil ich gut bin. Aus der Sicht des Alltagsverstandes ist es schwer vorstellbar, nicht zu stehlen, ohne sich seiner selbst bewusst zu sein, ohne ein „Mich, ohne ein „du sollst". Aber wie Dogen uns sagt: Je mehr wir Soheit praktizieren, desto mehr werden wir zu einer Person von Soheit. Wie machen wir das?

In seinem Kapitel „Fukanzazengi" (Allgemeine Richtlinien für Zazen) sagt uns Dogen, dass wir, wenn wir eine Person von Soheit sein wollen, unmittelbar Soheit praktizieren müssen. Für Dogen ist die grundlegende Praxis der Soheit Zazen, oder genauer gesagt, Shikantaza, „einfach Sitzen". Das „einfach" bedeutet hier „nichts anderes als". Dass sich unsere Sitzpraxis selbst als Soheit offenbart, bedeutet, dass wir sie ohne Verbindung zu irgendetwas anderem erfahren. Natürlich wissen wir, dass dies bedeutet, einfach nur zu sitzen und nicht den Gedanken, Gefühlen und so weiter zu folgen. Aber wir müssen uns daran erinnern, dass das Sitzen auch konzeptuell mit Gehen, Stehen oder Liegen „verbunden" sein könnte, wenn wir die Erfahrung der sitzenden Haltung *als Gegensatz zu* diesen annehmen würden. Es könnte auch mit einem Ziel, einem Beweggrund, einem „Warum tue ich das?" verbunden sein, d. h. mit etwas, das außerhalb seiner selbst liegt, wie zum Beispiel mit dem Wunsch, ein Buddha zu werden. Aber für wirkliches Zazen, den Vollzug der Erleuchtung, gibt es nichts außer dem. Es ist leer, bar jeglicher Selbst-Natur. Es ist „einfach dies". Es hat keine Grenzen und verliert dennoch nicht seine absolute Besonderheit. Es kann sich mit allem und jedem gegenseitig durchdringen, und gelegentlich, während des Sitzens, durchdringen sich es und das Universum gegenseitig. Dies ist eine Person von Soheit, die sich mit der Praxis der Soheit einsetzt. Die vollkommene Freiheit von „einfach Sitzen".

Und wie wir gesehen haben, ist es dieser Zustand des Zazen – eine Person von Soheit zu sein, die Soheit praktiziert –, von dem Dogen sagt: „Welches Gebot wird nicht befolgt?" Dies ist die vollkommene Freiheit des zweiten Gebots – kein Stehlen.

16

Samadhi der sich selbst erfüllenden Aktivität

Die Buddhas und Tathagatas haben einen ausgezeichneten Weg – unvergleichlich und natürlich –, um den wundersamen Dharma durch persönliche Begegnung zu übertragen und die höchste Erleuchtung zu verwirklichen. Da er makellos von Buddha zu Buddha weitergegeben wird, ist sein Merkmal der Samadhi der sich selbst erfüllenden Aktivität [*Jijuyu Zanmai*]. Für das freudige Spielen in einem solchen Samadhi ist die aufrechte Sitzposition in der Meditation das rechte Tor.

DOGEN

Wenn man eine Tätigkeit als „sich selbst erfüllend" bezeichnet – sei es, einfach zu sitzen, einfach zu essen, einfach zu joggen oder einfach seine Stimme bei einer Wahl abzugeben –, dann bedeutet dies, dass sie sich selbst genügt und nicht von etwas anderem abhängig ist. Sie ist frei von Gründen, Ursachen, Zielen oder Ergebnissen.

Das Spiel ist das beste Beispiel für etwas, das immer selbsterfüllend ist. Im Zen gibt es sogar einen Begriff für den „Samadhi des Spiels" (Yuge Zanmai). Spiele haben Regeln und werden gespielt, um dabei zu gewinnen, ob dies nun die Absicht der Spieler*innen ist oder nicht. Das „Ziel" des Spiels hingegen ist das Spiel selbst. Es gibt kein Ziel außerhalb des Spiels. Wenn Shikantaza, einfach zu sitzen, einfach so sein kann, wie es ist, erfüllt es sich selbst. In diesen Momenten ist es absolut besonders. Es ist einzigartig. Ich bin es, so wie wenn ich in der Bibliothek ganz in die Lektüre eines Buches vertieft bin und es kein „Ich“ mehr gibt. Das ist es, was Dogen „das Aufscheinen des Selbst, das jenseits der Sprache ist“ nennt.[1] Alles Objektive und damit alles Konzeptuelle ist „abgefallen“. Und wie er uns in „Genjō kōan“ (Das verwirklichte Universum) lehrt: Wenn mein Körper und mein Geist abfallen, fallen auch Körper und Geist von allem anderen ab. Es gibt nichts außerhalb des Subjekts, von dem man abhängen, das man anstreben oder mit dem man sich vergleichen könnte. Diese sich selbst erfüllenden Momente sind die Essenz von Freiheit, Spontaneität und Kreativität. Wir sind leer, einzigartig und grenzenlos und sind daher frei, uns mit anderen, mit einem Gebot, mit bestimmten Umständen gegenseitig zu durchdringen.

Ich habe den Advaita-Lehrer Francis Lucille sagen hören, dass eine grundlose, absichtslose, sich selbst erfüllende Handlung „eine Feier“ sei. Dogen sagt über Shikantaza: „Das Zazen, von dem ich spreche, ist nicht das Erlernen einer Meditationspraxis. Es ist einfach das Dharma-Tor des Friedens und der Glückseligkeit, die Verwirklichung des völligen Erwachens in der Praxis. Es sind die Dinge, wie sie in ihrer Soheit sind.“[2] Der Zen-Lehrer und Übersetzer Taigen Dan Leighton kommentiert dies so: „Dogens Zazen ist ein ritueller Ausdruck und eine Feier des bereits vorhandenen Erwachens.“[3] Es ist ein Ausdruck, nicht im Sinne von etwas, das darauf wartet, ausgedrückt zu werden. Das Erwachen *ist* der Ausdruck. Der Ausdruck *ist* das Erwachen. Dies ist wichtig, um zu verstehen, was „ein Buddha werden“ im Kontext der Jukai-Zeremonie bedeutet, auf die wir weiter unten eingehen werden. Francis Lucille versteht die Feier nicht im Sinne von etwas, das bereits da ist und gefeiert werden soll, was in der Tat eine übliche Lesart dieses Wortes ist. Es ist vielmehr „abgeschnitten von einem Vorher und Nachher“, es ist die sich selbst erfüllende Freude oder Glückseligkeit wahrer Spontaneität. Spontaneität wird allzu oft mit Lärm und Spaß assoziiert. Die Spontaneität, die mit Zen assoziiert wird, ist einfach ein grundloses Samadhi der sich selbst erfüllenden Aktivität.

Der Fisch, der in die Luft springt, ist das perfekte Beispiel für eine sich selbst erfüllende Aktivität. Ein Fisch, der in die Luft springt, hat nichts, von dem er sich abstoßen kann. Er ist völlig autark. Es ist wie absolute Autonomie. Und es ist erstaunlich zu entdecken, dass nicht nur wir Subjekte diese Erfahrung machen können. Alles im Universum, auch das Universum als Ganzes, ist, wenn es von der Seite des Buddha kommt, in seinem Sein und Tun selbsterfüllend. Und das schließt jedes Gebot ein.

Partner- oder Gruppenübungen

Wiederkehrende Fragen: Stellen Sie die Fragen (1) und (2) getrennt für jeweils 10 Minuten, ohne Nachfragen oder Gegenrede.

1. Nenn mir eine Art, wie du dir deiner selbst bewusst bist.
2. Erzähl mir von einem Moment, in dem dein Dich-deiner-selbst-bewusst-Sein „abfiel".

Monolog:
Jeweils 15 Minuten, ohne Nachfragen oder Gegenrede.
Erinnern Sie sich an Momente echter Spontaneität und bemerken Sie dabei die „sich selbst erfüllende" Natur dessen, was auch immer auftaucht.

Diskutieren Sie gemeinsam, so lange Sie möchten.

17

Einssein von Selbst und anderem

Das große Erwachen genau in diesem Moment
ist nicht das Selbst, nicht das andere.

DOGEN

Identität mit anderen bedeutet keine Unterscheidung.
Dies gilt gleichermaßen für das Selbst und für andere. ...
So wie wir Identität mit anderen verstehen, sind das Selbst und die anderen eine unteilbare Soheit. ... Es ist eine Wahrheit, dass das Selbst, nachdem es andere an sich assimiliert hat, es sich von anderen assimilieren lässt. Das Verhältnis von Selbst und anderen ist unendlich [variantenreich] je nach den Umständen.

DOGEN

Welche Art von Trennung und Einssein erleben wir mit anderen Menschen? Gewiss ist jede Art von Reaktivität ein untrügliches Zeichen dafür, dass eine Trennung stattfindet. Denken Sie an die Erfahrung des Eindrucks „Ich bin hier, und du – du bist dort drüben". Oder: „Ich bin so und nicht so." Oder noch schlimmer und wie bereits in der Erörterung zum sechsten Gebot – kein Sprechen über Irrtümer und Fehler und anderer – erwähnt: „Gott sei Dank habe ich nicht ihre Ellenbogen." All unsere Selbstbilder, Beurteilungen, Unsicherheiten, Selbstschutzmaßnahmen, Selbstdarstellungen und die meisten unserer Ängste sind durch Trennung entstanden und schaffen diese Trennung weiterhin.

Bei jedem einzelnen der Gebote geht es um unsere Trennung von anderen. Nehmen wir das Stehlen: Sie haben etwas, das ich haben will oder von dem ich glaube, dass ich es brauche. Sie, ich und das, was Sie haben – all dies erscheint als abgegrenzte, getrennte Formen. Die Trennung ist die Hauptquelle unseres eigenen Leidens und sicherlich auch die Quelle des Leidens, das wir bei anderen verursachen.

Wie würde das Einssein mit anderen aussehen? Bernie Glassman hat das Einssein im Reich der Vielheit mittels der absurden Vorstellung demonstriert, dass meine rechte Hand zögert, die Flammen zu löschen, die meine linke Hand verbrennen, oder dass meine rechte Hand stiehlt oder es unterlässt, von meiner linken Hand zu stehlen, während meine linke Hand nach dem Geld greift, das ihr gereicht wird. Das ergibt keinen Sinn. Während ich dies schreibe, nähert sich ein weiterer Hurrikan der Karibik. Houston wurde komplett überflutet, auf mehreren Inseln alles dem Erdboden gleichgemacht und Puerto Rico völlig verwüstet. Wenn wir in den Nachrichten sehen, wie Menschen anderen Menschen zu Hilfe eilen und auch Tiere retten, sind wir oft tief bewegt. Diese Art von Reaktion von außen ist sinnvoll, aber diejenigen, die anderen zu Hilfe eilen, erleben oft einfach, was mit natürlichem und spontanem Ausdruck der Gebote gemeint ist. Sie sind keine von uns getrennten moralischen Grundsätze mehr. Sie sind in gewissem Sinne unser eigenes Wesen – und das gilt auch für andere Menschen, Hunde, Katzen, Kühe und Bäume. Andere sind dann wie meine linke Hand, und ich bin wie meine rechte Hand, die ganz automatisch und spontan das Feuer löscht. Die ganze Wirklichkeit ist dann Ein Körper.

Es ist wichtig, solche Erfahrungen in unserem eigenen Leben zu finden, vielleicht so dramatisch, wie ein Kind zu packen, das gerade dabei ist, auf die Straße zu rennen, oder so subtil, wie jemandem einfach nur wirklich zuzuhören. Dogen nennt dies „unbefleckt“ oder „unverfälscht“ sein und benutzt das Beispiel, „einen Menschen zu treffen und nicht darauf zu achten, wie er aussieht" – oder was er letzte Woche zu mir gesagt hat, was seine politische Einstellung ist, und so weiter.[1] „Unbefleckt" ist nicht abhängig (wie der Begriff *Untertasse* von *Tasse* abhängig ist) oder entgegengesetzt (wie die Begriffe *klein* und *groß* entgegengesetzt sind). Dogens Auffassung von etwas, das unbefleckt ist, ist wie unsere Auffassung des Nicht-Konzeptuellen. Und er ist ähnlich wie Martin Bubers „Du" in der Ich-Du-Beziehung. Anders als das „Es" (zu dem er, sie, sie im Plural und wir gehören) in der Ich-Es-Beziehung ist das Du in Bubers Sprache „nachbarnlos und fugenlos"[2]. Wenn wir wirklich mit einem anderen sprechen oder ihm zuhören, wenn wir wirklich „du" zu diesem anderen sagen, dann erleben wir den anderen als eine formlose Form, als Soheit.

Diejenigen in unserer No Traces Sangha, die die Übungen zu den Geboten sowie ähnliche Übungen mit anderen Zen-Lehren gemacht haben, haben berichtet, dass sie Momente des Einsseins mit ihren Partner*innen erlebt haben. Was da geschieht, ist, dass unser natürlicher Selbstschutz, der sich einstellt, wenn wir aufgefordert werden, das zu offenbaren, was wir lieber (sogar vor uns selbst) verborgen halten würden, schließlich einem mitfühlenden Erlauben weicht. Das Herz öffnet sich nicht nur für den/die andere*n, sondern auch für unsere eigene Scham oder Angst, dass jemand anderes von unserem Stehlen, Lügen oder sexuellen Fehlverhalten wissen könnte. Für einen Moment fallen die Grenzen weg. Dies ist Dogens „Abfallen" des Körpers und Geistes.

Was abfällt, ist das Konzeptionelle.

Wiederkehrende Fragen: Stellen Sie die Fragen (1) und (2) getrennt für jeweils 10 Minuten, ohne Nachfragen oder Gegenrede.

1. Erzähl mir, wie du die Trennung von anderen erlebst.
2. Erzähl mir, wie du das Einssein mit anderen erlebst.

Monolog:
Jeweils 15 Minuten, ohne Nachfragen oder Gegenrede. Überlegen Sie, in welchen Situationen Sie Trennung und in welchen Sie Einheit erfahren.

Diskutieren Sie gemeinsam, so lange Sie möchten.

18

Einssein und der Weg des Bodhisattva

Der Weg des Bodhisattva ist: Ich bin Soheit, ihr seid Soheit.

DOGEN

Bernie Glassman hat immer gesagt, dass die Bodhisattva das tut, „was nötig ist". Die Antwort einer Bodhisattva ist wie das Antworten, wenn man bei seinem eigenen Namen gerufen wird – direkt, unmittelbar, spontan, nondual. Wie im vorigen Kapitel erwähnt, neigen Menschen dazu, in Kriegsnotlagen und bei Naturkatastrophen auf genau diese Weise zu reagieren. Während des schrecklichen Attentats, das sich 2019 in einer neuseeländischen Moschee ereignete, fuhr eine Frau gerade auf den Parkplatz, als zwei Männer, die beide angeschossen worden waren, auf sie zustürmten. Sie wendete ihr Auto nicht, um wegzufahren. Sie hielt das Auto an, zog einen der Männer ins Auto und bemühte sich nach Kräften, die Blutung zu stoppen. Hier ist eine Beschreibung der Nachrichtenagentur Bloomberg News, was danach geschah:

> Mit brüchiger Stimme fuhr sie fort: „In der Zwischenzeit ist der arme Kerl auf der anderen Straßenseite verstorben." Sie hielt inne. „Ich hätte nie im Leben gedacht, dass ich es erleben würde, so etwas zu sehen. Nicht in Neuseeland." Der Reporter versuchte, sie zu trösten. „Wir sind wirklich voller Anerkennung

für das, was Sie getan haben. Sie sind wirklich eine Heldin." „Nein, das bin ich nicht", sagte sie. „Nein, man tut einfach, was man in diesem Moment tut. Ich wünschte, ich hätte mehr tun können."[1]

Dies ist der Weg der Bodhisattvas. Hier gibt es keine Trennung – keine Geschichten, keine Entscheidungen, kein Sollen. Nichts Konzeptuelles über das Objekt, das Subjekt oder die Umstände. Keine Begrenzungen, also nichts, was das Einssein behindern oder vereiteln könnte. Beachten Sie auch, dass das „Brüchige in der Stimme" erst im Nachhinein beim Wiedererzählen auftritt. Oft hört man genau eine solche Antwort wie von dieser Frau, wenn das, was wir gerne als „Heldentum" bezeichnen, als solches gepriesen wird. Ihr konzeptualisiertes Selbst als Objekt, als Heldin oder Nicht-Heldin, war nicht da, als sie das Leben eines angeschossenen Mannes rettete. Die Möglichkeit dieser Grenzlosigkeit ist der Grund, warum wir mit allem „eins" sein, es von innen kennen können, indem wir es sind – und wir auch davon von innen erkannt werden. Ich kann den anderen nicht als Soheit erkennen, wenn ich nicht selbst Soheit bin. Das folgende Koan drückt dies aus:

Caoshan fragte den Klostervorsteher De: „Buddhas wahrer Dharmakörper ist wie der leere Himmel. Er reflektiert Formen genau wie das Wasser. Wie drückst du dieses Prinzip aus?"

De sagte: „Es ist wie ein Esel, der auf einen Brunnen schaut."

Caoshan sagte: „Du hast es verstanden, aber du hast nur achtzig oder neunzig Prozent davon gesagt."

De sagte: „Meister, wie würdet Ihr es sagen?"

Caoshan sagte: „Es ist wie ein Brunnen, der den Esel anschaut."

Abschlussvers:

Wenn der Lehrer den Schüler sieht, sieht der Schüler
den Lehrer.
Damit der Schüler dem Lehrer begegnen kann,
muss er selbst der Lehrer sein.
Ist das nicht die Lehrerin, die sich selbst begegnet?
Ist das nicht die Begegnung des Schülers mit sich
selbst?[2]

Im „Genjō kōan“ (Das verwirklichte Universum) drückt dies Dogen auf eine etwas andere Weise aus: „Sich selbst voranzubringen und unzählige Dinge zu erfahren ist Täuschung. Dass unzählige Dinge hervorkommen und sich selbst erfahren, ist Erwachen.“[3] Dieses Erwachen kommt dadurch zustande, dass wir alles vollständig zulassen, „so wie es ist“, ohne bindende Konzepte, Geschichten oder Beschreibungen. Im Fall von Zwischenmenschlichem ist dies „Ich bin Soheit, du bist Soheit“ – der Weg des Bodhisattva. Um beim zweiten Gebot – kein Stehlen – zu bleiben: Wenn ich Soheit bin und du Soheit bist, gibt es keine Hindernisse, keine Trennung, sodass für mich auch die Erfahrung keinen Sinn macht, dass mir etwas fehlt oder dass Sie etwas haben, das ich haben möchte. Es gibt kein Du und kein Ich. Es gibt nur „das Selbst und die anderen in einer unteilbaren Soheit.“[4] Und doch ist die Situation so, dass Stehlen und im Gegensatz dazu Beschuldigen stattfinden könnte. Die Gebote verschwinden nicht in einer unteilbaren Soheit – sie sind nur nicht länger Gebote in einem konventionellen, konzeptuellen Sinn.

Partner- oder Gruppenübungen

Wiederkehrende Fragen: Stellen Sie die Fragen (1) und (2) getrennt für jeweils 10 Minuten, ohne Nachfragen oder Gegenrede.

1. Erzähl mir von einer Begebenheit, bei der du, wie der Bodhisattva, genau das getan hast, was nötig war, ohne dich abzusondern oder dir deiner selbst bewusst zu sein.

2. Erzähl mir von einem Fall, bei dem du es versäumt hast, genau das zu tun, was nötig war.

Monolog:
Jeweils 15 Minuten, ohne Nachfragen oder Gegenrede. Reflektieren Sie darüber.

Diskutieren Sie gemeinsam, so lange Sie möchten.

19

Öffnung

Sammlung ohne Auslöschung.

T. S. ELIOT

Voller Einsatz für eine einzige Sache.

DOGEN

Wie werden wir zu Bodhisattvas? Wie öffnen wir uns für die Möglichkeit des Einsseins – mit dem anderen? Einige von Dogens Bemerkungen erwecken den Eindruck, als sei Sammlung statt Offenheit das, was dafür gebraucht wird. So schreibt er zum Beispiel: „Wenn ich nicht mit vollem Einsatz dabei bin und die Zeit jetzt lebe, wird nicht eine einzige Sache verwirklicht werden.“[1] Und: „Wenn du dein Bemühen zielstrebig auf etwas konzentrierst, vereinbarst du den Weg ganz unverfälscht mit deiner Verwirklichung in der Praxis.“ Aber wir müssen vorsichtig sein, wie wir das Wort „Sammlung“ hier verstehen. Hier sind die drei Worte von T. S. Eliots Buch *Vier Quartette* – „Sammlung ohne Auslöschung“ – von unschätzbarem Wert. Ich habe immer gedacht, dass diese drei Worte das Herzstück zu Beginn jeder Meditationsanleitung sein sollten.

Wenn man anfängt, Zazen zu praktizieren, indem man sich auf etwas wie das Zählen der Atemzüge beim Ausatmen konzentriert, oder sogar einfach auf das Sitzen, geht der/die

Meditierende davon aus, dass man alles, was einen ablenkt, irgendwie wegschieben muss. Das ist natürlich so, als würde man Öl ins Feuer gießen. Außerdem lenkt es unsere Aufmerksamkeit von dem ab, bei dem wir zu 100 Prozent bleiben sollen, vor allem von der einzigen Sache, mittels derer wir uns selbst erfahren – Atem, Zahlen, Koan oder einfach nur Sitzen. Kodo Roshi definiert das *Shikan* in *Shikantaza* (einfach Sitzen) als „sich nicht abwenden". Dies ist die Bedeutung des „einfach" in „einfach sitzen". Es bedeutet „nur sitzen" oder „sich nicht davon abwenden", indem man sich auf Gedankengänge einlässt oder versucht, Ablenkungen wegzuschieben. Aber wie gesagt, sich nicht von etwas abzuwenden ist nicht dasselbe, wie alles andere auszulöschen oder auszuschließen. Das wäre eine andere Art der Abwendung. Mehr noch, etwas auszuschließen bedeutet, Grenzen zu schaffen, die das Ausgeschlossene vom Eingeschlossenen trennen. Das bringt uns zurück in den Bereich des Konzeptuellen, des „dies im Gegensatz zu dem", des Schubladendenkens, in den Bereich der Grenzen und des Widerstands oder der Hindernisse.

Dogen erwähnt zwei weitere Arten, wie wir uns von dem abwenden, mit dem wir zu 100 Prozent sein sollen. Die eine ist, dass wir mit einem „um zu" sitzen, mit der Absicht, etwas zu erreichen – zum Beispiel der Absicht, Leiden zu lindern, eine bessere Version meiner selbst zu werden oder sogar ein Buddha zu werden. Dann ist das Sitzen nicht länger ein sich selbst erfüllendes Samadhi. Kodo Roshi erinnert uns daran, dass „wir nicht essen, um zu scheißen, und wir nicht scheißen, um Dung herzustellen"[2]. Vielleicht ist der erste Grundsatz der Zen-Peacemaker, Nicht-Wissen, genau das, was wir hier brauchen, denn er verweist auf eine totale Offenheit. Nicht-Wissen ist in diesem Sinne ein Zustand, in dem wir nicht konzeptualisieren.

Lassen Sie uns Dogens Begriff „unbefleckt", der manchmal mit „unverfälscht" übersetzt wird, noch einmal aufgreifen, um ihn weiter zu erkunden. Dogen hat die Frage aufgeworfen, wie es ist, unbefleckt zu sein, und seine Antwort darauf ist:

> Unbefleckt zu sein bedeutet nicht, dass man mit Gewalt versucht, Absicht oder Unterscheidung auszuschließen, oder man einen Zustand der Absichtslosigkeit herstellt. Unbefleckt zu sein kann keineswegs beabsichtigt oder unterschieden werden.
>
> Unbefleckt zu sein ist, als würde man einen Menschen treffen und nicht darauf achten, wie er aussieht. Es ist auch so, als würde man sich nicht mehr Farbe oder Helligkeit wünschen, wenn man Blumen oder den Mond betrachtet.
>
> Der Frühling hat den Farbton des Frühlings, und der Herbst hat die Szenerie des Herbstes; es gibt kein Entrinnen. Wenn ihr also wollt, dass der Frühling oder der Herbst anders wird, als sie sind, dann beachtet, dass sie nur so sein können, wie sie sind. Oder wenn ihr den Frühling oder den Herbst so belassen wollt, wie sie sind, bedenkt, dass sie keine unveränderliche Natur haben.
>
> ...Wenn ihr euch klarmacht, dass es nichts gibt, was man nicht mögen oder wonach man sich sehnen könnte, dann wird das ursprüngliche Gesicht durch eure Praxis des Weges enthüllt.[3]

„Absicht oder Unterscheidung mit Gewalt auszuschließen" ist nur eine weitere Absicht und Unterscheidung. Der Versuch, „einen Zustand der Absichtslosigkeit herzustellen", ist nur eine weitere Absicht. Da wir den Zustand der Unbeflecktheit nicht herbeiführen können, was ein Beispiel für das „Voranbringen des Selbst" wäre, schlägt Dogen vor, dass wir zumindest über die Täuschung der Dauerhaftigkeit reflektieren und uns „klarmachen, dass es nichts gibt, was man nicht mögen oder wonach man sich sehnen könnte". Gewöhnlich denken wir bei Reflektieren und Klären an konzeptuelle Begriffe, aber in diesem Zusammenhang bedeutet es sorgfältige hundertprozentige Offenheit. Das ist auch, was geschieht, wenn wir den Mörder, den Lügner und den Dieb in uns in der Gegenwart eines anderen zulassen oder sogar willkommen heißen. Wir fangen an, diese Teile von uns als „unbefleckt" zu erleben, was bedeutet, dass wir sie als nicht-konzeptuell erleben, nicht als das Gegenteil von etwas. Dies ist, wie wir sehen werden, der Schlüssel zum Übergang vom „Nicht" zum „Kein".

Ein nützlicher Begriff für den weit offenen, empfänglichen Zustand, in dem wir uns befinden müssen, ist *wahlloses Gewahrsein*. „Einem Menschen zu begegnen und nicht darüber nachzudenken, wie er aussieht" oder „sich nicht mehr Farbe zu wünschen", bedeutet, frei von Vergleichen zu sein, frei von „diesem im Gegensatz zu jenem". Es bedeutet, wie es im Gedicht „Vertrauen in den Geist" ausgedrückt ist, frei von Vorlieben zu sein und darin zu entdecken, dass „der höchste Weg nicht schwer ist". Es geht darum, das zu beenden, was Dogen „sich selbst ohne Seil binden"[4] nennt, nämlich uns gedanklich zu binden und uns dadurch als von allem anderen getrennt zu erleben. Um noch einmal Bernies drei Zen-Peacemaker-Grundsätze aufzugreifen: Wenn wir in einem Zustand des *Nicht-Wissens* sein können – also völlig offen –, dann können wir *Zeugnis ablegen* für alles, was auftaucht. Zeugnis ablegen bedeutet, die Dinge „ihren Lauf nehmen zu lassen", oder in einer anderen Übersetzung „so sein zu lassen, wie sie sind", wie „Vertrauen in den Geist" es ausdrückt. Wenn wir das wirklich tun können, werden wir allem, was sich entfaltet, Freiheit gewähren, auch dem Mörder, Lügner und Dieb in uns. Wie Dogen es in seinem „Fukanzazengi" ausdrückt:

> Ihr solltet daher mit einer Praxis aufhören, die auf intellektuellem Verständnis und dem Verfolgen von

> Wörtern und Rede basiert, und lernen, den Schritt nach hinten zu tun, der euer Licht nach innen richtet, um euch selbst zu erleuchten. Körper und Geist werden von selbst abfallen, und euer ursprüngliches Gesicht wird sich offenbaren. Wenn ihr den Wunsch habt, Soheit zu erlangen, solltet ihr Soheit ohne Verzögerung praktizieren. … Das Zazen, von dem ich spreche, ist nicht das Erlernen von Meditation. Es ist einfach das Dharma-Tor der Ruhe und Glückseligkeit. Es ist die Verwirklichung vollendeten Erwachens in der Praxis. Es sind die Dinge, wie sie in ihrer Soheit sind.[5]

Dies ist die Praxis der totalen Offenheit.

Partner- oder Gruppenübungen

Monolog:
Jeweils 15 Minuten, ohne Nachfragen oder Gegenrede. Reflektieren Sie über Ihre Erfahrungen, als Sie sich für etwas öffneten, für das Sie früher verschlossen waren.

Diskutieren Sie gemeinsam, so lange Sie möchten.

20

Einssein und Mitgefühl

Bitte nenne mich bei meinen wahren Namen,
damit ich erwache,
damit das Tor meines Herzens
von nun an offen steht –
das Tor des Mitgefühls.

THICH NHAT HANH

Mitgefühl und Wohlwollen aller Buddhas für fühlende Wesen sind weder um ihrer selbst willen noch um der anderen willen.

DOGEN

Was haben Einssein und Mitgefühl miteinander zu tun? Es mag scheinen, dass Mitgefühl Trennung erfordert – und eine bestimmte Auffassung von Mitgefühl vorausgesetzt – ist das auch richtig. Sie sind da drüben, Sie sind Sie, und Sie leiden unter etwas oder etwas anderem. Ich bin hier, ich bin ich, und ich bin in der Lage, mich in Ihre Gefühle einzufühlen, ohne mich mit Ihnen zu identifizieren. Das bedeutet, dass ich genug Abstand habe, um Ihre Gefühle zu spüren, ohne mich vollständig mit Ihnen zu identifizieren – ohne, wie wir sagen, mit dem Ertrinkenden zu ertrinken. Diese Art des Mitgefühls könnte man als *Gefühlsmitgefühl* bezeichnen. Das ist angesprochen, wenn mein Handeln, um Ihr Leiden zu lindern, auf meiner Fähigkeit und vielleicht meinem Wunsch beruhen, Ihre Gefühle zu spüren und sie mit meinen eigenen zu verbinden.

Das Mitgefühl des Bodhisattvas, der spontan tut, was nötig ist, ist anders, weil es nicht auf Gefühlen beruht. Es basiert auf gar nichts. Es ist selbsterfüllend! Meine linke Hand brennt, also löscht meine rechte Hand das Feuer, ohne durch Gefühle oder Gebote oder irgendetwas anderes motiviert zu sein. Es geschieht automatisch, spontan, natürlich. Das ist das Mitgefühl des Einsseins. Es ist dem Einssein inhärent. Es *ist* Einssein. Die Frau in Neuseeland, die aus ihrem Auto sprang und den verblutenden Mann in ihr Auto zerrte, um seine Blutung zu stoppen, wie in Kapitel 18 erwähnt, fühlte nicht seine Gefühle und handelte dann danach. Sie war er. In diesem Ausdruck des Mitgefühls ist kein Platz für „Du solltest …“. Er war wie ihre brennende Hand. Diese Art des Verhaltens ist nondual, nichtkonzeptuell. Wir könnten sagen, es ist die Soheit des Mitgefühls. Dogen, der zu Beginn von Kapitel 18 zitiert wird, sagt es auf folgende Weise: „Der Weg des Bodhisattva ist: ‚Ich bin Soheit, ihr seid Soheit‘“[1].

Dieses Mitgefühl zeigt sich nicht nur in unserer Beziehung zu anderen. Es ist das Mitgefühl, das uns innewohnt, wenn wir die verschiedenen Ausprägungen desjenigen in uns, der die Gebote bricht, zulassen oder sie sogar willkommen heißen. Vielleicht bin ich zunächst von einem Teil meiner selbst getrennt – indem ich ihn verstecke oder zurückweise, zum Beispiel von dem Teil, der lügt und es verheimlicht. Vielleicht ist es Scham oder Angst, die mich daran hindert, mich vor mir selbst und dann auch vor anderen zu dem Lügner in mir zu bekennen. Dem Ihn-willkommen-Heißen näher zu kommen – ihn vielleicht in mein Wohnzimmer zu lassen, um eine alberne Metapher zu verwenden – ist ein Akt des Mitgefühls, der normalerweise auf Gefühlen beruht. Aber je näher wir ihm kommen – vielleicht laden wir ihn jetzt ein, mit uns auf der gleichen Couch zu sitzen –, desto mehr können wir es zulassen, dass eine Art mitfühlende Neugierde an die Stelle von Scham und Angst tritt. Und dann kann es passieren, dass ich mich langsam, aber sicher auf die Seite der Couch zubewege, wo der abgelehnte Teil sitzt. Ich bin ihm so nahe, dass ich seinen Namen nicht mehr weiß. Er hat keinen Namen. Und ich auch nicht. Hier löst er sich aus all den Verbindungen, die ihm seinen Namen geben und ihn konzeptualisieren. Ich werde eins mit ihm. Ich *bin* er.

Im Fall von etwas wie Ärger, bei dem es im Gegensatz zu den anderen Geboten um eine Emotion geht, könnten wir sagen, dass seine Energie in diesem Einssein von ihren konzeptuellen Schranken und Grenzen befreit wird. Psychospirituell gesehen kann eine Art tantrischer Transformation stattfinden, sodass, wie die tibetischen Buddha-Familien uns zeigen, das „Gift" des Ärgers in die „Medizin" der Klarheit umgewandelt wird. Die Klarheit befindet sich hier jedoch nicht im selben Bereich oder in derselben Kategorie wie der Ärger. Sie kann daher nicht das Gegenteil von Ärger sein – oder das Gegenteil von irgendetwas anderem, zum Beispiel von mangelnder Klarheit. Es gibt viele verschiedene Bezeichnungen für die negativen Emotionen, die im tibetischen Buddhismus als Gifte angesehen werden – *Verwirrungen, Bedrängnisse, Verunreinigungen* –, aber das, was ich gerne als die „befreiten" Versionen der beteiligten Energie betrachte, wird als *Weisheiten* angesehen. Sie sind nicht nur die guten Versionen von negativen oder egoistischen Emotionen. Sie haben keine Gegensätze und daher keine Grenzen. Sie sind Soheit. Sie sind selbsterfüllend.

Einssein des Subjekts und abgelehnte Teile des Selbst

Wir haben uns nun mit Trennung und Einssein befasst, wie sie sich auf verschiedene Themen beziehen – Subjekt und Objekt, Selbst und andere, Sprache und Aktivität. Vom Standpunkt der Praxis mit den Geboten aus bezieht sich eine der wichtigsten

Fragen zum Thema Trennung und Einssein auf die Teile von uns selbst, bei denen wir versucht sind, sie abzulehnen, sie zu verleugnen oder zu verstecken. Normalerweise lehnen wir Teile von uns selbst ab oder verleugnen sie, weil sie nicht zu unserem Selbstbild passen, dem Bild, wie wir gerne gesehen werden möchten. Wir können dies als eine Form von Selbstschutz oder Selbstdarstellung betrachten. Manchmal ist es Angst, die die Ablehnung verursacht. Wenn wir mit den Geboten praktizieren, indem wir den Mörder, den Lügner, den Dieb usw. in uns wirklich sehen und zulassen, dann heißt das, um noch einmal Dogens Worte zu gebrauchen, „sich klar zu machen, dass es nichts gibt, was man nicht mag oder wonach man sich sehnt."[2] Es ist das, was er eine „unbefleckte" Beziehung zu diesen Teilen unserer selbst nennen würde. Dies ist der entscheidende erste Schritt, um sich dem Einssein mit den Zen-Geboten zu öffnen. Es ist eine zutiefst mitfühlende Praxis. Es ist auch eine notwendige Praxis, denn nur das Mitgefühl für uns selbst ermöglicht es uns, Mitgefühl für andere zu haben.

In Thich Nhat Hanhs berühmtem Gedicht „Nenne mich bei meinen wahren Namen", das ich in die Erörterung zum siebten Gebot aufgenommen habe, geht es darum, dass wir mit dem anderen eins sind, ob dieser andere nun eine Blume, ein Frosch, ein Waffenhändler oder ein Vergewaltiger ist. Wenn mir die Vorstellung, mit einer Blume oder jemandem, den ich bewundere oder liebe, eins zu sein, leichter fällt als mit einem Waffenhändler oder einem Vergewaltiger – oder einem Frosch –, dann kann ich sicher sein, dass es etwas gibt, das ich in mir ablehne. Es gibt also Grenzen, Konzepte, Objekte. Der römische Dichter Terenz erinnert uns daran, wie im Kapitel über das sechste Gebot – Kein Sprechen über Irrtümer und Fehler anderer – erwähnt: „Nichts Menschliches ist mir fremd."

Der zweite Schritt besteht darin, dem, was es ist, so nahe zu kommen, dass ich seinen Namen nicht mehr weiß. Es ist nicht länger ein „dies im Gegensatz zu jenem". Es ist nicht „Ich bin ein Lügner im Gegensatz zu jemandem, der die Wahrheit sagt". Wenn ich mir erlauben kann, zu 100 Prozent der Lügner zu sein, der ich bin, hört es auf, konzeptuell zu sein, hat es keine Grenzen mehr und ist nicht mehr etwas, dem man widerstehen muss – wie die Kälte, die in der Geschichte über Dongshan und seinem Mönch getötet wird (S. 166). Ich und es werden zum Einssein der Soheit. Es gibt nichts mehr, was man zurückweisen könnte. Wie Dogen in der Einleitung zum ersten Teil erklärt hat: „Wenn ein Dämon ein Buddha wird, nimmt er seine Dämonengestalt an, bricht sie und verwirklicht Buddhaschaft."[3] Wenn eine Lügnerin ein Buddha wird, übt sie ihr Lügen aus, bricht sie und verwirklicht ihre Buddhaschaft.

Partner- oder Gruppenübungen

Wiederkehrende Fragen: Stellen Sie die Fragen (1) und (2) getrennt für jeweils 10 Minuten, ohne Nachfragen oder Gegenrede.

1. Erzähl mir, wie du dich durch mitfühlendes Zulassen für etwas in dir selbst geöffnet hast.
2. Erzähl mir von etwas, das du nur schwer mitfühlend zulassen und einem anderen mitteilen konntest.

Monolog:
Jeweils 15 Minuten, ohne Nachfragen oder Gegenrede. Reflektieren Sie über diese beiden Fragen.

Diskutieren Sie gemeinsam, so lange Sie möchten.

21

Einssein und die Gebote

Es gibt keine Täuschung, die das große Erwachen behindert.

DOGEN

Wir haben nun eine Reihe von Themen in Verbindung mit Einssein, Soheit und Mitgefühl behandelt, und ich hoffe, Sie haben eine Ahnung davon bekommen, was es bedeuten könnte, eins mit einem Gebot zu sein. Wir müssen hier allerdings auf unseren Sprachgebrauch achten. Sowohl im säkularen als auch im religiösen Kontext gibt es viele verschiedene Begriffe für ethische Gebote – *Grundsätze, Anordnungen, Verhaltensregeln, Vorschriften, Verbote, Normen, Standards* und vieles mehr. In all diesen Fällen wird das Gebot oder der Grundsatz in gewisser Weise als außerhalb von uns stehend, von uns getrennt, behandelt und als Standard oder Leitfaden für richtiges Verhalten verwendet, der uns sagt, was wir tun und was wir nicht tun sollten. Diese Trennung zeigt sich in der Sprache, die wir für unsere Beziehung zu den Geboten verwenden – *befolgen, einhalten, daran halten* oder *beachten*.

So etwas wie die drei Reinen Gebote und die zehn Großen Gebote des Zen findet man in jeder religiösen Tradition und auf jedem spirituellen Weg. Etwas Ähnliches findet sich in jeder Kultur auch als weltliche ethische Prinzipien oder Verhaltensnormen. Auf solche Gebote oder Prinzipien kann man sich immer auf drei verschiedene Arten beziehen. Wenn man die Gebote entweder im absoluten „Mach das auf keinen Fall"-Sinn oder im „Es ist relativ zum Kontext"-Sinn versteht, haben wir, wie oben schon beschrieben, jeweils eine dualistische Beziehung zu ihnen. In der dritten, der nondualen Art, die Gebote zu verstehen, die in den westlichen mystischen Traditionen und im Zen Dogens, das wir hier betrachten, zu finden ist, haben sie in gewissem Sinne aufgehört, Gebote zu sein. Wir befinden uns im Bereich der Ungetrenntheit und sind daher eins mit den Geboten.

Dabei kann es hilfreich sein, die folgende Analogie zu betrachten: Stellen Sie sich vor, Sie sind Teil einer Tanzgruppe, und der Choreograph hat sich einen neuen Tanz ausgedacht und die Choreographie dafür aufgeschrieben. Sie haben die Partitur in der Hand und verwenden sie, um die richtigen Bewegungen im Zusammenspiel mit den anderen Tänzer*innen und der Musik auszuführen. Die Partitur – und vor allem anfangs auch die choreografierten Bewegungen, die sie vorgibt – sind von Ihnen getrennt. Mit der Zeit verinnerlicht man die Partitur und hat sie im Kopf, um sie bei Bedarf im Geiste zu Rate zu ziehen. Sie ist immer noch getrennt. Irgendwann sind Sie eins mit ihr, und der Tanz geschieht automatisch. Wenn Sie noch tiefer eindringen, gibt es wahrscheinlich Momente, in denen der Tanz nicht nur spontan geschieht, sondern von einem Ort zu kommen scheint, an dem es keine*n Tänzer*in, keinen Handelnden, kein „Ich" und auch keinen Tanz gibt. Der Tanz geht weiter, aber er ist nicht mehr konzeptualisiert und somit nicht mehr etwas, was ein beschreibbares „Ich" tut. Jeder tanzende Moment ist frei von Vergangenheit und Zukunft und in jeder Hinsicht frei von der Frage „Warum?" – wie etwa der Frage: „Warum machst du das so?". Die Antwort lautet nicht mehr: „Weil die Choreografie es so vorschreibt", sondern: „Ich bin einfach."

Zen zufolge kann diese Art von Transformation in allen Lebensbereichen stattfinden, auch bei den Geboten. Ich vermute, dass wir alle schon die Erfahrung gemacht haben, dass wir ganz natürlich oder spontan das Wesentliche eines der Gebote zum Ausdruck gebracht haben, ohne die Trennung eines „Soll ich?" oder „Soll ich nicht?" und ohne ein „Warum?". Die Frage „Warum?" ergibt nur Sinn, wenn es eine Trennung zwischen dem/der Handelnden und dem Gebot gibt. In solchen Fällen gibt es eine Antwort wie „Weil es das Richtige ist". Weder meine in Kapitel 14 erwähnte Studentin noch die Neuseeländerin in Kapitel 18 agierten mit einem „Warum?" und einem „Weil es das Richtige war".

Vielleicht können wir jetzt Dogens Unterweisung in einem neuen Licht verstehen: „Wenn wir Zazen sitzen, welches Gebot wird nicht befolgt, welcher Verdienst nicht erlangt?"[1] Wie oben erwähnt, ist Zazen, oder die Sitzmeditation, für Dogen nicht ein Mittel zum Zweck des Erwachens, sondern vielmehr ein Ausdruck des Erwachens. Wie ein Gesicht und sein Ausdruck sind sie eins. In diesem Stadium entstehen die Gebote, die dem Erwachen inhärent und nicht das Ergebnis des Erwachens sind, natürlich und spontan. Wir sind eins mit ihnen, da wir den Bereich des Konzeptuellen verlassen und den Bereich der Soheit betreten haben. Wir sind ihre verkörperte Manifestation. An dieser Stelle ergibt es nur Sinn, „kein" anstelle von „nicht" oder „tue nicht" zu verwenden.

An diesem Punkt können wir fragen, wie wir mit den Geboten dorthin gelangen? Hier ist die Zen-Praxis, keine Präferenzen zu haben, wertvoll. Darum geht es bei den Übungen mit den Geboten im ersten Teil. Kann ich den Mörder oder den Lügner in mir so tief zulassen, dass ich das Muster von Anhaftung und Ablehnung beende, durch die ich sie zu Gegensätzen der ausschließenden „Nicht"-Version jedes Gebots mache?

Eine Möglichkeit für uns, die Verwendung von „kein" anstelle von „nicht" bei jedem der Zen-Gebote zu verstehen, ist, uns wieder an Meister Sengcans Gedicht „Vertrauen in den Geist" zu erinnern, in dem er schreibt: „Der höchste Weg ist nicht schwer für diejenigen, die keine Vorlieben haben." Die Vorlieben, die hier gemeint sind – das Mögen und Nicht-Mögen, das Festhalten und Zurückweisen –, sind auf den vergleichenden Geist zurückzuführen, auf das Gegenüberstellen von besser und schlechter. Wie wir gesehen haben, tun wir dies, indem wir etwas als „dies" im Gegensatz zu „das" ansehen – mit einer leichten Tendenz, das eine zu bevorzugen. Dies ist der Beginn der Trennung. Beim ersten Lesen des Gedichtanfangs denken viele Menschen fälschlicherweise, es gehe um das Verbot von Vorlieben, sodass ich nicht länger das Vanilleeis der Schokolade vorziehen kann – oder darum, das Nicht-Lügen dem Lügen vorzuziehen. Das ist hier keineswegs gemeint. Es geht vielmehr um die Anhaftung an eine Sache und die Ablehnung einer anderen oder vieler anderer Sachen. Das gilt auch für andere Menschen. Ich kann durchaus meinen Kandidaten dem Ihren vorziehen oder die Gesellschaft einer Person einer anderen vorziehen. Aber kann ich das ohne Anhaftung und Ablehnung tun? Kann ich mir meiner Vorliebe oder Meinung bewusst sein, ohne zu polarisieren? Ich bin getrennt, wenn ich ein Pol einer Polarisierung bin, wie zum Beispiel: Das sind Republikaner und *ich gehöre definitiv nicht dazu*! Aber ich bin auch getrennt, wenn ich Dinge oder Personen in einem polarisierten Sinne als gegensätzlich behandle – Republikaner und Demokraten schließen sich gegenseitig aus, sie sind definitiv nicht frei, sich gegenseitig zu durchdringen. Wie Dogen uns erinnert, tun wir dies fälschlicherweise auch mit Täuschung und Erwachen, und das ist die Bedeutung von „Es gibt keine Täuschung, die das große Erwachen behindert."[2] Täuschung und Erwachen sind keine Gegensätze. Wenn ich die Dinge als sich gegenseitig ausschließend betrachte, schließe ich mich selbst von ihnen aus, ich werde von ihnen getrennt. „[Das] ist so, als würde man sich selbst ohne Seil binden."[3] Nicht nur ich werde „ohne Seil" gebunden, sondern auch sie. Alles ist dann eingegrenzt und behindert alles andere.

Genauso verhält es sich mit den Geboten. Ich kann dem „Du sollst nicht stehlen“ anhängen und das Stehlen ablehnen. Genau hier schaffe ich einen Dualismus der Gegensätze, eine Polarisierung. Ich kann dann niemals eins mit einem Gebot sein. Darüber hinaus kann diese Anhaftung an das „Du sollst“ und „Du sollst nicht“ natürlich dazu führen, dass wir stark bewerten. Ich erinnere mich, wie ich als zehnjähriges Kind mit meinem zwei Jahre jüngeren Bruder und unserer vierjährigen Schwester zu Woolworth ging, um etwas für unsere Mutter zu besorgen. Wir sagten unserer Schwester, sie solle an der Süßwarentheke bleiben, während wir das suchen gingen, was wir besorgen sollten. Wir kehrten zu ihr zurück und waren bereit, nach Hause zu gehen, aber sie konnte sich aus irgendeinem Grund nicht bewegen. Wir bemerkten einen Arm hinter ihrem Rücken. Es stellte sich heraus, dass sie ihre Hand in eine kleine Öffnung in der Glasabdeckung gesteckt hatte und eine Handvoll Süßigkeiten festhielt. Die Öffnung war zu klein für ihre Faust, aber nicht für ihre Hand. Sie hätte die Süßigkeiten loslassen müssen, aber sie weigerte sich, dies zu tun. Als wir sie schließlich dazu brachten, die Süßigkeiten loszulassen, waren wir zwei älteren, besserwisserischen Geschwister ganz furchtbar zu ihr und beschuldigten sie auf dem ganzen Heimweg unablässig des Diebstahls. Wenn man bedenkt, wie wir sie behandelten, könnte man meinen, sie hätte Geld von einer Organisation veruntreut, die den Armen helfen sollte! Mein Verhältnis und das meines Bruders zu der Versuchung zu stehlen – sowohl bezogen auf uns als auch auf andere Personen – lag eindeutig in der polarisierenden Kategorie des „Du sollst nicht“.

Partner- oder Gruppenübungen

Wiederkehrende Fragen: Stellen Sie die Fragen (1) und (2) getrennt für jeweils 10 Minuten, ohne Nachfragen oder Gegenrede.

1. Erzähl mir, wie du bei einem der Gebote ein „Du sollst" gespürt hast.
2. Nenn mir eine Situation, in der du bei einem der Gebote ein „Du sollst nicht" gespürt hast.

Monolog:
Jeweils 15 Minuten, ohne Nachfragen oder Gegenrede.
Erkunden Sie den Unterschied zwischen den Zeiten, in denen Sie bei einem der Gebote das Gefühl hatten, dass Sie etwas tun sollten oder nicht tun sollten, und den Zeiten, in denen Sie erlebt haben, dass Sie mit einem Gebot eins waren. Überdenken Sie das Handeln mit oder ohne ein „Warum?" und ein „Weil ...".

Diskutieren Sie gemeinsam, so lange Sie möchten.

22

Von „Nicht" zu „Kein"

Sich öffnen für die Soheit von Stehlen und kein Stehlen.

Um bei dem Beispiel des Stehlens zu bleiben und einiges von dem zu nutzen, was wir uns mit Dogens Hilfe angesehen haben, können wir hier allmählich verstehen, warum die Gebote mit „kein" anstelle von „nicht" bzw. „Du sollst nicht" formuliert werden. Erstens: Wenn wir das *Nicht-Stehlen* brauchen – oder „Stiehl nicht" oder „Du sollst nicht stehlen" –, um es dem *Stehlen* gegenüberzustellen, bedeutet das, dass wir an das *Stehlen* denken oder es vielleicht sogar eine Versuchung für uns ist, mit der wir umgehen müssen. Beide, sowohl das *Stehlen* als auch das *Nicht-Stehlen,* sind konzeptualisiert, begrenzt und von einem konzeptualisierten, begrenzten *Ich* getrennt. Außerdem gibt es in dieser Trennung kein Nicht-Stehlen ohne Stehlen, und in seiner konzeptualisierten Form gibt es kein Stehlen ohne Nicht-Stehlen. Sie sind einander entgegengesetzt und daher voneinander abhängig. Das Nicht-Stehlen kann, wenn es konzeptualisiert ist, niemals von ganzem Herzen kommen. Es kann niemals frei vom Stehlen sein und ist daher nicht befreit. Es behindert das Stehlen und wird von ihm behindert. Stehlen wird zu etwas, das man vermeiden, das man ablehnen und dem man widerstehen muss, und Nicht-Stehlen wird zu etwas, dem man anhängt. Dieser Gegensatz schafft eine Spaltung in uns.

Es gibt einige moralisch einwandfreie Menschen, die selbst bei einem kontextgebundenen Verständnis der Gebote immer das tun, was die meisten von uns als das Richtige ansehen würden. Sie sind sehr diszipliniert bei der Befolgung der Gebote. Dennoch gibt es nicht nur eine Trennung zwischen ihnen und dem betreffenden Gebot, sondern auch eine innere Spaltung und damit einen Preis, der in einem Mangel an Freiheit und Mitgefühl resultiert. Die Art und Weise, mit den Geboten zu arbeiten, die in diesem Buch empfohlen wird – nämlich zu lernen, den Stehlenden in uns zu erkennen, zuzulassen und sogar willkommen zu heißen –, hilft, den Einfluss, den das Stehlen auf uns hat, oder den Einfluss, den wir darauf haben, zu lockern. Das eröffnet uns dann die Möglichkeit, mit ihm eins zu werden, was dazu führt, seine Leerheit und damit seine Grenzenlosigkeit, seine Soheit zu entdecken. Es mag überraschen, dass sich neben dem Maul eines Pferdes und dem Kiefer eines Esels auch das Stehlen, Lügen usw. in ihrer Soheit zeigen können. In einem Abschnitt über Soheit („Immo") in seinem Shōbōgenzō, der hier in zwei Übersetzungen wiedergegeben wird, spricht Dogen dies an:

> Weil auch die Sorge eine solche Sache ist, gibt es keine Sorge. Man sollte auch nicht darüber erstaunt sein, dass eine Sache auf diese Weise existiert. Selbst wenn es Soheit gibt, über die ihr erstaunt seid, ist sie doch so – es ist Soheit des „man sollte nicht erstaunt sein".[1]

> Da Ängstlichkeit selbst eine Wesenheit von Soheit ist, gibt es keine Ängstlichkeit. Außerdem brauchen wir uns nicht darüber zu wundern, dass das Wesen von Soheit so ist. Selbst wenn Soheit überraschend und verdächtig erscheint, ist es dennoch Soheit: Es gibt diese Soheit, über die man überrascht sein sollte.[2]

Wie wir inzwischen wissen, können wir nicht nur Pflaumenblüten in ihrer Soheit erleben, sondern auch Eselskiefer und zerbrochene Holzkellen. Und natürlich wird uns in vielen Haiku-Gedichten die Möglichkeit präsentiert, Läuse, Flöhe, Pferdepisse, juckende Hunde und mehr in ihrer Soheit zu erfahren. Diese beiden Übersetzungen zeigen uns, dass die Besorgnis bzw. Sorge in ihrer Soheit, ihrer Leerheit, ihrer Nicht-Konzeptualität erlebt werden können. Und damit hören sie auf, das zu sein, *was* sie sind. Das Gleiche gilt für das Stehlen und Nicht-Stehlen. Nicht zu stehlen ist eine „gute" Version einer negativen, menschlichen, auf das Ego bezogenen Tendenz – nämlich des Stehlens. Es ist sein Gegenteil. Kein Stehlen hingegen hat kein Gegenteil. Wie die in Kapitel 20 erwähnte tibetische Medizin, die auch als „Weisheit" bekannt ist, ist es vollständig selbsterfüllend.

Bodhidharma, der erste Zen-Patriarch, sagt über das zweite Gebot – kein Stehlen: „Die Natur des Selbst ist unfassbar wundersam. Im ungreifbaren Dharma wird es als ‚Nicht-Stehlen' bezeichnet, wenn kein Gedanke an Gewinn sich geltend macht." In diesem „ultimativen" Bereich ist der Gedanke an Gewinn, der nicht aufkommt, nicht das Gegenteil von irgendetwas. Es gibt keinen Gedanken an Gewinn, dem man widerstehen müsste, um das zweite Gebot – kein Stehlen – zu leben. Aber wenn in der Soheit des Nicht-Stehlens kein Nicht-Stehlen mehr ist, warum haben wir dann überhaupt das Nicht-Stehlen als eine Unterweisung? Warum sind wir nicht einfach frei von der ganzen Sache, in einem gebotsfreien Nirvana-Land, wo es keinen Unterschied zwischen, sagen wir, „kein Stehlen" und „kein Lügen" gibt? Nein, wir sind immer noch hier in unserem komplizierten Leben – „dem ganzen Trubel"[3], wie Wittgenstein es nannte. Wir haben „kein Stehlen", nicht „kein Lügen", wegen des Kontextes. Wenn sie nicht-konzeptuell werden, verlieren sie dann nicht ihre Identität? Ihre konzeptuelle Identität, ja, aber nicht ihre einzigartige Besonderheit.

Wir können uns an Dogens Lehre erinnern, dass „die ‚vollständige Erfahrung einer einzelnen Sache' eine Sache nicht ihrer einzigartigen Besonderheit beraubt. Sie stellt eine Sache weder gegen andere Sachen noch gegen keine."[4]

Der Kontext wäre einer, in dem das Stehlen, nicht das Lügen oder Berauschtsein stattfinden könnte, aber das wissen wir nicht, wenn wir es uns konzeptuell ausdenken. Das Geld, das der Person, die vor mir geht, aus der Tasche gerutscht ist, macht es offensichtlich. Das ist Prajna. Dogens Kommentar zum zweiten Gebot – kein Stehlen – lautet: „Der Geist und die Äußerlichkeiten sind genau so. Das Tor der Befreiung hat sich geöffnet." Sowohl Subjekt als auch Objekt sind „unbefleckt". Sowohl das Stehlen als auch das Nicht-Stehlen sind unbefleckt. Es gibt nichts, was im Bereich der Natur des Selbst fehlt. Daher würde der Gedanke an Gewinn nicht einmal aufkommen. Sowohl das Stehlen als auch das Nicht-Stehlen sind befreit, um „kein Stehlen" zu werden.

Mir fällt hier ein, dass eine Erfahrung, die ich gelegentlich mit Obdachlosen mache, die um ein Almosen bitten, ein Beispiel für „kein Geizig-Sein" ist, statt nicht geizig zu sein. Ich lebe in New York City, wo es selten ist, dass man nicht auf Obdachlose trifft, wenn man draußen unterwegs ist. Wenn ich um Geld gebeten werde, werde ich etwas geben. Die Tatsache, dass ich nicht darüber nachdenke, ob es eine gute Sache ist, macht es zum „kein Geizig-Sein". Es ist einfach automatisch. Was mir jedoch auffällt, ist, dass ich es versäume, etwas zu geben, wenn ich in Eile bin und an einem Obdachlosen vorbeilaufe: „Oh, ich habe keine Zeit, ich bin in Eile." Am Ende bleibe ich dann doch stehen, drehe mich um und gehe zurück, um etwas zu geben. Ich bin mir bewusst, dass es keinen Gedanken gibt, kein „Du sollst" oder „Du sollst nicht". Es hat nicht einmal einen Namen. Es ist einfach, was es ist. Es ist, als gäbe es in diesem Moment eine Erfahrung der Soheit von beidem, geizig und nicht geizig, und damit auch meiner selbst. Es ist plötzlich, aus der Zeit gefallen, wie die Erfahrung meines Studenten mit seinem Airbnb, die in Kapitel 14 erwähnt wird.

Wir sind frei, uns gegenseitig zu durchdringen. Es gibt keine Grenzen, keine Hindernisse, keine Blockaden. Wenn sowohl Geizig-Sein als auch Nicht-geizig-Sein frei sind, sich gegenseitig zu durchdringen, ist das Ergebnis: kein Geizig-Sein. Alles ist befreit – kein Grund, kein Ziel, kein „Gebunden-Sein an", kein Widerspruch, kein „Warum?" – und daraus entsteht „kein Geizig-Sein" ganz natürlich und spontan. Hier beginnen wir zu verstehen, warum Glaube für Dogen so wichtig war.

23

Die Jukai-Zeremonie

Die großen Gebote der Buddhas wurden vom Buddha aufrechterhalten und bewahrt. Buddhas haben sie an Buddhas übertragen, und Vorfahren haben sie weitergegeben an Vorfahren. Das Empfangen der Gebote überschreitet die Grenzen von Vergangenheit, Gegenwart und Zukunft.

DOGEN

Das Erwachen zum Buddha-Geist wird als „wahrhaftiges Empfangen der Gebote" bezeichnet.

BODHIDHARMA

Jukai bedeutet, sich selbst als die Gebote zu manifestieren.

MAEZUMI ROSHI

Viele westliche Zen-Schüler denken bei der Jukai-Zeremonie an eine Zeremonie, bei der man Buddhist*in wird, als ob es sich um eine Art Bekehrungszeremonie handelt. Aber selbst wenn wir die Zeremonie korrekt als „Zuflucht nehmen" zum Herzen der buddhistischen Lehren verstehen, muss dies noch lange nicht bedeuten, dass man Buddhist*in wird, wie mir meine Freundin und Schülerin, die römisch-katholische Nonne Joan Kigen Kirby, zeigte. Und selbst wenn man Buddhist*in wird, ist dies sicherlich nicht als das Annehmen einer Identität gemeint. Diese wäre dann ein Konzept und würde das, was nicht buddhistisch ist, ausschließen und am

Ende alles Mögliche blockieren, und man würde Freiheit und Offenheit verlieren.

Ich finde es bemerkenswert, dass es bei dieser Zufluchtszeremonie um Gebote gehen soll. Es ist ja nicht so, dass eine solche Zeremonie zum Empfangen der Gebote in anderen Traditionen üblich ist. Es zeigt, wie ernst sie in der Zen-Tradition genommen werden, aber, wie wir gesehen haben, nicht als bloße ethische Richtlinien für die Praxis. Vielmehr werden sie als ein Aspekt des Absoluten, der Wahren Natur oder der Buddha-Natur verstanden – sie sind dem Erwachen inhärent.

Die klösterlichen Gebote, die im frühen Buddhismus entwickelt wurden, waren weitaus zahlreicher als die sechzehn Bodhisattva-Gebote, die von Dogen übernommen wurden. Sie sollten die Standards für das Verhalten der Mönche festlegen. In der japanischen Soto-Schule wurden sie schließlich auf diese sechzehn reduziert und sowohl an Laien-Praktizierende als auch an Mönche weitergegeben. Im achtzehnten Jahrhundert gab es eine Debatte darüber, ob es bei der Zeremonie des Empfangens der Gebote einfach darum ging, sich zu verpflichten, den Lehren des Buddha zu folgen, was die Aufnahme in eine Gemeinschaft und das Leben nach den Geboten einschloss, oder ob es um etwas viel Größeres ging – nämlich darum, ein Buddha zu werden. Dies würde ein völlig anderes Verhältnis zu den Geboten mit sich bringen. Die letztere Ansicht setzte sich in diesen Debatten durch, und wenn wir uns die Worte der Jukai-Zeremonie, wie sie uns in der Soto-Schule überliefert wurde, genau ansehen, können wir erkennen, dass sie in gewissem Sinne dazu gedacht ist, die Buddhaschaft der Teilnehmenden zu offenbaren und nicht nur ihren Status als neue Mitglieder einer Gemeinschaft zu bestätigen. Mit anderen Worten geht es bei der Zeremonie nicht so sehr darum, Buddhist*in zu werden, sondern vielmehr darum, ein Buddha zu werden.

Um dies zu erkennen, müssen wir nur die Sprache für das „Einsseins mit" betrachten, die sowohl der/die Lehrende der Gelübde als auch der/die Empfangende an verschiedenen Stellen der Zeremonie verwenden. Zum Beispiel wird das, was Buddhist*innen oft als „Zuflucht nehmen zu" den Drei Kostbarkeiten (Buddha, Dharma, Sangha) bezeichnen – eine Formulierung, die es so klingen lässt, als seien diese von uns getrennt – stattdessen zu „sich offenbaren als" die Drei Kostbarkeiten. Der/Die Lehrende sagt: „Sei eins mit" jeder der Drei Kostbarkeiten, beginnend mit Buddha, und der/die Empfangende antwortet: „Eins seiend mit …"

Der/Die Lehrende „überträgt" dann die Gebote, die über viele Generationen der Überlieferungslinie hinweg „offenbart und weitergegeben" wurden. Die Gebote selbst werden „offenbart". Mit anderen Worten, sie werden entdeckt oder aufgedeckt und nicht von uns Menschen erfunden oder festgelegt. In Bernie Glassmans Version, die meine Sangha verwendet, sagt der/die Lehrende kurz vor der Übermittlung der Gebote: „Um euch die Gebote zu übermitteln, muss ich mich im Raum des Nicht-Wissens befinden und mich als Buddha Vairocana, als Buddha der formlosen Formen, manifestieren." Mit anderen Worten, der/die Lehrende wird zur Formlosigkeit – der „wundersamen Natur des Selbst" des Bodhidharma, aus der heraus sich die Gebote als formlose Formen manifestieren, nämlich als ihre Soheit. Nachdem er/sie die Gebote übertragen hat, sagt der/die Lehrende: „Wenn fühlende Wesen die Gebote empfangen, betreten sie das Reich der Buddhas." Die Zeremonie endet damit, dass diejenigen, die die Gebote bereits erhalten haben, die neuen Empfänger*innen begrüßen, indem sie sie umrunden, sich verbeugen und immer wieder sagen: „Buddha erkennt Buddha und Buddha verbeugt sich vor Buddha." Sie sagen nicht: „Buddhist*in verbeugt sich vor Buddhist*in." Bodhidharma, der erste Zen-Patriarch, fasst dies zusammen mit den Worten:

> Empfangen ist Übertragung: Übertragung ist Erwachen. Das bedeutet, dass das Erwachen zum Buddha-Geist „wahrhaftig die Gebote empfangen“ genannt wird.

Dogens Version davon lautet:

> Wenn Wesen die Gebote empfangen, erreichen sie die Ebene aller Buddhas. Sie sind wahrlich die Kinder der Buddhas.

24

Ein Buddha sein

Die Aussage, dass man, nachdem man ein Buddha geworden ist, die spirituelle Disziplin aufgeben und sich nicht weiter bemühen sollte, beruht auf der Ansicht eines gewöhnlichen Menschen, der den Weg der Buddhas und Vorfahren noch nicht versteht.

DOGEN

Am Ende des letzten Kapitels lesen wir von den Belehrungen Dogens und Bodhidharmas, dass die Gebote zu empfangen bedeutet, die Ebene aller Buddhas zu erreichen oder zum Buddha-Geist zu erwachen. Das hat nichts mit etwas Dauerhaftem zu tun, das weit in der Zukunft als Ergebnis jahrelanger Praxis von uns getrennt ist. Wie Dogen uns mitteilt:

> Zur Zeit des anfänglichen Wunsches nach Erwachen wird man ein Buddha, und auf der letzten Stufe der Buddhaschaft wird man [noch] ein Buddha.[1]

> Wenn ihr Erleuchtung erlangt habt, solltet ihr die Praxis des Weges nicht beenden, indem ihr euren gegenwärtigen Zustand als endgültig anseht, denn der Weg ist ohne Ende.
> Bemüht euch um den Weg immer mehr, auch nach der Erleuchtung.[2]

Die Jukai-Zeremonie selbst ist eine Gelegenheit, bei der wir, selbst als Anfänger*innen, ein Buddha werden. Aber wie können wir ein Buddha *werden*, wenn wir bereits ein Buddha *sind*? Man könnte fragen, wie es sein kann, dass wir ein Buddha *werden* können, wenn wir keine Buddha-Natur *haben*, sondern Buddha-Natur *sind*. Wir mögen Buddhas sein, aber wir wissen es nicht. Die Zeremonie *offenbart* uns, dass wir Buddhas *sind*. Nachdem ich die Gelübde inzwischen vielleicht fünfundzwanzig oder mehr Male weitergegeben habe, bin ich doch immer wieder erstaunt, wie bewegend das für den/die Empfangende*n ist. Es ist ein Beispiel für eine kurzzeitige Erfahrung außerhalb der Zeit. Aber was für Dogen noch wichtiger ist: Auch wenn wir Buddhas sind, müssen wir unsere Buddhaschaft *verwirklichen*. Dogen drückt es so aus:

> Obwohl dieses unvergleichliche Dharma in jedem Menschen im Überfluss vorhanden ist, wird es ohne Praxis nicht aktualisiert und ohne Verwirklichung nicht erlangt.[3]

Das heißt, je mehr wir praktizieren, desto mehr solcher Momente treten auf, bis wir schließlich beginnen, sie als das zu erkennen, was sie sind. Diese Momente, in denen wir ein Buddha werden, bleiben Momente. Sie sind Sprünge aus dem Konzeptuellen.

Darüber hinaus sagt er uns:

> Es gibt einige Bodhisattvas, die unzählige Milliarden und Abermilliarden Male zu Buddhas wurden.[4]

Dies hilft uns zu verstehen, warum die Verwirklichung eines Buddha nicht darin besteht, sich in einem dauerhaften, unveränderlichen, zeitlosen, absoluten Zustand zu befinden, denn wir können uns nie von dem befreien, was Dogen unser „auf den Kopf gestelltes Alltagsleben“[5] nennt. Außerdem erinnert er uns daran, dass „die schwindelerregenden Verwirrungen des Lebens grenzenlos sind“[6]. Bernie Glassman antwortete auf die Frage „Was ist Zen?“ immer: „Zen ist Leben.“ Und seien wir ehrlich, das Leben ist unendlich komplex und ständig im Wandel. Wie in Kapitel 22 erwähnt, nennt Wittgenstein es „den ganzen Trubel“. In der Tat ist alles, was wir als Leben bezeichnen, unbeständig, und wie Dogen uns zeigt, ist diese Unbeständigkeit selbst die Buddha-Natur. Es ist eine grenzenlose dynamische Kraft, in der nichts ausgeschlossen ist. „Die gesamte Existenz ist Buddha-Natur“[7], sogar das, was er unser „riesiges und schwindelerregendes karmisches Bewusstsein“[8] nennt. Die Frage ist, ob wir alle konzeptualisierten Lebensbereiche in ihrer Soheit kennen können, einfach so, wie sie sind, ohne Vorlieben oder Geschichten. Können wir sie kennen, indem wir sie sind, anstatt das Leben vorbeifließen zu sehen, als stünden wir am Ufer des Flusses Leben? Das „Werden“ ist das Offenbaren dessen, was wir bereits sind. Es ist eine Entdeckung, kein Prozess, aber das, was wir bereits sind, muss immer und immer wieder verwirklicht werden, bis wir beginnen, „daraus zu leben“. Die Buddha-Natur selbst ist unbeständig. Sie sitzt nicht irgendwo und wartet auf uns, noch ist sie ein Samen in uns, eine potenzielle Pflanze. Wir können dies daran erkennen, dass die Jukai-Zeremonie damit endet, dass, obwohl das Empfangen der Gebote bedeutet, ein Buddha zu werden, der/die Empfangende, nachdem er/sie jedes Gebot erhalten hat, gefragt wird: „Wirst du es bewahren?“ Die Formulierung „ohne Praxis nicht verwirklicht“ lässt es so klingen, als sei die Praxis das Mittel zur Verwirklichung, aber es ist vielmehr so, dass die Praxis selbst die Verwirklichung dieses unvergleichlichen Dharmas *ist*. Und Praxis ist kein endgültiger Zustand oder abschließendes Stadium. Schließlich wurden einige Bodhisattvas „unzählige Milliarden und Abermilliarden Male“ zu Buddhas. Es gibt eine christliche Mystikerin, die in dieser Hinsicht wie Dogen klingt, und das ist Mechthild von Magdeburg:

> Darum sollt Ihr Furcht und Scham von Euch tun und alle äußeren Tugenden. Die Tugend allein, die Ihr in Eurem Innern von Natur traget, die sollt Ihr in Ewigkeit finden wollen.[9]

Ich denke, ich würde dem „Von-sich-Tun" beziehungsweise Entsagen „mitfühlendes Zulassen, Annehmen und Eins-Werden mit" aller Angst und Scham des Mörders, Lügners, Diebs usw. voranstellen. Vor vielen Jahren, als ich die Praxis mit Bernie begann, machte ich die Erfahrung, dass mir „die Schuppen von den Augen fielen". Es war während eines *Mondo*, dem öffentlichen Dialog zwischen Schüler*innen und Lehrenden. Ein Mann, der wie ich Philosophieprofessor, aber auch politisch sehr aktiv war, kam vor, verbeugte sich und stellte dann seine Frage in Form eines politischen Kommentars über Zen. Bernie antwortete einfach: „Es gibt keine Utopien. Es ist wie beim Putzen – die Arbeit ist nie ein für alle Mal getan." Dies zu hören hat mich zutiefst berührt, und all diese Jahre später weiß ich zu schätzen, wie viel Dogen in Bernies Lehre steckt.

Dogen ist bekanntlich berühmt für seine Worte, dass die Praxis das Erwachen ist und nicht ein Mittel zum vermeintlichen Ziel der Erleuchtung. Aber was genau ist Praxis? Gewöhnlich denken wir bei „Praxis" an bestimmte formale Zen-Praktiken, vor allem Zazen, aber denken Sie einmal über das Wort „Praxis" nach. Es impliziert Handlung, Aktivität, Benehmen und so weiter – all das „Tun" des Lebens: langsam gehen, schnell gehen, Windeln wechseln, Haferflocken essen, an einem Retreat in Auschwitz teilnehmen, einen Schmetterling sehen, Liebe machen, eine Krähe hören, die Hand eines Sterbenden halten, für einen Kandidaten werben, pinkeln, scheißen, Tee trinken, sprechen und sogar denken. Wie Dogens Begriff des *vollen Einsatzes* deutlich macht, geht es hier nicht um die Praxis der „Achtsamkeit". Achtsamkeit ist sehr wichtig, aber wir essen Haferflocken nicht mit unserem Geist. Wir brauchen eine Hand, einen Löffel, einen Arm, um den Löffel zu heben, Lippen, Zähne, eine Zunge, Schlucken und mehr. Wir sind auch ein ganzer Körper, der irgendwo irgendwie sitzt. Selbst das Sehen, das Hören, das Fühlen von Kälte oder Wärme sind „Taten". Im Zen kommt es darauf an, mit diesen Handlungen „eins" zu sein – also das, was immer es ist, zu 100 Prozent zu tun, was nie ein für alle Mal getan ist.

Voller Einsatz gilt für beide Seiten des Einsseins. Wenn wir etwas zu 100 Prozent tun, bleibt kein Platz mehr dafür, sich seiner selbst bewusst zu sein, also für ein Selbst beziehungsweise für etwas, das ich beschreiben könnte, indem ich mich zum Objekt mache. Wie in der Geschichte über Kälte in Kapitel 12 werden wir „getötet", aber auch die Konzepte, die wir auf die einzelnen Elemente der Wirklichkeit anwenden, werden getötet. Indem wir uns ganz und gar um Offenheit bemühen, lassen wir zu, dass diese Elemente sich entfalten. Wir beide werden eins – das Einssein der Soheit. Dies ist die Nondualität der Dualität, der Übergang von „Nicht" zu „Kein", die Öffnung zum Einssein mit den Zen-Geboten.

Anhang 1:

Bodhidharmas und Dogens Kommentare zu den Zen-Geboten

Bodhidharmas Kommentar

1. Kein Töten
Die Natur des Selbst ist unfassbar wundersam. In der Sphäre des immerwährenden Dharma wird es als das Gebot „kein Töten“ bezeichnet, wenn das Auslöschen nicht in Betracht gezogen wird.

2. Kein Stehlen
Die Natur des Selbst ist unfassbar wundersam. In der Sphäre des ungreifbaren Dharma wird es als das Gebot „kein Stehlen“ bezeichnet, wenn kein Gedanke an Gewinn sich geltend macht.

3. Kein missbräuchlicher Sex
Die Natur des Selbst ist unfassbar wundersam. In der Sphäre des Dharma des Nicht-Anhaftens wird es als das Gebot „kein missbräuchlicher Sex“ bezeichnet, wenn keine Auffassung von Anhaften erzeugt wird.

4. Kein Lügen
Die Natur des Selbst ist unfassbar wundersam. In der Sphäre des unerklärlichen Dharma wird es als das Gebot „kein Lügen“ bezeichnet, wenn kein einziges Wort gelehrt wird.

5. Kein Verabreichen oder Einnehmen von Drogen

Die Natur des Selbst ist unfassbar wundersam. In der Sphäre des in sich völlig reinen Dharma wird es als das Gebot „kein Verabreichen oder Einnehmen von Drogen“ bezeichnet, wenn keine Selbsttäuschung erweckt wird.

6. Kein Sprechen über Fehler anderer

Die Natur des Selbst ist unfassbar wundersam. In der Sphäre des makellosen Dharma wird es als das Gebot „kein Sprechen über Fehler anderer“ bezeichnet, wenn Irrtümer nicht erörtert werden.

7. Keine Überheblichkeit und kein Beschuldigen anderer

Die Natur des Selbst ist unfassbar wundersam. In der Sphäre des ebenbürtigen Dharma nicht in einem „Ich gegen euch“ zu verharren wird als das Gebot „kein Selbstlob, während man andere missbraucht“ bezeichnet.

8. Kein Geizig-Sein

Die Natur des Selbst ist unfassbar wundersam. Im echten, alles durchdringenden Dharma wird es als das Gebot „kein Verschwenden des Dharma-Vermögens“ bezeichnet, wenn mit nichts gegeizt wird.

9. Keine Wut

Die Natur des Selbst ist unfassbar wundersam. In der Sphäre des selbstlosen Dharma wird es als das Gebot „kein Schwelgen in Wut“ bezeichnet, wenn man kein Selbst geltend macht.

10. Kein Entweihen der Drei Kostbarkeiten

Die Natur des Selbst ist unfassbar wundersam. In der Sphäre des Einen wird es als das Gebot „kein Entweihen der Drei Kostbarkeiten“ bezeichnet, keine nihilistischen Konzepte von gewöhnlichen Wesen und Weisen zu haben.

Dogens Kommentar

1. Kein Töten
Die Buddha-Saat geht auf in Übereinstimmung damit, dass kein Leben genommen wird. Vermittelt daher die lebendige Weisheit Buddhas und tötet nicht.

2. Kein Stehlen
Das Selbst und die Dinge dieser Welt sind, wie sie sind. Das Tor zur Befreiung steht offen.

3. Kein missbräuchlicher Sex
Die Drei Räder sind rein und klar. Wenn ihr nichts begehrt, beschreitet ihr den Weg aller Buddhas.

4. Kein Lügen
Das Dharma-Rad dreht sich seit Anbeginn. Es gibt weder Überschuss noch Mangel. Das ganze Universum ist von Nektar befeuchtet, und die Wahrheit ist reif für die Ernte.

5. Kein Verabreichen oder Einnehmen von Drogen
Noch seid ihr frei von Drogen. Lasst sie nicht eindringen. Dies ist das große Licht.

6. Kein Sprechen über Fehler anderer
Im Buddha-Dharma gibt es einen Pfad, einen Dharma, eine Verwirklichung, eine Praxis. Erlaubt keine Fehlersuche. Erlaubt kein gedankenloses Geschwätz.

7. Kein Beschuldigen anderer und keine Überheblichkeit
Buddhas und Lehrer früherer Zeiten haben den leeren Himmel und die große Erde erkannt. Offenbaren sie den edlen Körper, gibt es weder Innen noch Außen in der Leere. Offenbaren sie den Dharma-Körper, so bleibt nicht eine Krume Erde auf dem Boden zurück.

8. Kein Geiz

Ein Wort, ein Vers – das sind die zehntausend Dinge und die hundert Grasbüschel; ein Dharma, eine Erkenntnis – das sind alle Buddhas und Lehrer früherer Zeiten. Deshalb hat es seit Anbeginn niemals so etwas wie Geiz gegeben.

9. Keine Wut

Weder voranschreitend noch zurückweichend, weder wirklich noch leer. Dort ist ein Ozean strahlender Wolken. Dort ist ein Ozean erhabener Wolken.

10. Keinen Missbrauch der Drei Kostbarkeiten

Das Teisho des gegenwärtigen Körpers ist der Hafen und die Fischreuse. Es ist das Allerwichtigste auf der Welt. Seine Tugend findet ihre Heimat im Ozean des wahren Wesens. Es ist jenseits aller Erklärungen. Wir nehmen es einfach mit Respekt und Dankbarkeit an.

Anhang 2:

„Bodhidharma und die drei Reinen Gebote“

von Bernie Glassman

Als mein Lehrer mich zum ersten Mal die Bedeutung des Wortes *kai* lehrte, verwendete er dafür die Übersetzung „Aspekte des Lebens“ anstelle von „Gebote“. Auch ich ziehe es vor, *kai* als die Aspekte unseres Lebens zu betrachten. Dies möchte ich gern im Zusammenhang mit den drei Reinen Geboten und einem Koan erläutern. Die drei Reinen Gebote lauten: Böses unterlassen, Gutes tun und Gutes für andere tun. Das Koan ist ein einfaches Koan, der vierte Fall aus der Koan-Sammlung *Die torlose Schranke*. Der Hauptfall, das Koan selbst, ist eine Frage: „Warum hat der Barbar aus dem Westen keinen Bart?“ Wie Sie wahrscheinlich wissen, bezieht sich dies auf Bodhidharma, der aus dem Westen (Indien) nach China kam. Und wie Sie wahrscheinlich auch wissen, ist eine der Metaphern oder Redewendungen in unserer Tradition, die sehr bekannte Frage: „Warum kam Bodhidharma in den Osten?“ Sie ist eine Metapher für die Frage: „Was ist Zen?“ Wir sagen, Zen ist *kai*, ist Leben. Was ist nun dieses Zen? Was ist das Leben, von dem wir sprechen? Wenn Zen *kai* ist, wenn es das Leben selbst ist, was bringt es dann, darüber zu reden, dass es von einem Land in ein anderes gebracht wird? Was wird da übermittelt? Was ist die Dharma-Leuchte, die nicht ausgelöscht werden kann – oder sollte? Das sind die Fragen in diesem Koan.

Natürlich ist Bodhidharma nicht irgendeine Gestalt, die vor vielen, vielen Jahren gelebt hat. Bodhidharma, das sind wir, wir alle. Es sind unsere Lehrer, die aus Japan, aus dem Westen kommen und die Leuchte tragen. Es sind wir alle, wo auch immer wir hergekommen sein mögen, alle, die hier versammelt sind. Warum sind wir hierhergekommen? Was tragen wir mit uns? Was tragen unsere Lehrer mit sich? Was wollen wir empfangen? Und was wollen wir nicht empfangen?

Es gibt eine Reihe von Wegen, mit Koans umzugehen. Einer davon ist, dass wir damit Dinge veranschaulichen. Wir sprechen über sie. Ich verwende im Augenblick eines, um etwas zu illustrieren, und ich spreche darüber. Ein anderer Weg, der mit der eigentlichen Koan-Praxis zu tun hat, besteht darin, zum Koan zu werden. In diesem Fall gilt: Werden Sie zum Barbaren aus dem Westen! Werden Sie der Bart! Werden Sie Bodhidharma! Das Koan zu meistern bedeutet, den Zustand, auf den hier hingewiesen wird, selbst zu erfahren, nämlich Bodhidharma zu sein.

Diese erste Bedingung des Seins bringt uns zum ersten Reinen Gebot: Böses vermeiden. Dogen Zenji sagt in seinen Unterweisungen zum *kai* über das erste Reine Gebot: „Böses zu vermeiden, das ist der Verweilort der Gesetze und Regeln aller Buddhas." Dieser „Verweilort", diese Quelle, ist der Zustand, den das Koan uns erfahren lassen möchte. Es ist der Zustand der Nondualität, der Zustand des Nicht-Wissens, der Zustand der Nicht-Getrenntheit. Der sechste Vorfahr in China, Huineng, definiert Zazen als den Geisteszustand, in dem es keine Trennung zwischen Subjekt und Objekt gibt, keinen Raum zwischen ich und du, du und ich, oben und unten, richtig oder falsch. Dieses Vermeiden des Bösen, dieser Verweilort, ist der Zustand des Einsseins, des Eins-Seins, der Buddhaschaft, des Seins der Drei Kostbarkeiten, des Seins an sich, der Rückkehr zum Einen. Es ist sehr schwierig, an diesem Ort zu sein. Dies ist der Ort, an dem wir nicht wissen, was richtig und was falsch ist. Dies ist der Ort des einfachen Seins, des Lebens selbst, des *kai* selbst. Wie viele von uns können von sich sagen, dass sie offen sind für alle Arten von Leben, für alle Wesen und Nicht-Wesen und Geistwesen? Wie viele von uns können von sich sagen, dass sie die Antwort, den richtigen Weg nicht kennen? Oder wie viele von uns können sagen, dass jeder Weg, der präsentiert wird, der richtige Weg ist?

Zen ist eine Praxis, die uns dazu drängt, das, was ist, zu erfahren, zu erkennen und zu verwirklichen. Wir Menschen verfügen über eine Reihe von Merkmalen, die uns von dieser Erfahrung trennen. Eines davon ist unser Gehirn. Das Gehirn denkt dualistisch. Das ist die Art, wie es funktioniert. Einige andere Teile von uns – zum Beispiel unser Bauch – denken nicht dualistisch. Ich bin mir nicht bewusst, dass ich einen Magen habe, es sei denn, es ist etwas mit ihm nicht in Ordnung. Wenn ich Schmerzen habe, taucht ein Gefühl der Getrenntheit auf. Wenn Sie die Einheit des Lebens erfahren, stellen Sie nicht die Frage: „Ist dies ein anderes oder nicht?" Wenn Sie die Einheit des Lebens erfahren, funktionieren Sie einfach auf ganz natürliche Weise.

Kürzlich ist mir ein Begriff in den Sinn gekommen, der in meinem Leben von großer Bedeutung zu sein scheint: *Zeugnis ablegen*. Für mich ist Zazen eine Form des Zeugnisablegens: Zeugnis ablegen für die Drei Kostbarkeiten, Zeugnis ablegen für das Leben, Zeugnis ablegen dafür, dass das Leugnen der Einheit des Lebens ein Ende hat. Als menschliche Wesen leugnet jede*r von uns etwas. Jede*r von uns ist sich bestimmter Aspekte des Lebens bewusst, mit denen wir uns nicht auseinandersetzen wollen – meist, weil wir Angst vor ihnen haben. Manchmal ist es die Gesellschaft, die bestimmte Aspekte verleugnet, und wir schließen uns dem an. Zazen in seinem wahren Zustand erlaubt uns, Zeugnis abzulegen für alles Leben, und das ist für mich das zweite Reine Gebot: Gutes tun. Dogen Zenji sagt: „Gutes zu tun, das ist das Dharma von

Samyak-Sambodhi. Das ist der Weg aller Wesen." Ein Symptom für Getrenntheit, ein Symptom der Dualität, findet sich in dem Wort „warum". Viele Koans beginnen mit diesem Wort. „Warum hat Bodhidharma, der Barbar aus dem Westen, keinen Bart?" Warum! Das ist das Symptom der Dualität. Warum ziehen wir die Robe an, wenn die Glocke ertönt? Warum tun wir dies, warum tun wir das? Warum brauchen wir Regeln und Vorschriften? Warum brauchen wir Formen? Warum diese Form? Warum ist das Gras grün? Könnte es nicht lila sein? Ich mag Lila. Weil Gras grün ist, mag ich es nicht. Warum also? Eliminieren wir das Wort „warum", kommen wir dahin zurück, Zeugnis abzulegen. Als ich kürzlich an das Leben des Buddha Shakyamuni dachte, kam mir auch sein Vater in den Sinn, der versucht hatte, ihn vom Leiden, von Alter und Tod und von denjenigen, die allem entsagten, fernzuhalten. Und das wurde für mich zu einer Metapher für das Verleugnen beziehungsweise für die Trennung von jenen Aspekten unserer selbst oder der Gesellschaft, vor denen wir Angst haben oder mit denen wir uns nicht auseinandersetzen wollen. Das sind all die Dinge, die zu den Aspekten meiner selbst führen, die ich verleugne und vor denen ich Angst habe, sowie zu den Aspekten der Gesellschaft, vor denen ich Angst habe oder die ich leugne.

Für mich ist die Bedeutung des Zeugnisablegens für das, was verleugnet wird, aus meinem Zazen erwachsen, aus dem Zeugnisablegen für das Leben als Ganzes und dem, was sich daraus ergibt. Wenn ich Zeugnis ablege, lerne ich, öffne ich mich für das, was ist. Darin ist ein Heilungsprozess enthalten. Die Wurzel des Wortes „Zeremonien" ist dieses „Heilen", und für mich ist eine der wichtigsten Zeremonien dieses Zeugnisablegen. All dies ist im zweiten Reinen Gebot enthalten. Zeugnis abzulegen von Dingen, die ich leugne oder die von der Gesellschaft geleugnet werden. Zeugnis abzulegen von den Dingen, mit denen ich mich nicht befassen will. In Bezug auf unser Koan bedeutet das: Wenn wir Bodhidharma sind, einfach den Bart fühlen, der Bart sind, sehen wir all die Probleme – das Essen, das im Bart hängen bleibt, die Pilze, die darin wachsen. Wir lernen, wie man den Bart reinigt, wie man ihn kämmt, wie man mit ihm eins wird, wie man Bodhidharma ist. Wir lernen, uns zu kümmern. Es ist ein enormer Prozess der Heilung und des Lernens. Der Bart lehrt uns dies. Und auch die Dinge, die wir verleugnen, lehren uns etwas. Wir gehen nicht zu ihnen, um sie zu lehren. Sie lehren uns. Und sie lehren uns, wenn wir zuhören können, wenn wir Zeugnis ablegen können. Und Zeugnis ablegen heißt für mich wiederum Zazen, eins sein mit diesen Dingen.

Einer meiner Schüler ist zusammen mit siebzig anderen Menschen von Auschwitz in Polen nach Hiroshima gegangen. Es war ein Weg von fünftausend Meilen durch viele vom Krieg gezeichnete Länder. Er erzählte mir, dass viele der Menschen zwar mit ihm unterwegs gewesen seien, aber das Leid in diesen Ländern gar nicht erfahren hätten. Sie hätten teilgenommen, aber sich aus allem rausgehalten. Sie sahen Soldaten und hatten Angst, mit ihnen zu sprechen. Sie sahen Gefangene und hatten Angst, mit ihnen zu sprechen. Er nannte es „spirituelle Korrektheit" – das Richtige tun, aber nicht zulassen, dass man es wird. Das ist eine Gefahr in unserer Praxis. Wir können all die richtigen Dinge lernen. Wir können über all die richtigen Dinge reden, erlauben uns dabei aber nicht, sie zu sein.

Für mich ist das Erblühen von Zazen, das Erblühen des Zeugnisablegens, das dritte Reine Gebot: Gutes für andere tun. Dogen Zenji sagt: „Das bedeutet, das Profane zu transzendieren und über das Heilige hinauszugelangen. Das bedeutet, sich selbst und andere zu befreien." Vor vielen Jahren hatte ich in Los Angeles ein Erlebnis, bei dem ich das Leiden der hungrigen Geister unmittelbar spürte – ich sah es regelrecht. Ich war von allen möglichen leidenden Wesen umgeben. In jenem Augenblick gelobte ich, ihnen zu dienen, sie zu füttern. Wie füttern wir sie? In unserer Liturgie heißt es: „Den Bodhi-Geist erweckend, wird das höchste Mahl dargebracht." Das ist die Nahrung für die hungrigen Geister. Den Bodhi-Geist erwecken, das höchste Mahl ist dargebracht. Unsere Praxis besteht also aus zwei Teilen: den Bodhi-Geist erwecken, den Berg besteigen, ist der eine; und der andere ist zu opfern, den Berg herabzusteigen. Wozu soll es gut sein, dass wir immer heiliger werden wollen? Was ist der Sinn? Der Sinn besteht darin, zu dienen, zu opfern, selbst die Opfergabe zu sein. Aus sich selbst heraus wird die Frucht geboren. Aus unserem Zazen, unserem Zeugnisablegen heraus müssen wir uns keine Sorgen darum machen, was wir tun sollten. Wenn wir Böses meiden, wenn wir zu diesem Zustand des Nicht-Wissens werden, dann werden wir zu Zazen und die Opfergabe wird von selbst verwirklicht. Die Frucht wird geboren. Tatsächlich ist es das, was jede*r von uns ist. Wir können uns an all den Früchten in diesem wunderbaren Garten, den manche „das Universum" nennen, erfreuen. Es gab einen Priester aus Korea, der begann, mit geistig behinderten Waisenkindern zu arbeiten. Und im Kloster ordinierte er all diese Kinder zu Mönchen und Nonnen. Ich fand es sehr schön, dass er sagte, die Kinder, mit denen er arbeitete, seien Buddhas. Er ordinierte sie, damit er sich um die Buddhas kümmern konnte, nicht, um die Kinder zu etwas zu machen, das wir akzeptieren würden. Er akzeptierte jedes der Kinder so, wie es war – als Buddha –, und diente ihnen und kümmerte sich um sie. Man könnte auch sagen, dass wir alle in den Augen des Buddha geistig zurückgeblieben sind. In meinem Fall hat sich mein Leben aufgrund meines Karmas dahingehend entwickelt, dass ich mit der Gesellschaft als Ganzes, als Dharma-Feld, arbeite oder zu arbeiten versuche. Und ich habe wirklich das Gefühl, dass dies direkt aus dieser Erfahrung resultiert, die ich gemacht habe. Und das führt mich zu dem, was ich tue.

Wie ich bereits erwähnt habe, können wir das erste Reine Gebot, Böses zu vermeiden, als „Rückkehr zum Einen" bezeichnen. Und wie ihr wisst, gibt ein weiteres berühmtes Koan: „Wohin kehrt das Eine zurück?" Wir haben es am Anfang und im Verlauf dieses Vortrags beantwortet: Das Eine kehrt zum Leben zurück. Zen ist Leben. Und wenn das so ist, was kann dann ausgeschlossen werden? Es tauchen immer wieder Fragen auf wie: Wie können wir unser Zen in unser Leben bringen? Aber Zen ist Leben. Was gibt es da zu bringen? In was? Es geht also darum, das Leben als Übungsfeld zu sehen. Jeder Aspekt unseres Lebens muss zur Praxis werden. Was ist Praxis? In meiner Arbeit nehme ich den Kreislauf des Lebens und betrachte ihn im Hinblick auf die fünf Buddha-Familien. Das ist nur ein Schema. Aber mein Hintergrund ist die Mathematik, und so liebe ich Schemata. Man kann viele verschiedene Schemata nutzen, um den Lebenszyklus aufzuteilen. Ich nutze dafür die fünf Buddha-Familien, unser Mandala. Wir nennen es das „Greyston-Mandala". Im Zentrum des Mandalas, im Zentrum des Kreises, befindet sich die Buddha-Familie, die formlosen Formen, der Zustand der Nondualität, das erste Reine Gebot, Nicht-Wissen. Dies ist die Grundlage für das Netzwerk der Arbeit, die wir tun und die von den anderen vier Familien repräsentiert wird.

Als wir nach New York gingen, etablierten wir dort zuerst die Buddha-Familie, die Praxis des Zazen, die Praxis der Meditationsretreats; wir schufen eine Atmosphäre ohne Dualität. Die nächste Familie, die wir betrachteten, war die Ratna-Familie, den „rechten Lebensunterhalt". Die nächste war die Karma-Familie, die ich „soziales Handeln" nannte. Karma ist, wie Sie wissen, Handeln, rechtes Handeln. Die nächste war die Vajra-Familie, die ich „Studium" nenne; kein abstraktes Studieren, sondern das Studium des Lebens, wie es ist, wie wir es führen. Und die fünfte, die Padma-Familie, nenne ich „Beziehung" oder „Integration". Dies ist die Energie, die das Ganze zusammenhält. Als dualistisch denkende Menschen glauben wir, dass das, was wir gerade tun, das Richtige sei. Nichts anderes sei gut. Genauso verhält es sich, wenn wir uns die Gesellschaft anschauen. Wir sorgen für unsere Lebensgrundlagen, handeln sozial und wir meinen: „Oh, dies ist die Essenz, nicht das." Wie man all dies als einen Lebenskreis zusammenhält – das ist die Padma-Energie.

Da ich in einer Praxis ausgebildet wurde, die aus einem klösterlichen Modell hervorgegangen ist, das das Umfeld in das Bemühen einbezieht, um in diesen Zustand des Nicht-Wissens zu gelangen und die Einheit des Lebens zu erkennen, stellt sich für mich die Frage, welche Formen in der Wirtschaft oder im sozialen Handeln förderlich sind, um die Einheit der Gesellschaft und des Lebens zu erkennen. Welche Formen gibt es heute? Was hindert uns daran, Zeugnis abzulegen? Was hält uns davon ab, die Einheit, das Leben zu sehen, alles so zu würdigen, wie es ist? Was bringt uns dazu zu glauben, wir würden den richtigen Weg kennen? Mein Leben ist also im Moment dem Versuch gewidmet, ein Umfeld, eine Form zu schaffen, um sich mit dieser Thematik zu beschäftigen, eine Form, nicht nur für uns als Individuen, sondern auch für die Gesellschaft. Wie können wir Formen schaffen, die jede*n von uns zur Verwirklichung des Erleuchtungsweges führen?

Einfach nur Zazen zu üben führt nicht unbedingt zu einer Position der Nondualität. Was können wir also noch tun? Es ist die Aufgabe des/der Lehrenden zu versuchen, diese Frage zu beantworten.

Was sind die *Upaya*, die Methoden, die zweckmäßigen Mittel? Was sind die Formen, die uns helfen können, in eine Situation zu kommen, in der es uns leichter fällt, den Zustand der Nondualität zu erfahren? Fast alles, was wir tun, führt zu mehr dualistischem Denken. Wie können wir also uns selbst, unsere Brüder und Schwestern in einen Zustand der Nondualität führen? Das ist die Frage. Das ist das Koan. Ich kann Ihnen als konkretes Beispiel eine Form beschreiben, die wir im Geschäftsleben entwickelt haben und von der ich glaube, dass sie den Menschen von Nutzen ist. Ursprünglich dienten unsere Unternehmen vorrangig der Ausbildung der Mitglieder unserer Gemeinschaft, und das ist in einigen Fällen immer noch so. Dann öffneten wir unser Geschäft für Leute, die obdachlos, arbeitslos und sehr arm waren. Die meisten unserer Mitarbeiter*innen waren entweder Obdachlose, Langzeitarbeitslose oder Leute, die mit dem Verkauf von Drogen viel Geld verdienten. Einige von den Letztgenannten haben ein Vermögen verdient und dann aus eigenem Antrieb beschlossen, ihre Lebensweise zu verändern. Wir haben viele solcher Leute eingestellt. Viele von ihnen kamen mit der Vorstellung zu uns, dass sie etwas für sich selbst brauchen. Um ihnen einen Einblick in die gegenseitige Abhängigkeit des Lebens zu geben, haben wir Arbeitsteams gebildet. Wie sie bezahlt werden, hängt davon ab, wie viel ihr Team produziert. Wenn also jemand im Team die Arbeit nicht sehr gut beherrscht, liegt es im Interesse aller, wenn die anderen dieser Person das Fehlende beibringen, denn dann verdienen sie alle mehr Geld. Wir haben also eine Form entwickelt, um das Bewusstsein der Mitarbeiter*innen ein wenig von der Frage zu lösen, was sie für sich selbst herausholen können. Es geht immer noch darum, wie sie Geld verdienen können, aber jetzt geht es dabei um die gesamte Gruppe. Wenn man Menschen dazu anleitet, die Interdependenz des Lebens zu erkennen, können sie den nächsten Schritt tun und dann den nächsten und den nächsten. Das sind also Formen, die wir zusätzlich zu der Praxis der Nicht-Trennung, des Zazen, entwickelt haben. Aber das Koan ist dies: Wie tut man solche Dinge? Wie geht man im Kloster vor, um sicherzustellen, dass man nicht an der eigenen Art, es zu tun, als dem einzigen Weg, dem besten Weg, festhält – und dann alle anderen da draußen, die es nicht genauso machen, gar nicht wissen, was „Tun“ ist? Wie macht man das? Das sind für mich die interessanten Fragen.

Um ein anderes Beispiel zu nennen: Sie wissen, dass *Sesshin*, das Zen-Wort für Retreat, bedeutet, den Geist zu vereinen. Ich arbeite mit Menschen, die obdachlos sind. Für mich bedeutet das, dass ich versuchen muss, den Geist mit denen zu vereinen, die auf der Straße leben. Deshalb habe ich angefangen, Straßen-Retreats zu geben. Das ist zwar nicht notwendig, aber ich musste es tun. Ich muss hier klarstellen, dass meine Straßen-Retreats keine Obdachlosen-Retreats waren. Viele Leute nennen sie „Obdachlosen-Retreats", aber um den Geist mit jemandem zu vereinen, der/die obdachlos ist, muss man obdachlos sein. Jede*r, den/die ich mitnahm, einschließlich meiner selbst, wusste, dass wir in einer Woche wieder in unser Zuhause zurückkehren würden. Wir waren Leute, die auf der Straße lebten, aber keine Obdachlosen. Die Zeremonie der Ordination, *Shukke Tokudo*, bedeutet „in die Hauslosigkeit gehen". Wenn man also Shukke Tokudo wirklich praktiziert, dann kann man in gewissem Sinne auch Straßen-Retreats machen. Aber das ist eine andere Geschichte. Ein Straßen-Retreat bedeutet also, mit den Menschen auf der Straße eins zu werden. Wie kann man das lernen? Man lebt auf der Straße. Das habe ich also mit allen gemacht, die gekommen sind. Wir lebten auf der Straße. Nun ist ein Teil des Lebens das Atmen, ein anderer Teil das Essen und ein weiterer Teil die Zazen-Praxis. Ich betrachte diese Teile nicht als etwas Besonderes. Sie sind einfach das, was ich jeden Tag tue ... Ich atme nicht, um zu leben. Weil ich am Leben bin, atme ich. Ich übe Zazen nicht, um etwas zu werden. Weil ich am Leben bin, übe ich Zazen. Ein Straßen-Retreat enthält also all diese Elemente. Es beinhaltet Essen, Schlafen, zur Toilette gehen. Es umfasst alle Aspekte Ihres Lebens, nur dass Sie dabei auf der Straße leben. Dadurch ändern sich die Regeln. Es gibt keine Toiletten, keine Duschen, keine Sitzkissen und keine Meditationsmatten. Man sitzt auf dem Boden. Wir hatten keine schönen Trommeln oder Roben, also benutzten wir Mülltonnen oder was immer wir für unsere Liturgie finden konnten. Aber jeden Tag hielten wir eine Liturgie ab. Jeden Tag saßen wir. Aber es war schon allein schwierig, die Leute wieder zusammenzuholen, nachdem sie sich auf der Suche nach Essen oder Toiletten getrennt hatten. Ich war erstaunt über das, was bei diesem ersten Straßen-Retreats geschah. Es gab Leute, die sich mir anschlossen, zum Beispiel mein älterer Schüler, mein erster Dharma-Nachfolger, Peter Matthiessen, der in seinem Leben schon vieles gemacht hat und wahrscheinlich an Hunderten von Sesshins teilgenommen hat. Es gab alle möglichen Leute, einige kamen für einen Tag und andere für fünf Tage, aber jede*r von ihnen sagte mir, dass es die kraftvollste Erfahrung ihres Lebens gewesen sei. Etwas ist passiert. Ich glaube, es war die Unmittelbarkeit. Auch ein Sesshin bringt uns zur Unmittelbarkeit des Lebens. Aber die Straße tut dies auf sehr, sehr dramatische Weise. Dinge wie Essen, Pinkeln, Stuhlgang, jeder Aspekt unseres Lebens ist roh und direkt da. Und das Leugnen. Verbringen Sie einen Tag auf der Straße und die Leute verleugnen Sie. Wenn Sie ein Restaurant betreten, wird man Sie nicht bedienen, Sie nicht hineinlassen. Wenn Sie dringend auf die Toilette müssen, gehen Sie in ein Restaurant und fragen, ob Sie die Toilette benutzen dürfen, und man sagt Nein. Die Leute halten sich von Ihnen fern, weil sie Ihren Geruch oder Ihr Aussehen nicht mögen. Wenn Sie diese Erfahrung wirklich machen, werden Sie diesen Menschen nie wieder aus dem Weg gehen, diesen Menschen, zu denen Sie selbst gehört haben. Das ist die Kraft der Straße, und was sie lehren kann, ist die Unmittelbarkeit des Jetzt. Sie lehrt uns, Zeugnis abzulegen.

Wenn Sie also „seinen Bart" spüren und all seine Probleme sehen können – das Essen, das darin hängen bleibt, die Pilze, die darin wachsen, die Verfilzungen –, wenn Sie sehen, wie man ihn reinigen und kämmen kann, und dann eins mit ihm werden, so ist das ein enormer Heilungs- und Lernprozess. Der Bart lehrt, und die Dinge, die Sie verleugnen, werden Sie lehren. Sie werden Sie lehren, wenn Sie zuhören, Zeugnis ablegen und dann mit ihnen eins werden können. Das ist Zazen. Das sind die drei Reinen Gebote.

Anmerkungen

Vorwort

1. Wittgenstein, Ludwig: *Über Gewissheit.* Suhrkamp, Frankfurt a. M. 1984, S. 63.
2. Meister Dogen: in *Shōbōgenzō, „Genjō kōan"* (Das verwirklichte Universum). Werner Kristkeitz Verlag, Heidelberg 2008, S. 59.
3. Meister Dogen: in *Shōbōgenzō, „Genjō kōan"* (Das verwirklichte Universum). Werner Kristkeitz Verlag, Heidelberg 2008, S. 60.

Danksagung

1. „Bearing witness" nannte Bernie Glassman Roshi die zweite Weisung des Zen-Peacemaker-Ordens. Auf Deutsch hat sich dafür die Formulierung „Zeugnis ablegen" durchgesetzt, die wir deshalb auch hier verwenden. Dennoch möchten wir an dieser Stelle darauf hinweisen, dass die Assoziationen zu dieser Übersetzung nicht die tiefere Bedeutung dessen treffen, worum es bei dieser Weisung im eigentlichen Sinne geht. „Bearing witness" meint hier die mitfühlende Präsenz, in der Berühren und Berührtwerden verschieden bleiben und gleichzeitig in Einheit sind. (Anm. d. Verl.)

Einführung in die Zen-Gebote

1. Hee-Jin Kim: *Eihei Dōgen – Mystical Realist.* Wisdom Publications, Somerville (MA) 2004.
2. Aus Dogens Shōbōgenzō, „Bukkyō" (On What the Buddha Taught), in: *Shōbōgenzō: The Treasure House of the Eye of the True Teaching – a Trainee's Translation of Great Master Dogen's Spiritual Masterpiece*, übers. Hubert Nearman. Shasta Abbey Press, Mount Shasta (CA) 2007, S. 307.
3. John Daido Loori: *Invoking Reality – Moral and Ethical Teachings of Zen.* Dharma Communications, Mt. Tremper (NY) 1998. Dieses Buch wurde von Tuttle als *The Heart of Being – Moral and Ethical Teachings of Zen Buddhism* neu aufgelegt, und Daido Roshis Übersetzung und Analyse von Dogens „Kyōjukaimon" findet sich in Kapitel

2. Er schrieb auch über das Thema der Zen-Ethik und die Gebote in *Invoking Reality – Moral and Ethical Teachings of Zen*. Shambhala Publications, Boulder (CO) 2007.

4. Keizan Jokin: *The Record of Transmitting the Light – Zen Master Keizan's Denkoroku*, übers. Francis Dojun Cook. Wisdom Publications, Somerville (MA) 2021, S. 47.
   An dieser Stelle auch noch ein genereller Hinweis des Verlags zur Übersetzung der Zitate aus den klassischen Werken des Zen: Die Zen-Texte alter Meister werden von verschiedenen gegenwärtigen Meister*innen oft sehr unterschiedlich übersetzt. Deshalb haben wir uns in den meisten Fällen an die von Nancy Baker gewählte englische Fassung gehalten und diese ins Deutsche übersetzt.
5. Aus Dogens Shōbōgenzō, „Genjō Kōan" (Actualizing the Fundamental Point), übers. Robert Aitken und Kazuaki Tanahashi, in: *Moon in a Dewdrop – Writings of Zen Master Dogen*, hrsg. Kazuaki Tanahashi. North Point Press, New York 1985, S. 70.
6. Aus Dogens Shōbōgenzō, „Zuimonki" *(Record of Things Heard)*, übers. Shohaku Okumura. Shotoshu Shumucho, Japan 2018, S. 24.
7. Manche Lehrende verwenden für diese Ebene den Begriff „wörtlich", aber das scheint den „Niemals-Aspekt" dabei nicht zur Geltung zu bringen.
8. Konfuzius: *Analects,* übers. James Legge. USC US-China Institute, Los Angeles 1901, Kap. 2.
9. Augustinus von Hippo: Predigten über den 1. Johannesbrief.
10. Angelus Silesius: *Cherubinischer Wandersmann*, Buch 1, Vers 281 (Gottes Gebote sind nicht schwer).
11. Meister Eckhart: *Meister Eckhart: Teacher and Preacher*, hrsg. von Bernard McGinn, übers. Frank Tobin. Paulist Press, Mahwah (NJ) 1986, S. 278
12. Aus Dogens Shōbōgenzō, „Shinjin Gakudō" (Learning through the Body and the Mind), in: *Shōbōgenzō – The Eye and Treasury of the True Law*, übers. Kōsen Nishiyama und John Stevens. Nakayam Shobō Japan Publications, Tokyo 1988, S. 33; verfügbar unter https://terebess.hu/zen/dogen/nishiyama.pdf, aufgerufen am 26. Januar 2023.
13. Hakuin Ekaku, „The Four Cognitions", in: *Kensho – The Heart of Zen,* übers. und hrsg. von Thomas Cleary. Shambhala Publications, Boston 1997, S. 77–82. Der Text in Klammern wurde von der Autorin hinzugefügt.
14. Aus Dogens Shōbōgenzō, „Sanjūshichihon Bodaibumpō" (Thirty-Seven Qualities of Enlightenment), in: *Dōgen on Meditation and Thinking – A Reflection on His View of Zen*, übers. Hee-Jin Kim. State University of New York Press, Albany 2007, S. 86.
15. Im englischen Original unterscheidet die Autorin hier zwischen *not* und *non.*

Erster Teil – Einleitung: Mit den Geboten arbeiten, indem wir den Mörder in uns anerkennen

1. Keizan Jokin: *The Record of Transmitting the Light – Zen Master Keizan's Denkoroku*, übers. Francis Dojun Cook. Wisdom Publications, Somerville (MA) 2021, S. 47.
2. Aus Dogens Shōbōgenzō, „Sanjūshichihon Bodaibumpō" (Thirty-Seven Qualities of Enlightenment), in: *Dōgen on Meditation and Thinking – A Reflection on His View of Zen*, übers. Hee-Jin Kim. State University of New York Press, Albany 2007, S. 138n10.
3. Siehe „Die drei Grundsätze", Zen Peacemaker, aufgerufen am 27. Januar 2023, https://zenpeacemakers.org/the-three-tenets/?lang=de.
4. Kasyapa war der erste Nachfolger des Buddha, derjenige, der lächelte, als der Buddha eine Blume hochhielt, und der die tiefe, verborgene Zen-Bedeutung hinter dem Hochhalten und im Sprechen des Buddha erkannte.
5. Keizan Jokin: *The Record of Transmitting the Light.* S. 245.

1 Kein Töten

1. Muriel Rukeyser: „St. Roach", in: *A Muriel Rukeyser Reader.* W. W. Norton, New York 1994, S. 255. Copyright © 1973 von Muriel Rukeyser. Nachdruck mit Genehmigung von International Creative Management, Inc. („St. Roach" ist ein Gedicht über eine Kakerlake, im Englischen *cockroach;* Anm. d. Verl.)
2. Stephen Batchelor: *Verses from the Center – A Buddhist Version of the Sublime.* Riverhead Press, New York 2001, S. 19.

2 Kein Stehlen

1. Ch'i-chi, „White Hair", übers. Burton Watson, in: *The Clouds Should Know Me by Now – Buddhist Monks of China,* hrsg. Red Pine und Mike O'Connor. Wisdom Publications, Somerville (MA) 1998. Copyright © 1998 von Burton Watson. Nachdruck mit Genehmigung von The Permissions Company, LLC im Namen von Wisdom Publications, wisdompubs.org.
2. Keizan Jokin: *The Record of Transmitting the Light – Zen Master Keizan's Denkoroku*, übers. Francis Dojun Cook. Wisdom Publications, Somerville (MA) 2021, S. 161.

3 Kein missbräuchlicher Sex

1. Robert Aitken: *The Mind of Clover – Essays in Zen Buddhist Ethics.* North Point Press, San Francisco 1984, S. 38. (Auf Deutsch ist das Buch unter dem Titel *Ethik des Zen* 1989 bei Diederichs erschienen; Anm. d. Verl.)

2. Wendell Berry: *The Unsettling of America – Culture and Agriculture.* Counterpoint Press, Berkeley (CA) 2015.
3. John Daido Loori: *Invoking Reality – Moral and Ethical Teachings of Zen.* Dharma Communications, Mt. Tremper (NY) 1998, S. 83.

4 Kein Lügen

1. Sōiku Shigematsu: *A Zen Forest – Sayings of the Masters.* Weatherhill, New York 1981, Nr. 156.
2. Shigematsu: *A Zen Forest*, Nr. 12.
3. Koun Yamada Roshi: *Mumonkan – Die torlose Schranke.* Kösel, München 2011, Fall Nr. 36, S. 197.
4. Yamada Roshi: *Mumonkan – Die torlose Schranke*, Fall Nr. 43, S. 229.
5. Dogen: *The Zen Poetry of Dogen*, übers. und hrsg. Steven Heine. Tuttle Publishing, Boston 1997, S. 103.
6. Aus Dogens Shōbōgenzō, „Mujō Seppō" (Insentient Beings Speak Dharma), in Masanobu Takahashi: *Essence of Dogen*, übers. Yuzuru Nobuoka. Kegan Paul, London 1983, S. 17.

5 Kein Missbrauch von Rauschmitteln

1. Rumi: *The Essential Rumi*, übers. Coleman Barks. HarperCollins, San Francisco 1995), S. 5–6.
2. Thomas Merton: *The Inner Experience – Notes on Contemplation.* Harper Collins, New York 2004, S. 126.
3. Zen-Meister Bassui: *Mud and Water – The Collected Teachings of Zen Master Bassui*, übers. Arthur Braverman. Wisdom Publications Boston 2002, S. 13. (Auf Deutsch ist das Buch unter dem Titel *Den Menschen befreien – Gespräche eines Zen-Meisters* 2001 im Angkor Verlag erschienen; Anm. d. Verl.)
4. Kodo Sawaki Roshi, „The Dharma Words of Homeless Kodo", in *Shikantaza – An Introduction to Zazen*, aufgezeichnet von Uchiyama Kosho Roshi, übers. Shohaku Okumura. Kyoto Soto-Zen Center, Japan 1985, S. 119.
5. Dogen, „Death Poem", übers. Philip Whalen und Kazuaki Tanahashi, in: *Moon in a Dewdrop – Writings of Zen Master Dogen*, hrsg. Kazuaki Tanahashi. North Point Press, New York 1985, S. 219. (Die „Gelben Quellen" im Gedicht sind eine Metapher für die Unterwelt im Chinesischen; Anm. d. Verl.)

6 Kein Sprechen über Irrtümer und Fehler anderer

1. John Daido Loori: *Invoking Reality – Moral and Ethical Teachings of Zen.* Dharma Communications, Mt. Tremper (NY) 1998, S. 93. Kursivschrift hinzugefügt.

7 Keine Überheblichkeit und kein Beschuldigen anderer

1. Herbert Fingarette: *The Self in Transformation*. HarperCollins, New York 1965.
2. Muriel Rukeyser: „Despisals", in: *A Muriel Ruckeyser Reader.* W. W. Norton, New York 1994, S. 246. Copyright © 1973 von Muriel Rukeyser. Nachdruck mit Genehmigung von International Creative Management, Inc.
3. Thich Nhat Hanh: „Bitte nenne mich bei meinen wahren Namen", in: *Bitte nenne mich bei meinen wahren Namen – Ausgewählte Gedichte*. Droemer Knaur, München 2010, S. 62–63.

8 Kein Geizig-Sein

1. Rumi: „Dervish at the Door", in: *The Essential Rumi*, übers. Coleman Barks. HarperCollins, San Francisco 1995), S. 116.
2. Für eine außergewöhnliche Version dessen, was ein Tischgebet vor dem Essen sein könnte, siehe Mary Olivers Gedicht „Rice", in: *New and Selected Poems, Volume One*. Beacon Press, Boston 1992, S. 38.
3. Mary Oliver: „Have You Ever Tried to Enter the Long Black Branches", in: *West Wind – Poems and Prose Poems*. Houghton Mifflin, Boston 1997, S. 61.
4. Keizan Jokin: *The Record of Transmitting the Light – Zen Master Keizan's Denkoroku*, übers. Francis Dojun Cook. Wisdom Publications, Somerville (MA) 2021, S.189.
5. Keizan: *Denkoroku*, S. 42.
6. Keizan: *Denkoroku*, S. 69.
7. Dogen: *The Zen Poetry of Dogen*, übers. und hrsg. Steven Heine. Tuttle Publishing, Boston 1997, S. 93.
8. Mary Oliver, „The Kookaburras," in: *New and Selected Poems, Volume One*. Beacon Press, Boston 1992, S. 87.

9 Kein Wütend-Sein

1. Aristoteles: *Nicomachean Ethics*. übers. J. A. K. Thomson, Penguin Books, London 1955, S. 101. (Auf Deutsch gibt es die *Nikomachische Ethik* von Aristoteles u. a. in der Übersetzung von Gernot Krappinger im Reclam Verlag; Anm. d. Verl.)
2. Aus einem Vortrag, den Thich Nhat Hanh 1983 bei einem Retreat des Buddhist Peace Fellowship hielt. Zitiert in Robert Aitken: *The Mind of Clover – Essays in Zen Buddhist Ethics*. North Point Press, San Francisco 1984, S. 95. (In der deutschen Ausgabe *Ethik des Zen* steht das Zitat auf Seite 128; Anm. d. Verl.)

10 Keinen Missbrauch der Drei Kostbarkeiten

1. Martin Buber: *Ich und Du.* Reclam, Ditzingen 2021, S. 75.
2. Aus Dogens Shōbōgenzō, „Gyobutsu-iigi“ (The Dignified Behavior of Acting Buddha), in: *Eihei Dōgen – Mystical Realist.* übers. Hee-Jin Kim, Wisdom Publications, Somerville (MA) 2004), S. 72. (In der deutschen Ausgabe des *Shōbōgenzō* bei Kristkeitz, im Kapitel „Gyobutsu yuigi“, ist die Stelle in anderem Wortlaut auf Seite 63 zu finden; Anm. d. Verl.)
3. Koun Yamada Roshi: *Mumonkan – Die torlose Schranke.* Kösel, München 2011, S. 170.
4. Martin Buber: *Ich und Du.* Reclam, Ditzingen 2021, S. 12 und 8. Kursivschrift von der Autorin.
5. Joshu: *The Recorded Sayings of Zen Master Joshu.* übers. James Green, Shambhala Publications, Boulder (CO) 2001, S. 122.
6. Urs App: *Zen-Master Yunmen.* Shambhala Publications, Boulder (CO) 2018, S. 195.

Zweiter Teil: Einleitung: Die Nondualität der Dualität – von „Nicht“ zu „Kein“

11 Verschiedene Arten des Einsseins

1. John Blofeld (Übers.): *The Zen Teaching of Huang Po.* Shambhala Publications, Boston 1994, S. 47–51.
2. John Blofeld: *The Zen Teaching of Huang Po.* S. 69.
3. Aus Dōgens Shōbōgenzō, „Shoaku-makusa“ (Not to Commit Any Evil), in: *Eihei Dōgen – Mystical Realist.* übers. Hee-Jin Kim, Wisdom Publications, Somerville (MA) 2004. S. 225.
4. Aus Dogens Shōbōgenzō, „Bukkyō“ (On What the Buddha Taught), in: *Shōbōgenzō: The Treasure House of the Eye of the True Teaching – a Trainee's Translation of Great Master Dogen's Spiritual Masterpiece*, übers. Hubert Nearman. Shasta Abbey Press, Mount Shasta (CA) 2007, S. 301–3.
5. Aus Dogens Shōbōgenzō, „Sesshin-sesshō“ (On Expressing One's True Nature by Expressing One's Intent), in: *Shōbōgenzō – The Treasure House of the Eye of the True Teaching – a Trainee's Translation of Great Master Dogen's Spiritual Masterpiece*, übers. Hubert Nearman. Shasta Abbey Press, Mount Shasta (CA) 2007, S. 535.
6. Aus Dogens Shōbōgenzō, „Menju“ (Face-to-face-Transmission), in: *Master Dogen's Shobogenzo*, Book 3. übers. Gudo Nishijima und Chodo Cross, Dogen Sangha 2006, S. 134.
7. Aus Dogens Shōbōgenzō, „Menju“, übers. Reb Anderson und Kazuaki Tanahashi, in: *Moon in a Dewdrop – Writings of Zen Master Dogen*, hrsg. Kazuaki Tanahashi. North Point Press, New York 1985, S. 180.

8. Aus Dogens Shōbōgenzō, „Kaiin-zammai" (Ocean-Reflection Samadhi), in: *Flowers of Emptiness – Selections from Dogen's Shobogenzo.* übers. Hee-Jin Kim, Edwin Mellen Press, Lewiston/Queenston, 1985, S. 167.
9. Aus Dogens Shōbōgenzō, „Gabyo" (The Pictured Cakes), in: *Eihei Dogen*, S. 66.

12 Soheit, Einzigartigkeit und das Nicht-Konzeptuelle

1. Aus Dogens Shōbōgenzō, „Kaiin-zammai" (Ocean-Reflection Samadhi), in: *Master Dogen's Shobogenzo*, Book 2. übers. Gudo Nishijima und Chodo Cross, Dogen Sangha 2006, S. 159.
2. Aus Dogens Shōbōgenzō, „Gabyo" (The Pictured Cakes), in: *Eihei Dōgen – Mystical Realist.* übers. Hee-Jin Kim, Wisdom Publications, Somerville (MA) 2004. S. 66.
3. Aus Dogens Shōbōgenzō, „Sansui-kyō" (Mountains and Waters Sutra), übers. Arnold Kotler und Kazuaki Tanahashi, in: *Moon in a Dewdrop – Writings of Zen Master Dogen*, hrsg. Kazuaki Tanahashi. North Point Press, New York 1985, S. 102.
4. Aus Dogens Shōbōgenzō, „Kai-in-zanmai" (Ocean-Reflection Samadhi), in: *Master Dogen's Shobogenzo*, Book 2. S. 161.
5. Aus Dogens Shōbōgenzō, „Genjo-Koan" (The Realized Universe), in: *Master Dogen's Shobogenzo*, Book 2. S. 28.
6. Dogen, „Dongshan's ‚Cold and Heat'", case Nr. 225, in: *The True Dharma Eye – Zen-Meister Dōgen's Three Hundred Kōans*, übers. Kazuaki Tanahashi und John Daido Loori. Shambhala Publications, Boulder (CO) 2005, S. 307.
7. Richard B. Clarke (Übers.): *Hsin-hsin Ming – Verses on the Faith-Mind by Seng-ts'an, Third Zen Patriarch.* White Pine Press, Buffalo (NY) 1973.
8. Dōgen: *The Wholehearted Way – A Translation of Eihei Dōgen's Bendowa*, mit Kommentaren von Kōshō Uchiyama Roshi, übers. Shohaku Okumura und Taigen Daniel Leighton. Tuttle Publishing, North Clarendon (VT) 1997, S. 19.

13 Eine Verteidigung von Konzepten und Sprache

1. Aus Dogens Shōbōgenzō, „Mujō Seppō" (Insentient Beings Speak Dharma), in: Masanobu Takahashi; *Essence of Dogen*, übers. Yuzuru Nobuoka. Kegan Paul, London 1983), S. 17.
2. Aus Dogens Shōbōgenzō, „Sansui-kyō" (Mountains and Waters Sutra), in: *Dōgen on Meditation and Thinking – A Reflection on His View of Zen*, übers. Hee-Jin Kim. State University of New York Press, Albany 2007, S. 62.

14 Die Erfahrung von Soheit

1. Auszug aus Dogen, „The Point of Zazen, after Zen-Meister Hongzhi", übers. Philip Whalen und Kazuaki Tanahashi, in: *Moon in a Dewdrop – Writings of Zen Master Dogen*, hrsg. Kazuaki Tanahashi. North Point Press, New York 1985, S. 219.
2. Zitiert in: Bernie Glassman: *Das Herz der Vollendung – Unterweisungen eine westlichen Zen-Meister*. Theseus, Bielefeld 2012, S. 101.
3. Aus Dogens Shōbōgenzō, „Genjō Kōan" (Actualizing the Fundamental Point), übers. Robert Aitken und Kazuaki Tanahashi. in: *Moon in a Dewdrop*, S. 69.
4. Aus Dogens Shōbōgenzō, „Shinjin Gakudō" (Learning through the Body and the Mind), in: *Shōbōgenzō – The Eye and Treasury of the True Law*, übers. Kōsen Nishiyama und John Stevens. Nakayam Shobō Japan Publications, Tokyo, 1988), S. 33; auf Englisch verfügbar unter https://terebess.hu/zen/dogen/nishiyama.pdf, Zugriff am 28. Februar 2023.
5. „Shinjin Gakudō", S. 33.
6. Martin Buber: *Ich und Du*. Reclam, Ditzingen 2021, S. 15. (In der von der Autorin verwendeten Ausgabe *I and Thou*, in der Übersetzung von Walter Kaufmann, Simon and Schuster, New York 1970, S. 62, heißt es: *„An action of the whole being must approach passivity, for it does away with all partial actions and thus with any sense of action, which always depends on limited exertions."* Nancy Baker bezieht sich mit dem vorher erwähnten „vollen Einsatz" [im Original *total exertions*] auf Buber, doch im deutschen Original wird dieser Bezug nicht so deutlich, da hier das Wort „Handlungsempfindungen" verwendet wurde; Anm. d. Verl.)
7. Aus Dogens Shōbōgenzō, „Yuibutsu Yobutsu" (Only Buddha and Buddha), übers. Ed Brown und Kazuaki Tanahashi. In: *Moon in a Dewdrop,* S. 162.
8. Aus Dogens Shōbōgenzō, „Shōji" (Birth and Death), in: *The Heart of Dōgen's Shōbōgenzō*, übers. Norman Waddell und Masao Abe. State University of New York Press, Albany 2002, S. 106–7.
9. Diese Worte tauchen in Kims drei Büchern über Dogen auf.

15 Die Soheit des Subjekts

1. Aus Dogens Shōbōgenzō, „Kaiin-zammai" (Ocean-Reflection Samadhi), in: *Flowers of Emptiness – Selections from Dogen's Shobogenzo*, übers. Hee-Jin Kim. Edwin Mellen Press, Lewiston/Queenston 1985, S. 167.

16 Samadhi der sich selbst erfüllenden Aktivität

1. Aus Dogens Shōbōgenzō, „Kaiin-zammai" (Ocean-Reflection Samadhi), in: *Master Dogen's Shobogenzo*, Book 2. übers. Gudo Nishijima und Chodo Cross, Dogen Sangha 2006, S. 159.
2. Aus Dogens Shōbōgenzō, „Fukanzazengi" (Universal Promotion of the Principles of Zazen), in: *The Heart of Dōgen's Shōbōgenzō*, übers. Norman Waddell und Masao Abe. State University of New York Press, Albany 2002, S. 4.
3. Taigen Dan Leighton: „Dogen's Zazen as Other-Power Practice", *Ancient Dragon Zen Gate*. 18. Februar 2019, www.ancientdragon.org/dogens-zazen-as-other-power-practice.

17 Einssein von Selbst und anderem

1. Aus Dogens Shōbōgenzō, „Yuibutsu Yobutsu" (Only Buddha and Buddha), übers. Ed Brown und Kazuaki Tanahashi, in: *Moon in a Dewdrop – Writings of Zen Master Dogen*, hrsg. Kazuaki Tanahashi. North Point Press, New York 1985, S. 162.
2. Martin Buber: *Ich und Du*. Reclam, Ditzingen 2021, S. 12.

18 Einssein und der Weg des Bodhisattva

1. Jacob Shamsian, „‚I Wish I Could've Done More' – A Woman Describes What It Was Like Trying to Help the Victims of the New Zealand Mosque Shooting," Insider, 15. März 2019, www.insider.com/new-zealand-mosque-shooting-woman-saving-victim-life-2019-3.
2. Dogen, „Caoshans Dharmakāya", Fall Nr. 125, in: *The True Dharma – Zen Master Dōgen's Three Hundred Kōans*, übers. Kazuaki Tanahashi und John Daido Loori. Shambhala Publications, Boulder (CO) 2005, S. 170–71.
3. Aus Dogens Shōbōgenzō, „Genjō Kōan" (Actualizing the Fundamental Point), übers. Robert Aitken und Kazuaki Tanahashi, in: *Moon in a Dewdrop – Writings of Zen Master Dogen*, hrsg. Kazuaki Tanahashi. North Point Press, New York 1985, S. 69.
4. Aus Dogens Shōbōgenzō, „Bodaisatta-shishoho" (Four Virtues of the Bodhisattva), in: *Eihei Dōgen – Mystical Realist*, übers. Hee-Jin Kim. Wisdom Publications, Somerville (MA) 2004), S. 211.

19 Öffnung

1. Aus Dogens Shōbōgenzō, „Uji" (The Time-Being), in: *Eihei Dōgen – Mystical Realist*, übers. Hee-Jin Kim. Wisdom Publications, Somerville (MA) 2004), S. 153.
2. Kodo Sawaki Roshi, „Die Dharma Words of Homeless Kodo", in: *Shikantaza – An Introduction to Zazen*, übers. Shohaku Okumura. Kyoto Soto Zen Center, Kyoto 1985, S. 119.

3. Aus Dogens Shōbōgenzō, „Yuibutsu Yobutsu“ (Only Buddha and Buddha), übers. Ed Brown und Kazuaki Tanahashi, in: *Moon in a Dewdrop – Writings of Zen Master Dogen*, hrsg. Kazuaki Tanahashi. North Point Press, New York 1985, S. 162.
4. Aus Dogens Shōbōgenzō, „Gyōbutsu-iigi“ (Majestic Bearing of the Enactment-Buddha), in: *Eihei Dōgen*, S. 72.
5. Aus Dogens Shōbōgenzō, „Fukanzazengi“ (Universal Promotion of the Principles of Zazen), in: *The Heart of Dōgen's Shōbōgenzō*, übers. Norman Waddell und Masao Abe. State University of New York Press, Albany 2002, S. 3.

20 Einssein und Mitgefühl

1. Aus Dogens Shōbōgenzō, „Kenbutsu“ (Meeting Buddha), in: *Eihei Dōgen – Mystical Realist*, übers. Hee-Jin Kim. Wisdom Publications, Somerville (MA) 2004), S. 208. Kim verwendet hier im Original eigentlich das Wort *thusness*, wo die Autorin *suchness* (im Deutschen *Soheit*) verwendet, aber sie hat sich dafür entschieden, letzteres zu verwenden, um die Kontinuität des Buches zu wahren.
2. Aus Dogens Shōbōgenzō, „Yuibutsu Yobutsu“ (Only Buddha and Buddha), übers. von Ed Brown und Kazuaki Tanahashi, in; *Moon in a Dewdrop – Writings of Zen Master Dogen*, hrsg. Kazuaki Tanahashi. North Point Press, New York 1985, S. 162.
3. Aus Dogens Shōbōgenzō, „Sanjūshichihon Bodaibumpō“ (Thirty Seven Qualities of Enlightenment), in: *Dōgen on Meditation and Thinking – A Reflection of His View of Zen*, übers. Hee-Jin Kim. State University of New York Press, Albany 2007), S. 138n10.

21 Einssein und die Gebote

1. Dogen: *Dōgen's Shōbōgenzō Zuimonki*, übers. Shohaku Okumura. Shotoshu Shumucho, Japan 2018, S. 24.
2. Dogen, „Daigo“ (Great Enlightenment), in: *Dōgen on Meditation and Thinking – A Reflection on His View of Zen*, übers. Hee-Jin Kim. State University of New York Press, New York 2007, S. 8.
3. Aus Dogens Shōbōgenzō, „Gyobutsu-iigi“ (Majestic Bearing of Enactment-Buddha), in: *Flowers of Emptiness – Selections from Dogen's Shobogenzo*. übers. Hee-Jin Kim, Edwin Mellen Press, Lewiston/ Queenston, 1985, S. 114.

22 Von „Nicht“ zu „Kein“

1. Aus Dogens Shōbōgenzō, „Immo“ (Such), in: *Classics of Buddhism and Zen*, Volume 2, übers. Thomas Cleary. Shambhala Publications, Boston 2005, S. 293.

2. Aus Dogens Shōbōgenzō, „Immo“ (Thusness), in: *Flowers of Emptiness – Selections from Dogen's Shobogenzo*. übers. Hee-Jin Kim, Edwin Mellen Press, Lewiston/Queenston, 1985, S. 202.
3. Ludwig Wittgenstein, *Bemerkungen über die Philosophie der Psychologie*, Bd. 2, übers. C. G. Luckhardt und M. A. E. Aue. University of Chicago Press, Chicago 1980, Nr. 629. (Zweisprachige Ausgabe auf Deutsch und Englisch; Anm. d. Verl.)
4. Aus Dogens Shōbōgenzō, „Gabyo“ (The Pictured Cakes), in: *Eihei Dōgen – Mystical Realist*. Wisdom Publications, Somerville (MA) 2004, S. 66.

24 Ein Buddha sein

1. Aus Dogens Shōbōgenzō, „Shoho-jisso“ (All Things Themselves Are Their Ultimate Reality), in: *Eihei Dōgen – Mystical Realist*. Wisdom Publications, Somerville (MA) 2004, S. 204–5.
2. Aus Dogens Shōbōgenzō, „Zuimonki“ (Record of Things Heard), in: *Eihei Dōgen – Mystical Realist*. Wisdom Publications, Boston 2002, S. 69.
3. Aus Dogens Bendowa (Talk on Wholehearted Practice of the Way), in: *The Wholehearted Way – A Translation of Eihei Dogen's Bendowa with Commentary by Kōshō Uchiyama Roshi*, übers. Shohaku Okumura und Taigen Daniel Leighton. Tuttle Publishing, Rutland (VT) 1997, S. 19.
4. Aus Dogens Shōbōgenzō, „Shoho-Jisso“ (All Things Themselves Are Their Ultimate Reality), in: *Eihei Dogen*, S. 205.
5. Aus Dogens Shōbōgenzō, „Sangai-yuishin“ (The Triple World is Mind-Only), in: *Eihei Dogen*, S. 123.
6. Aus Dogens Shōbōgenzō, „Muchu-setsumu“ (Expounding a Dream within a Dream), in: *Eihei Dogen*, S. 243.
7. Aus Dogens Shōbōgenzō, „Bussho“ (Buddha-Nature), in: *Eihei Dogen*, S. 126.
8. Aus Dogens Shōbōgenzō, „Sanjūshichihon Bodaibumpo“ (Thirty-seven Qualities of Enlightenment), in: *Eihei Dogen*, S. 29.
9. Mechthild von Magdeburg in: *Mystische Zeugnisse aller Zeiten und Voelker*, gesammelt von Martin Buber, hrsg. Peter Sloterdijk. Diederichs, München 1993, S. 135.

Über die Autorin

© privat

Nancy Mujo Baker Roshi ist Zen-Lehrerin der White Plum Sangha in der Linie von Maezumi Roshis White Plum Asanga. Sie leitet online das No Traces Zendo und bietet Zen-Retreats an. Als eine Dharma-Nachfolgerin von Bernie Glassman Roshi ist sie anerkannte Lehrerin in der Soto-Zen-Tradition. Sie ist emeritierte Professorin der Philosophie am Sarah Lawrence College, wo sie mehr als vierzig Jahre lehrte. Die Autorin lebt in New York City.